초심자용

딥러닝을 위한 푸리에 영상처리

박원우 지음

도서출판 홍릉

저자소개

박원우

- 전자공학 석사
- 페이스북 그룹 "딥 & 푸리에변환"운영자
- 깃허브 주소: @bemoregt
- 제조업을 포함한 현업에서 15년이상 Computer Vision 연구개발 경력

초심자용

딥러닝을 위한 푸리에 영상처리

2023년 1월 6일 초판 1쇄
2023년 2월 2일 초판 2쇄

저 자: 박원우
발행인: 송 준
발행처: 도서출판 홍릉
주 소: 01093 서울시 강북구 인수봉로 50길 10
등 록: 1976년 10월 21일 제5-66호

전 화: 02-999-2274~5
팩 스: 02-905-6729
e-mail: hongpub@hongpub.co.kr
http://www.hongpub.co.kr
ISBN: 979-11-5600-083-9(93000)

정 가: 29,000원

본 교재는 2022년도 정부(산업통상자원부)의 재원으로 한국산업기술진흥원의 지원을 받아 개발되었음 (P0017123, 2022년 산업혁신인재성장지원사업).

지식의 기억법

"새로 배운 것을 오래 기억하는 가장 쉬운 방법은 그것에 감동하는 것이다."

우리가 새로 배우게 될 지식들은 그것을 만든 사람들이 평생에 걸쳐서 고민하고 다듬고 다른 이들의 검증을 거쳐서 우리에게 까지 온 것들일 겁니다.

따라서 새로운 지식은 그저 암기할 게 아니라 오랫동안 생각해보고 음미해야 비로소 겨우 내 것이 될 수 있겠지요?

저는 책을 읽다가 새로운 것이 나오면 바로 그 자리에서 책을 덮고 가끔씩 그것에 대해서 생각해 보곤 합니다.

그래서 그런지 저는 책을 끝까지 다 읽은 적이 거의 없다는... 대신에 한 번 접한 건 쉬이 잊어버리지 않는 장점도 있더군요.

누군가가 평생에 걸쳐서 이룩한 하나하나의 지식들을 아무런 감동없이 내 것으로 만들려고 한다면 한때의 시험점수는 얻을 수 있을지도 모르지만, 그건 결코 내 것도, 내 새로운 것도 될 수 없을지도 모르겠습니다.

프롤로그

푸리에 변환(Fourier Transform)은 오디오 신호처리는 물론이고 이미지나 비디오 같은 영상신호처리, 그리고 딥러닝 분야에서도 그 성능이나 강건함에 있어서 많은 가능성을 가지고 있습니다.

그러나 그런 우수한 성능에도 불구하고 아직 국내에는 푸리에 영상처리에 대한 다양한 기능의 소개가 미진한 점이 많다고 생각됩니다.

특히, 푸리에 변환을 학부나 대학원에서도 배우지 못하는 전산학과나 컴퓨터공학과 출신의 엔지니어나 개발자들에겐 여전히 생소한 수학(공학) 기법으로 여겨져 활용이 못되고 있는 점은 안타까운 점이라 하겠습니다.

하지만 푸리에 변환이 얼마나 다양한 분야에서 성공적으로 쓰일 수 있는지를 영상 처리하는 시각적인 결과를 통해 직접 보고 알게 되면, 푸리에 변환의 신비한 매력에 푹 빠지게 될 것이라 필자는 확신합니다.

자, 그럼 나폴레옹을 따라 이집트 원정을 따라나섰던 설레이던 젊은 푸리에처럼 우리도 지식의 여정을 시작해 보겠습니다.

차 례

1

푸리에 주지사의 Life Odyssey

조세프 밥티스트 푸리에Joseph Babtiste Fourier, 수학자이자 공학자, 정치가, 행정가.

1768년 프랑스, 오제르 지방에서 재단사인 아버지의 두 번째 부인의 12명 자녀 중 9번째 자식으로 태어났습니다. 9살에 어머니가 사망하고 10살에 아버지가 사망합니다.

따라서 고아가 되어 수도원에 위탁되어 성장했으며 학비가 저렴한 왕립 군사학교를 다니게 됩니다. 그러나 머리가 좋아 전과목 공부를 잘했다고 하네요. 군사학교라 자연스럽게 군인을 꿈꿨으나 귀족만 합격되는 당시 군사학교에서 거듭 탈락을 거듭합니다. 어쩔 수 없이 군인을 포기하고 수학에 관심을 가지게 됩니다.

푸리에는 21살에 뉴턴, 파스칼 같은 수학적 업적을 남기기로 결심했다고 하네요.

"프랑스 대혁명 발발", 이것이 자신에겐 기회임을 포착한 푸리에는 정치학 공부로 혁명위원으로 발탁됩니다. 급진좌파인 자코뱅파가 10달 동안

푸리에의 인생 오딧세이

| 푸리에의 초상화 |

출처 https://www.appl-lachaise.net/wp-content/uploads/2021/02/18-Fourier_Jean_Baptiste_Joseph_baron-gravure-par Geille dapres Boilly.jpg

4만 명을 단두대로 처형했다고 하죠(루이16세, 마리앙뜨와넷, 라부와지에 등 처형). 반대파 사형수를 옹호한 죄로 푸리에도 투옥되 사형될 뻔 했지만 자코뱅파 리더의 처형으로 감옥에서 겨우 풀려납니다.
뒤늦게 대학에 입학해 라그랑주, 라플라스, 몽쥬 등에게 수학을 배우고 에콜 폴리테크니끄 대학에서 조교로 근무합니다. 그러나 이전 자코뱅파 활동 경력으로 다시 재수감 되었으나 교수들의 탄원으로 겨우 사면되었다고 합니다.

나폴레옹의 이집트 원정에 학술조사단 일원으로 참여하여, 이집트에서 행정, 교육, 고고학 발굴 활동을 성공적으로 수행한 공로를 인정받아 프랑스로 귀국 후 나폴레옹에 의해 주지사로 임명됩니다.
나폴레옹 눈에 들어 남작 작위를 수여받고, 이때 그의 유일한 논문 "열의 해석적 이론"을 작성하게 됩니다.
그러나 수학적 증명이 불완전해 존경하던 스승, 라그랑쥬로 부터도 인정을 못 받았다고 합니다. --;

1815년 영국에 패배한 나폴레옹이 엘바섬에 억류되고 루이 18세가 등극하자 왕정을 지지하는 잔머리를 굴린 푸리에 주지사… 어쩔 --;
나폴레옹 엘바섬 탈출로 재집권, 푸리에에게 백작 작위 하사, 그러나 나폴레옹의 재집권은 100일 천하로 끝나고 돌아온 루이 18세는 푸리에의 모든 직위를 박탈해 버립니다.

이후 그는 힘든 시기를 보내다가 나폴레옹을 지지하던 흑역사(?)를 부정하는 노력 끝에 겨우 프랑스 과학원에 들어갑니다. 더는 정치가 불가능해지자 그의 유일한 수학적 업적 "열의 해석적 이론" 논문을 자비를 들여 출간하기 시작하고…

유럽에서 그의 논문이 겨우 인정을 받기 시작합니다. 수학적 증명은 아직 불완전 했지만 아이디어가 워낙 탁월했기 때문("모든 주기함수는 사인과 코사인 함수 만으로 표현 가능하다.")입니다.

이후 그의 제자 디리클레, 프와송 등이 수학적으로 완벽히 증명했다고 합니다. 푸리에는 62세에 지병으로 쓸쓸히 사망합니다.

> "수학이란 인생의 무상함과
> 감각의 불완전성을 보상받기위해 부여된
> 인간의 특별한 능력이다"
>
> – 조세프 밥티스트 푸리에

출처 팟케스트 적콩무. 푸리에 급수편.

푸리에는 소설 "키다리 아저씨"의 제로샤 애벗 양 만큼이나 불행한 어린시절을 보냈군요.

하지만 그럼에도 불구하고 온몸을 부딪혀 열심히 살았던 인간인 거 같습니다.
흑역사도 있는걸 보니 그도 어쩔수 없는 자연인이었구요…

어지럽고 급변하는 세상에 태어난건 오늘날 우리들과도 비슷한거 같습니다.

그 사람의 직위나 업적도 중요하지만
수학이나 공학에도 그 사람이 어떤 시대를, 어떤 고민을 가지고 살았고 어떤 노력을 했으며, 어떻게 좌절했는지와 같은 인생 스토리는 그의 수학 또한 애정을 가지고 보게 만드는거 같습니다.

그나저나,
푸리에는 이집트에 따라가서 도대체 “무엇”을 보았길래
푸리에 변환을 발명하게 된 걸까요?

2

푸리에 급수

"모든 주기적 신호는 물결파의 합으로 만들 수 있다."

출처 https://twitter.com/ElektrikPort/status/1250872331678949377

푸리에 급수 개념도, 사진 우측의 직각파는 부드러운 물결파 몇 개의 합으로 만들어집니다.

"모든 주기적 파형(신호 signal)은 서로다른 크기와 주파수를 갖는 정현파들의 합으로 만들 수 있다." 프랑스의 수학자이자 행정가, 조제프 푸리에 Fourier가 처음 발견한 아이디어 입니다. 정현파는 코사인파 cosine wave와 사인파 sine wave 같은 모양의 물결파들을 말합니다.

푸리에는 이런 원리를 전도체 내에서 열이 전달되는 현상을 설명하기 위해 그의 논문에서 처음 도입했는데, 푸리에가 그 논문을 처음 발표했을 때만 해도 통신을 위한 전자기파는 물론 교류전기도 잘 모르던 시절이라 그의 업적이 후대에 이렇게 다양한 분야에서 눈부시게 활약하리라곤 아마 상상도 못했을 것입니다.

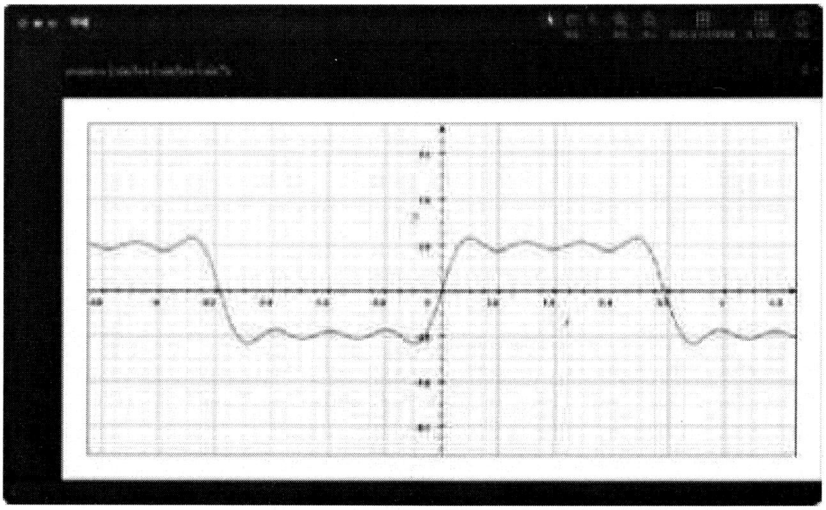

| GRAPHER 유틸로 그려본 사각파 |

위 그림은 맥오에스에 내장된 Grapher 유틸로 직접 그려본 사각파, $y = \sin x + (1/3)\sin 3x + (1/5)\sin 5x + (1/7)\sin 7x$ 입니다.
여기에서 우리는 다음과 같은 사실들을 알 수 있습니다.

1. 저 푸리에 급수에서 기저함수basis funtion는 $\sin(x)$가 됩니다.
2. 푸리에 계수는 1, 1/3, 1/5, 1/7, …입니다. 이런 계수들이 모여서 나중에 진폭스펙트럼amplitude spectrum을 만듭니다.
3. 기저함수들의 주파수는 1, 3, 5, 7, …에 비례하구요.
4. 기저함수들의 위상은 모두 동일합니다. 이건 좀 어렵군요.

위상이라는 건 sin파 같은 정현파의 위치에 해당하는 정보입니다. 무한 반복되는 정현파의 위치를 표현하려다 보니 직각좌표의 위치라는 개념 대신 각도와 관련된 위상phase이라는 다른 개념을 쓰는 것입니다.

다시 정리하자면,
정현파들의 합을 수학적으로는 푸리에 급수Fourier series로 나타냅니다. 푸리에 급수는 여러 개의 정현파 함수항들에 계수가 곱해져서 무한히 계속 더해지는 방정식을 말합니다. 그때 계수Coefficient는 각 정현파들의 크기를 나타내게 되고 각 정현파들은 서로 다른 주파수frequency와 위상phase을 가지고 있습니다.

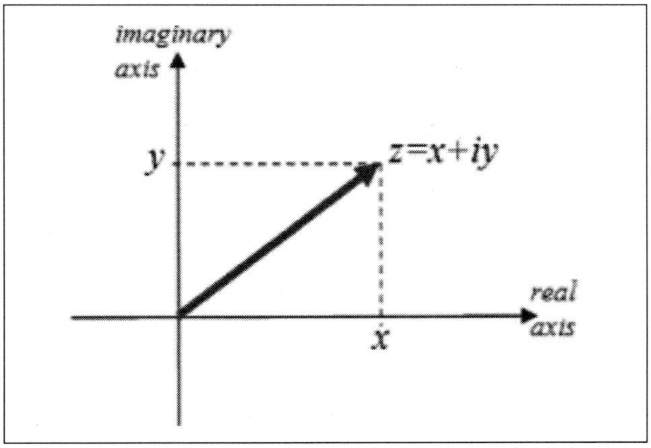

| 가우스 복소평면 |

출처 http://pirate.shu.edu/~wachsmut/complex/numbers/graphics/plane.gif

가우스 복소평면에서 진폭은 복소수의 크기를, 위상은 복소수가 실수축(x축)과 이루는 각도를 나타냅니다.
각각의 복소수 z는 코사인 성분 x와 사인 성분 y를 동시에 표현합니다. 각 정현파의 크기(계수)는 진폭Magnitude 또는 Amplitude이라 부르고 주파수는 정현파의 주기를 표현하는 값이며 위상은 정현파의 위치를 대표하는 값인 셈이죠. 그런 계수만을 분포로 나타낸 게 바로 진폭 스펙트럼입니다.

이렇게 신호함수를 구성하는 요소가 되는 정현파와 같은 함수를 기저함수basis function라고 부릅니다.

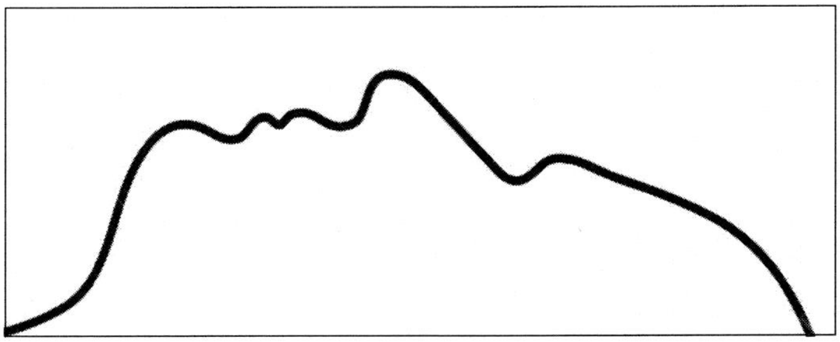

| 비 주기적 신호인 사람의 옆얼굴 |

위 그림은 비 주기적인non-periodic 신호의 예시로, 이렇게 모양이 주기적이지 않은 신호도 주기적인 신호처럼 정현파들의 합으로 나타낼 수 있습니다.

비 주기적인 신호는 연속적인 모든 주파수성분을 변수로 갖는 정적분식static integral equation으로 표현이 가능하며, 그렇게 표현한 적분식을 푸리에 변환Fourier transform이라고 부릅니다. 따라서 푸리에 변환은 콘볼루션convolution이나 코릴레이션correlation처럼 적분변환의 한 종류입니다.

위 그림은 사람이 옆얼굴 프로파일을 나타내는 신호인데요. 이렇게 주기적이지 않은 파형을 푸리에 급수로 표현하려면 엄청나게 많은 정현파들이 필요하게 됩니다.

이론적으론 무한대의 정현파 항들이 필요하지만 현실적으로 근사하게만 표현하므로 “아주 많은” 항들이면 충분하죠. 그때 그 아주 많은 항들의 개수를 신호처리에선 대역폭band width이라고 부릅니다.

$$F(\omega) = \int_{-\infty}^{\infty} f(t)\exp(-i\omega t)dt$$

$$f(t) = \frac{1}{2\pi}\int_{-\infty}^{\infty} F(\omega)\exp(-i\omega t)d\omega$$

| 푸리에 변환 및 역변환 수식 |

그림에서 위의 식이 푸리에 변환 수식이고 아래식이 푸리에 역변환[inverse transform] 수식입니다.

먼저, 아래의 역변환 수식에서 어떤 신호파형(f)은 각각의 진폭 F과 위상 wt을 갖는 여러 개의 정현파를 무한히 합하면 그 신호파형이 된다는 걸 알 수 있습니다. 문제는 위의 수식인데요.

수식에서 시간변수를 갖는 함수 $f(t)$를 시간도메인 함수라고 부르며 우리가 변환해야할 대상 신호(파형)를 나타내는 함수입니다.

1차원 신호가 아닌 2차원 이미지에선 당연하게도 신호함수가 $f(x, y)$로 2차원 함수로 표현되며 공간도메인[spatial domain] 함수라고 부릅니다. Spatial이란 단어는 "스페이셜"이라고 읽으며 "공간적인"이란 뜻입니다. Special이 아닌 것에 주의합시다. 발음이 비슷하니까요. 이미지는 나중에 자세히 다루겠습니다.

위 수식에서 $F(\omega)$는 주파수도메인을 나타냅니다. 각주파수[angular frequency]를 나타내는 오메가, $w = 2\pi * f * t$로 표현되고 복소평면에서 복소수점 회전에 대한 주파수를 표현한 것입니다.

적분식에 들어있는 복소지수식 $\exp(-j\omega t)$는 정현파를 나타냅니다. 오일러[Euler] 정리에 따라 $\exp(\theta) = \cos(\theta) + j \cdot \sin(\theta)$이므로 저 복소지수식은 사인파와 코사인파 모두 표현이 가능하지요. 따라서 아래 수식의 의미는 이렇습니다:

"주어진 함수에 다양한 주파수를 갖는 정현파들로 코릴레이션[correlation]시키면 각 주파수성분의 계수 분포가 얻어진다." 코릴레이션은 유사성을 찾는 과정을 말합니다. 즉 주어진 파형에 내 정현파 모양을 이동시키면서 가장 많이 겹치는 위치에서 멈추어 그 위치에 내 정현파의 주파수 성분이 얼마만큼 들어있는지 표시하는 과정을 반복하게 됩니다.
많은 강좌에서 저 수식을 "어떤 주파수에 대한 푸리에 변환값은, 주어진 시간 파형과 어떤 주파수의 파형을 내적한 것의 합"이라고 풀이하던데. 저는 이 표현이 좀 난해한 거 같아 좀 다르게 표현해 보았습니다.
이렇게 푸리에 급수와 푸리에 변환에 대해 알아보았습니다.
다소 어려웠다고요? 이 점을 기억하세요.

1. 수식보단 개념에 대한 이해가 훨씬 더 중요합니다.
2. 이론에 대한 완벽한 이해는 천재들이나 하는 것입니다.

우리같은 범재들은 점점 그것에 익숙해 질 뿐이라고 생각합니다. 그리고 완벽하게 이해는 못해도 그것을 활용할 수는 있습니다! 그리고 오히려 어쩌면 수식에 의한 이해보다도 활용에 의한 이해가 더 깊이있는 이해로 이어질지도 모르겠다는 생각도 듭니다.
왜냐구요? 우리는 그저 엔지니어니까요~

3

푸리에 변환의 사촌들

"다양한 변환들이 존재하고 다 쓰임새가 다르다."

푸리에 변환은 다양한 사촌 변환들을 가지고 있는데요. 간단하게 주욱 열거해 보자면 다음과 같습니다.

- 푸리에 급수Fourier Series를 비주기성 신호용으로 확장한 것이 푸리에 변환FT, Fourier Transform
- 아날로그적이고 수학적 개념인 푸리에 변환을 컴퓨터로 구현하기 위하여 디지털적으로 구현한 게 이산 푸리에 변환DFT, Discrete Fourier Transform
- DFT를 교묘한 연산방식으로 고속화한 게 FFTFast Fourier Transform
- 푸리에 변환을 미분방정식, 자동제어나 통신이론(?)쪽에서 사용하기 위해 s파라미터로 확장한 게 Laplace Transform ($s = r + jw$)
- 미분방정식differential equation을 디지털로 바꾼 차분방정식difference equation의 라플라스 변환에 해당하는 Z변환z-transform
- 정현파 대신 코사인파만을 기저함수로 사용하는 DCTdiscrete cosine transform. 물론 사인파만을 사용하는 DST도 존재합니다.
- 정현파 대신 웨이블릿 함수를 기저함수로 사용하는 DWTdiscerete wavelet transform

- 정현파 대신 −1과 1과 같은 이진[binary]파형을 기저함수로 사용하는 HT[Hadamard tranasform]
- 직각좌표계가 아닌 극[polar]좌표계나 구[spherical]좌표계용 푸리에 변환인 Hankel Transform과 Bessel Transform

등이 있습니다.

이 중에서 중요한 것들만 간단히 살펴보겠습니다. 그림들을 보면서 "아~ 이런 것도 있구나"하고 알고 넘기면 됩니다.

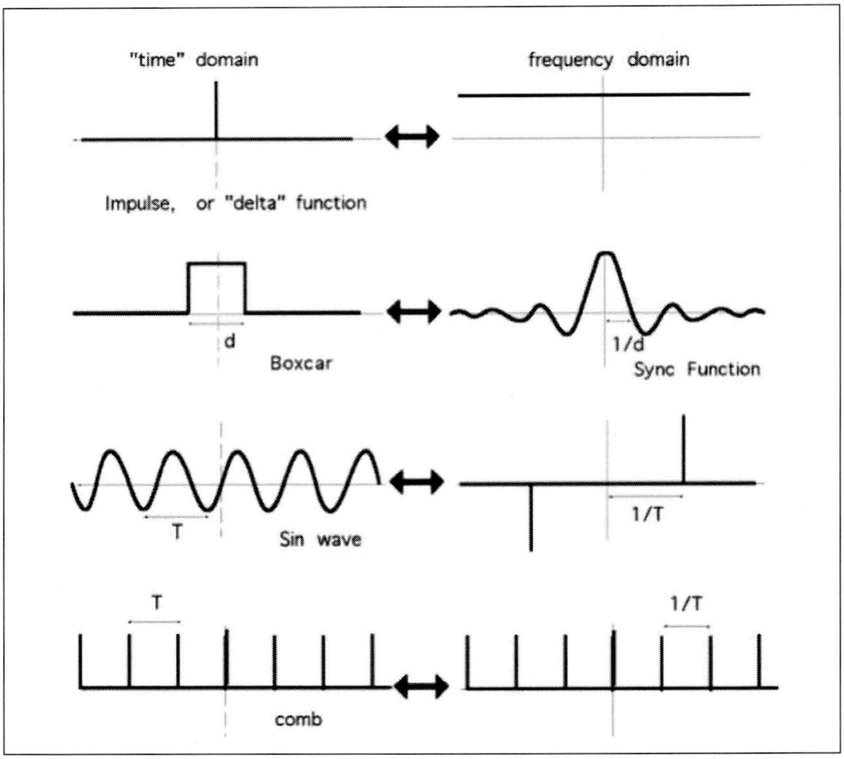

| 몇가지 1차원 푸리에 변환 PAIRS |

출처 https://slideplayer.com/slide/6879806/

위에서 몇 가지 중요한 1차원 푸리에 변환 결과들을 보여주고 있습니다. 이렇게 푸리에 변환 결과와 오리지널 신호를 비교해 놓은걸 푸리에 변환쌍이라고 부르는데요. 이런 변환쌍들을 많이 기억하고 있는게 종종 큰 도움이 됩니다. 특히 위의 4가지 변환쌍은 매우 중요하며, 응용 시에 자주 등장하기 때문에 기억해두는 게 좋습니다.

특히, 첫 번째는 impulse 신호에 대한 푸리에 변환 결과는 DC(직류)신호형태로 나타남을 보여줍니다. 반대로 직류신호를 푸리에 변환하면 임펄스를 얻을 수 있는데 이는 고른 태양빛을 돋보기로 한점에 모으는 원리와 같습니다(실제로 볼록렌즈는 2차원 푸리에 변환을 수행한다는 놀라운 사실!).

영상처리에서도 푸리에 변환은 함수의 수식보다도 이런 도메인 간 푸리에 변환쌍의 그림들을 많이 기억하는 게 중요합니다.

Continuous: $$F(\omega) = \int_{-\infty}^{\infty} f(t)e^{-i\omega t}dt$$

Discrete: $$F_m = \sum_{n=0}^{N-1} f_n e^{-i2\pi nm!N}$$

| DFT 수식 |

출처 https://slidetodoc.com/discrete-fourier-transform-continuous-discrete-bandwidth-limited-transforms/

이 수식은 디지털로 푸리에 변환을 계산하는 DFT 수식입니다. 아날로그 신호를 일정 간격으로 샘플링해 디지털신호로 만든 후 적분이 아닌 합의 공식으로 계산합니다. 물론 변환 후의 결과 신호도 역시 디지털로 나타납니다. 보시면 아날로그 변환식과 매우 닮아있음을 알 수 있죠. 디지털로 샘플링하고 변환하는 과정에서 약간의 왜곡이 나타날 수 있지만 보통은 Nyquist 샘플링 정리에 따라 충분히 촘촘히 샘플링하여 그 문제를 해결합니다.

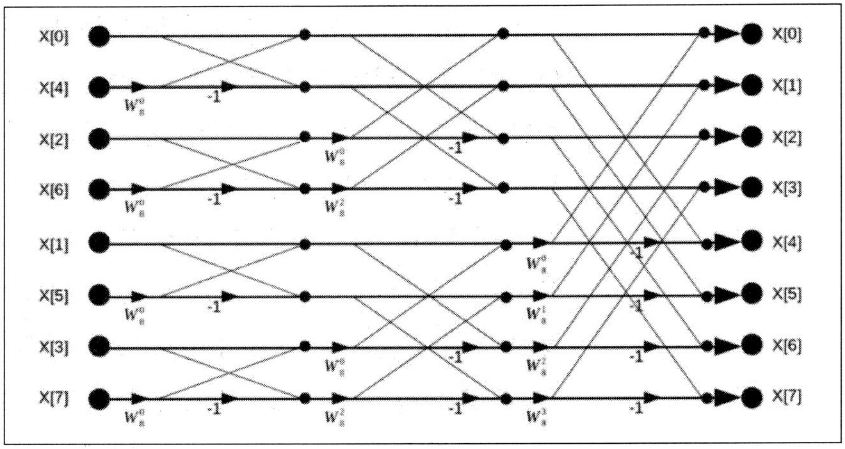

| FFT알고리즘의 나비선도 |

(출처) http://www.alwayslearn.com/DFT%20and%20FFT%20Tutorial/images/FFT/Butterfly%208%20Input%20Example.jpg

푸리에 변환을 고속으로 연산해 주는 FFT는 셔플링과 스왑, 그리고 한번 계산한 결과를 재활용함으로써 DFT를 고속으로 수행하게 만들어줍니다. OpenCV라는 오픈소스 영상처리 라이브러리에 들어있는 DFT함수는 사실 FFT 함수입니다. Python이나 C#, C++ 등 프로그래밍 언어용으로 제공되는 푸리에 변환 라이브러리는 대부분 FFT로 작성되어 있고 대부분 속도가 빠른 C++이나 어셈블리어 등으로 구현되어있죠.
알고보면 FFT는 푸리에 변환 동네의 "아나바다 운동"인 셈입니다. 아껴쓰고sampling, 나눠쓰고shuffling, 바꿔쓰고swap, 다시쓰고re-use ~

Laplace Transforms

$$\mathcal{L}\,[f(t)] = \int_0^{\infty} f(t)e^{-st}dt = F(s)$$

| 라플라스 변환 수식 |

라플라스 변환은, jw를 확장한 s변수를 사용하여 동적인 해석을 수행합니다.

지난번 푸리에 변환 수식과 아주 유사하지요? 근데 적분구간이 음의 무한대가 아닌 0부터 무한대인게 특이하군요~

곱하기 나누기에 로그[log]를 취하면 더하기 빼기가 되는 것처럼 미분적분식을 라플라스 변환하면 곱하기 나누기가 되어 미분방정식을 쉽게 풀고 해석할 수 있게 해주죠.

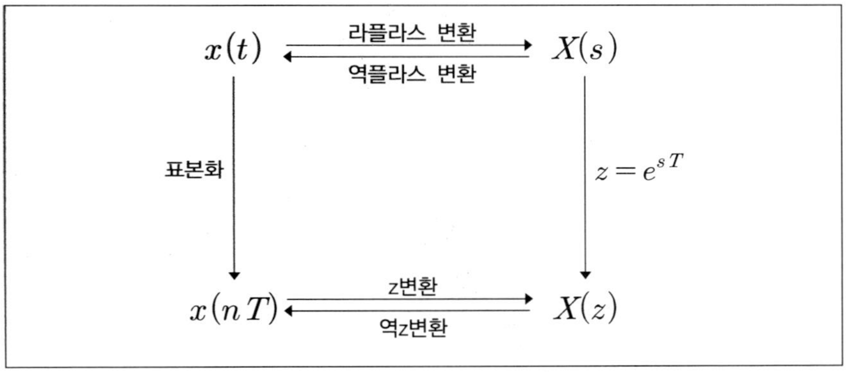

| Z 변환 |

z변환은 전자공학에서 드물게 등장할 뿐… 저도 사용해 본적은 없네요. 혹시 미분방정식을 컴퓨터로 시뮬레이션하는 쪽에서 사용할까요?

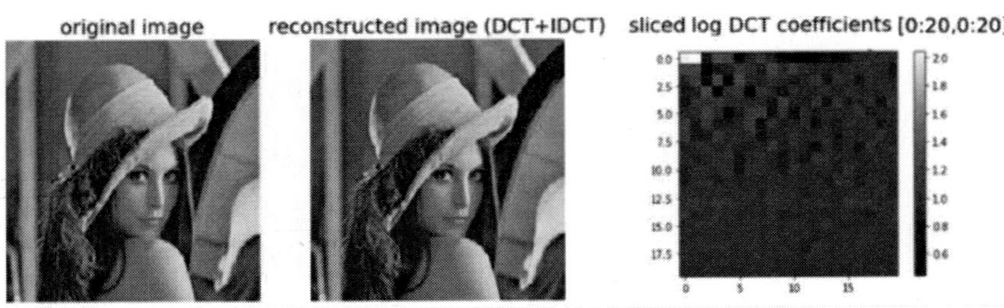

| DCT 변환 |

출처 https://i.stack.imgur.com/L3LAV.png

DCT변환은 JPEG 이미지 압축에서 사용되는 알고리즘으로 유명하죠. 그리고 카메라의 오토포커싱 등에도 사용합니다.

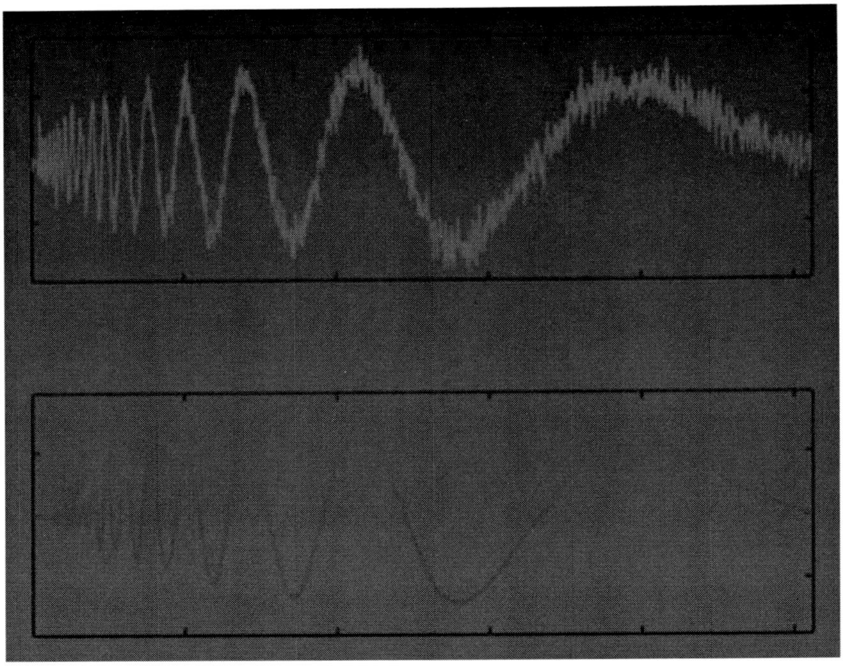

출처 https://upload.wikimedia.org/wikipedia/commons/thumb/1/10/Wavelet_denoising.svg/220px-Wavelet_denoising.svg.png?20100130153753

이 그림은 웨이블릿 변환DWT을 이용한 필터링으로 신호에 섞인 잡음을 제거하는 예시입니다. 웨이블릿 변환은 정현파를 기저함수로 사용함에 따른 깁스 현상Gibb's Phenomenon의 문제를 극복하고자 만들어져 급격하게 변하는 신호나 None Stationary한 고대역폭 신호해석에 많이 사용합니다.
DCT와 DWT는 가역적 변환이란 점에서는 FT와 동일하지만 실수연산만으로 가능한 변환인점에서 FT와는 차이가 있습니다.
Hadamard 변환은 디지털 통신에서 베이스밴드 신호처리나 심전도ECG 신호분석 등에서 많이 사용한다고 합니다.
이 밖에도 2D FFT, 3D FFT와 같은 nD FFT, 스펙트로그램으로 가는 중간 단계인 STFT, 기저함수를 고유벡터로 일반화시킨 Hilbert Transform, 복소수대신 사원수Quaternion를 사용하는 QTFT 등등… 참으로 종류가 많습니다.

푸리에 변환에는 다양한 변종들이 존재하지만 각각의 고유한 쓰임새가 있고 고유한 주특기들이 존재하기 때문에 사라지지 않고 아직도 존재하고 있겠죠? 다 잘 알 필요도 없고 이런 것들도 있구나 정도만 알아도 나중에 써먹는데 도움이 되실 겁니다.

4

위상의 중요성

푸리에 변환으로 합성해보는 애니메이션 Up의 한장면입니다. 감상해 보시죠~.

https://m.youtube.com/watch?v=D9ziTuJ30Cw

이 동영상에서 좌측의 물결파(정현파)들을 반복적으로 겹치면서 평균을 내면 우측 그림이 얻어집니다. 이게 바로 푸리에 역변환(복원)인 것이죠. 선명한 한 장의 이미지가 완성되려면 엄청난 수의 2차원 정현파가 더해져야 함을 알 수 있습니다. 따라서 이미지 압축이나 피쳐추출이 중요해지는 것입니다.

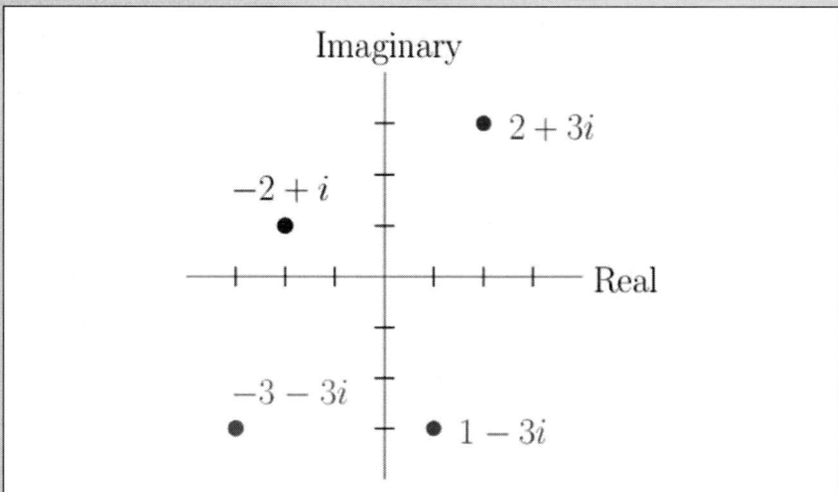

| 가우스의 복소평면(Gaussian Complex Plain) |

앞에서도 언급했듯이 푸리에 변환의 결과신호는 복소수[Complex Number] 형태로 나타납니다. 그것을 기하학적으로는 결과신호가 가우스 복소평면상에 표현된다고 말합니다. 그림에서 가로축은 실수축[real axis], 세로축은 허수축[imaginary axis]이죠.

1차원 신호인 오디오신호를 예로 들어보면 시간도메인의 신호의 실수값들이 푸리에 변환되면 복소수값들이 됩니다. 각각의 복소수값들은 그림과 같이 복소평면상에 점(z)들로 찍힙니다. 그 점들은 정현파들을 표현합니다. 이때 복소수점에서 원점까지의 거리가 진폭을 나타내고, 실수축(가로축)과 복소수점이 이루는 각도[theta]가 바로 위상[phase]입니다. 정현파의 입장에서 보면 정현파계수의 크기가 진폭을 나타내고, 정현파의 위치가 위상을 나타냅니다.

| 이미지의 푸리에 변환 예시 |

1차원 신호에 오디오가 있다면, 2차원 신호엔 이미지가 있죠. 오디오는 신호가 시간도메인에 표현되지만 이미지는 공간도메인에 표현됩니다. 그래서 푸리에 변환된 결과 주파수를 특별히 공간주파수[Spatial frequency]라고 부릅니다. 빛의 주파수와 혼동하면 안됩니다. 공간주파수는 저 초상화 그림을 구성하는 2차원의 공간적인 주파수란 소립니다. 이 글 초기에 링크한 Up 동영상을 보면 이해가 되실 겁니다. 2차원 푸리에 변환도 마찬가지로, 이미지 상의 모든 픽셀의 픽셀값(0~255)이 복소수로 변환됩니다.

위 그림에서 첫 번째는 푸리에의 초상화이미지(그레이스케일), 두 번째는 진폭 스펙트럼, 세 번째는 푸리에 변환결과의 위상 스펙트럼입니다. 스펙트럼은 각 픽셀의 푸리에 변환 복소수들에 절대값을 취한 결과이고 위상은 각도를 구해 정규화(0~255)해서 디스플레이한 결과인 것이죠. 스펙트럼은 이미지에 어떤 주파수성분(공간주파수)이 더 많이 들어있는지를 알게 해 줍니다. 저 스펙트럼을 보니 고주파 보다는 저주파에 정보들이 많이 몰려있군요. 위상스펙트럼은 이미지에 들어있는 정현파들의 위치분포를 보여줍니다. 언뜻 보면 잡음같아 보이는 저 위상 정보들이 실은 진폭 스펙트럼보다 더 중요한 경우가 많습니다.

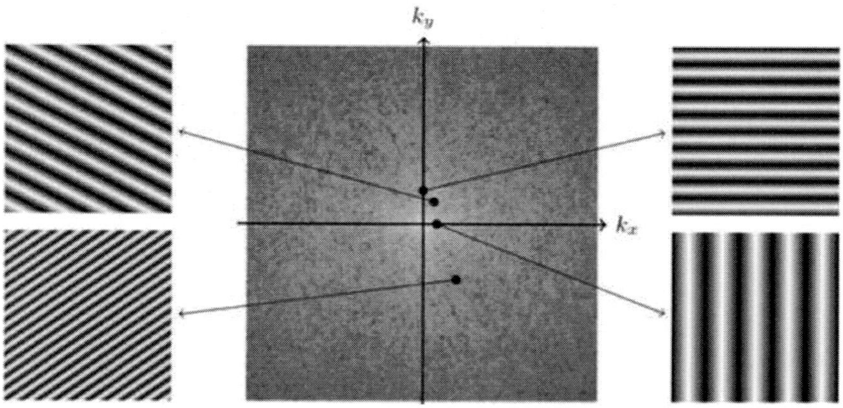

| 2차원 푸리에 스펙트럼의 2차원 정현파 개념도 |

출처 https://www.ncbi.nlm.nih.gov/books/NBK546152/figure/ch6.fig16/

위 그림은 2차원 푸리에 변환의 각 복소수점이 표현하는 2차원 정현파 패턴들을 나타내고 있습니다.

원점에서 먼 복소수점 일수록 고주파의 물결(촘촘한 물결)을 표현하고 가까울수록 저주파물결(성긴 물결)을 표현합니다.

이런 것들이 수천 수만개가 더해져 하나의 이미지를 합성해 내는 것입니다. 가운데 그림은 스펙트럼이므로 각 정현파들의 크기분포를 나타냅니다. 스펙트럼에서 가운데 부분이 밝은 이유는 저주파 정현파일수록 진폭이 큰 푸리에 계수값이 이미지에 들어있기 때문이구요.

가장 밝은 점은 원점에 해당하는 점으로, 이미지의 평균밝기를 나타내는 DC신호(주파수가 0인 정현파는 물결이 아니고 직선파 이니까요)에 해당됩니다.

만약 컬러이미지의 평균컬러를 얻고자한다면 이미지를 컬러 스펙트럼을 구해 중앙값만 취하면 된다는 이야기가 됩니다.

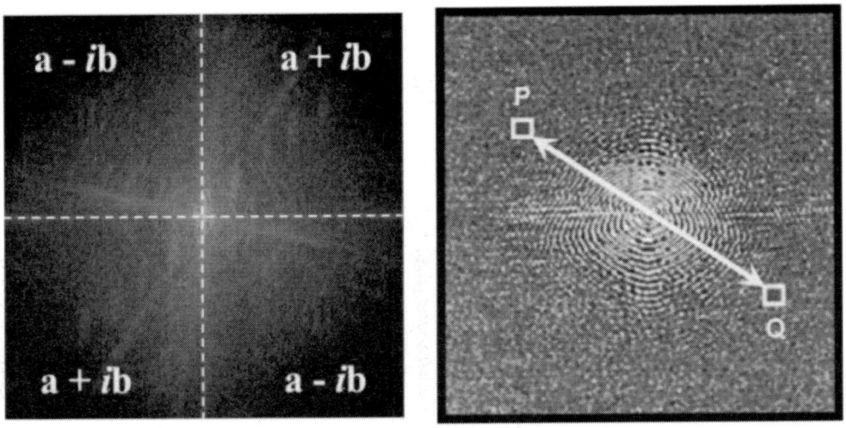

| 원점대칭을 갖는 푸리에 스펙트럼 |

출처 https://4.bp.blogspot.com/-YzOWWoNPTI8/T_eXSI9EdsI/AAAAAAAAAgA/9yvNBJrnp1s/s200/Conjugate_Symmetry.jpg
https://mriquestions.com/partial-fourier.html

1차원도 그렇고 2차원도 그렇고 푸리에 스펙트럼 결과는 항상 원점을 기준으로 대칭으로 나타납니다.

따라서 원점기준 좌표계에서 1, 2, 3, 4분면을 모두 분석할 필요가 없습니다. 절반만 사용해도 되죠. 실제로 푸리에 스펙트럼에서 머신러닝용 피쳐feature를 추출할 때도 절반의 공간에서만 추출합니다.

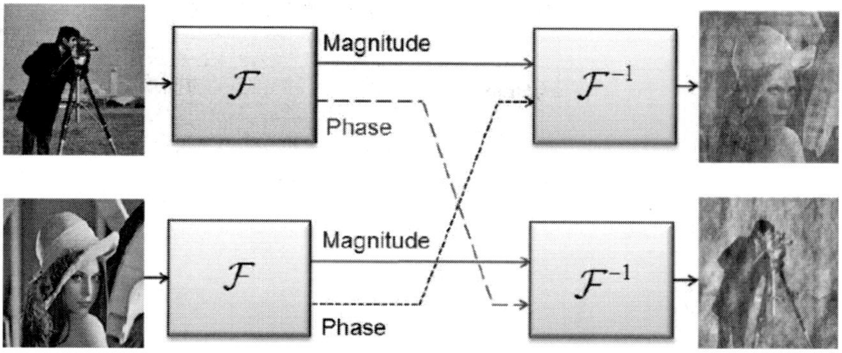

| 위상의 중요성 |

출처 ttps://www.researchgate.net/figure/The-importance-of-Fourier-phase-Two-images-Cameraman-and-Lenna-are-Fourier_fig3_260440315

위 그림은 위상의 중요성을 나타내는 그림입니다. 카메라맨과 레나 할머니의 이미지를 푸리에 변환하여 진폭과 위상을 서로 바꾼 후 각각 푸리에 역변환하면 카메라맨 역변환 결과에 오히려 레나의 얼굴이 나타나고, 레나의 역변환 결과엔 오히려 카메라맨이 나타납니다.

이것은 진폭(스펙트럼)보다 위상에 더 많은 기하학적 정보가 포함됨을 알 수 있는 중요한 결과를 보여줍니다. 이는 위상이 주파수의 양에 무관하게 정현파의 위치를 나타내기 때문에 이미지의 기하학적 정보를 더 잘 표현하는 까닭으로 생각됩니다.

위상정보를 활용하면 밝기 값이나 콘볼루션convolution 같은 공간도메인 영상처리로는 할 수 없는 강력한 영상처리들이 가능해지며, 공간도메인에서와 유사한 영상처리를 하여도 그 정확도가 더 좋아지고 정밀해지는 경우가 많습니다. 강좌에서 차차 등장할 것입니다.

푸리에 역변환은 다음 시간에 다루겠습니다.

이렇게, 가우스복소평면과 위상의 중요성에 대해 간단히 알아보았습니다.

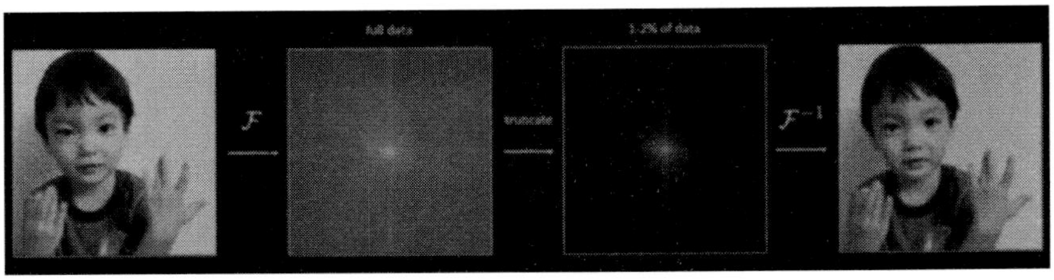

| 푸리에 변환의 이미지 압축 개념도 |

출처 유투브

위 그림에서 첫 번째의 귀여운 아이의 이미지를 푸리에 변환하면 두 번째의 스펙트럼이 얻어집니다. 스펙트럼에서 세 번째처럼 기하학적 정보가 적은 고주파대역을 날려버리고 정보가 많은 저주파대역만 남긴 후 푸리에 역변환하면 압축된 이미지가 얻어집니다. 세부적인 기술은 다르지만 JPEG도 MP3도 이런 원리로 압축합니다. 고주파정보를 날려버렸기 때문에 손실압축lossy compression이라고 부르죠.

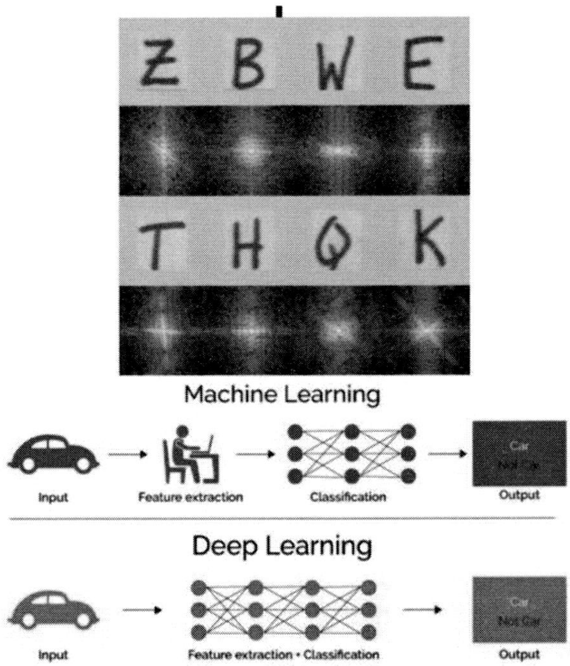

| 푸리에 피쳐 추출, 머신러닝 vs 딥러닝 개념도 |

위 그림에서 가운데 그림은 머신러닝의 개념도 입니다. 머신러닝에도 신경망이 들어있지만 저때의 신경망은 분류기[classifier] 역할만 수행했습니다. 피쳐[feature]는 인간이 직접 수학적으로 뽑아서 신경망에 입력했었죠. 그래서 당시 신경망은 FC net(풀리커넥티드 망)역할을 주로했던거죠. 당시엔 MLP(멀티-레이어 퍼셉트론)라고 불렀었구요. 그런 수학적 피쳐 추출방법 중엔 푸리에 변환 방법도 있었습니다.

마지막 그림은 딥러닝의 개념도 입니다. 피쳐마저도 신경망으로 계산하죠. 그래서 사실 딥러닝은 피쳐러닝망+분류망인 셈입니다. 그렇게 피쳐까지 추출하다보니 딥[deep]해진것이지, 신경망이 무조건 딥하다고 다 딥러닝이 아닌겁니다. 사실 분류망 보다도 피쳐추출망의 학습이 일반적으로 훨씬 더 어렵습니다.

이미지의 피쳐추출과 압축은 데이터 양을 줄인다는 점에서 매우 유사합니다. 압축이 주요 시각적 정보를 보존하면서 데이터를 줄인다면 피쳐추출은 인식에 필요한 정보만 남기면서 데이터를 줄인다는 게 다르죠. 물론 피쳐추출이 압축율이 더 높고요.

그림에서 첫 번째 푸리에 변환 그림은 각 알파벳 이미지에 대한 각기 다른 스펙트럼을 보여줍니다. 푸리에 스펙트럼이 피쳐추출기로서도 가능성이 있다는 점을 암시하는 그림이라고나 할까요?!

5

역변환과 콘볼루션 정리

"모든 것의 핵심, 푸리에 콘볼루션 정리"

이번 장에서는 푸리에 역변환inverse transform과 푸리에 콘볼루션 정리Convolution Theorem에 대해서 알아보겠습니다.

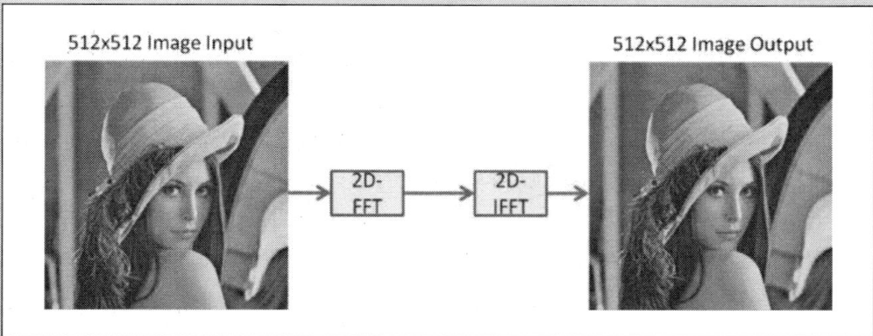

| 푸리에 변환과 역변환 |

위 그림은 레나 이미지에 대한 2차원 푸리에 변환과 역변환을 해본 그림입니다. 이렇게 푸리에 변환한 실수 이미지는 2차원 복소수 어레이가 되었다가 역변환에 의해 다시 실수 이미지가 됩니다. 물론 대부분의 fft 함수들이 0~255 값의 integer 값의 이미지를 넣어도 자동으로 실수로 변경해 푸리에 변환 합니다. 그때, 정변환과 역변환 사이에 다양한 필터filter 함수들을 집어넣고 계산하면 LPF(저주파 통과 필터링), HPF(고주파 통과 필터링), 노치notch필터링 등이 가능해지는 것이죠.

이렇게 변환된 결과에 역변환을 하여 원래 신호로 되돌릴수 있는 성질을 가역적Reciprocal이라고 부르고 가역성을 가지는 변환을 가역적 변환이라고 부릅니다.
가역성을 갖는 변환에는 푸리에 변환DFT, FFT 외에도 DCT, DWT, Radon Transform 등이 있습니다.
반면에 HT(허프 트랜스폼), Saliency Map, Histogram 같은건 비가역적 변환에 해당하죠. 이쯤되면 DFT 말고도 가역성이 있는 DCT, DWT 변환으로도 필터링이 가능할거란 생각이 떠오르지 않나요?

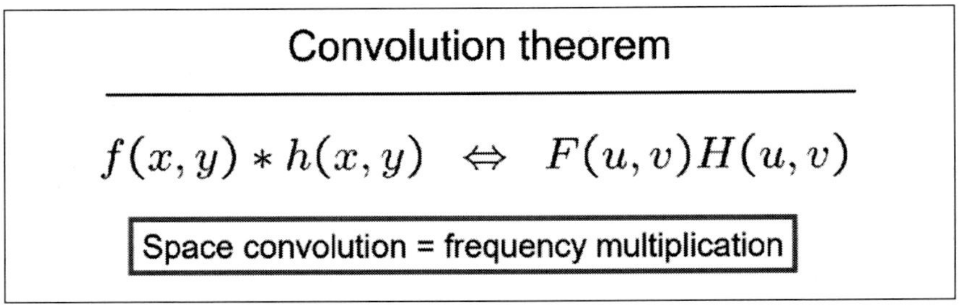

| 푸리에 콘볼루션 정리(Fourier Convolution Theorem) |

출처 https://static.packt-cdn.com/products/9781789343731/graphics/51d24f66-f784-4c40-ae4c-c3891074193a.png

푸리에 콘볼루션 정리: "시간도메인(또는 공간도메인)에서 신호(또는 이미지) f와 h의 콘볼루션은 주파수 도메인에선 F(f의 푸리에 변환)와 H(h의 푸리에 변환)를 곱셈한 후 푸리에 역변환한 것과 같다."

주의할 건 여기서 곱셈은 행렬곱matrix product이 아닌 엘리먼트곱element product이란 점입니다.
이미지의 경우 F와 H가 2차원 행렬로 나타나고 그걸 행렬곱이 아닌 엘리먼트곱pixel-wise을 해야 한다는 의미입니다. 엘리먼트곱은 다른말로 Hadamard product라고 부르기도 합니다.

$$\overset{G}{\begin{bmatrix} 3 & 5 & 7 \\ 4 & 9 & 8 \end{bmatrix}} \circ \overset{H}{\begin{bmatrix} 1 & 6 & 3 \\ 0 & 2 & 9 \end{bmatrix}} = \overset{N}{\begin{bmatrix} 3\times1 & 5\times6 & 7\times3 \\ 4\times0 & 9\times2 & 8\times9 \end{bmatrix}}$$

| Hadamard product(엘리먼트 곱) |

출처 https://miro.medium.com/max/1400/1*54rq3_-FZaJxKLdOYN8qjA.png

위 그림처럼 엘리먼트곱은 행렬곱보다 더 간단합니다. 매트랩에선 F=G.*H 이런식으로 곱셈기호 앞에 점을 찍어주면 엘리먼트곱으로 연산됩니다.

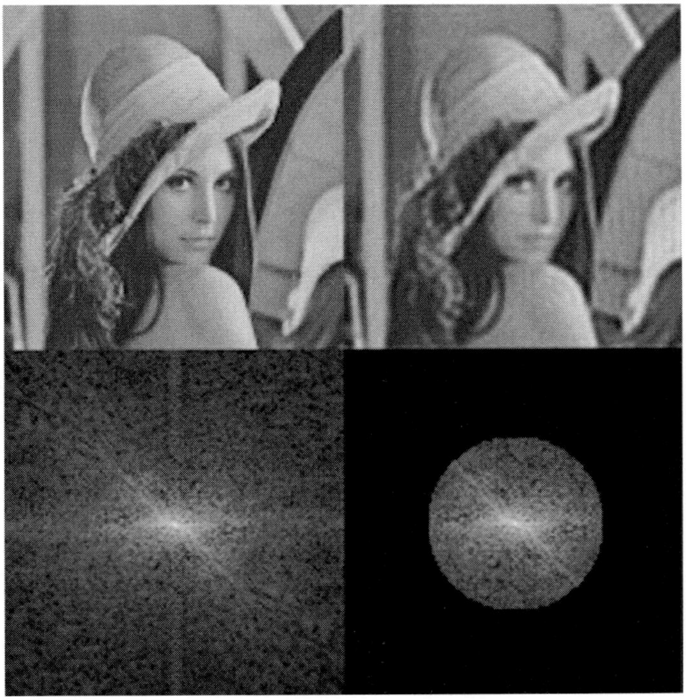

| 푸리에 변환을 이용한 LPF필터링 |

이 그림은 푸리에 변환으로 저주파필터링low pass filtering을 하는 모습입니다. 레나 이미지(좌상)를 푸리에 변환(좌하)한 후 저주파 대역만 남기고 모두 제거하는 원형 필터(우하)를 곱해준 후 푸리에 역변환 하면 우상단의 저

주파 정보만 남은 레나 이미지가 얻어집니다. 이런 방식의 대역필터에는 LPF(로우 패쓰 필터), 말고도 HPF(하이 패쓰 필터), BPF(밴드 패쓰 필터), BSF(밴드 스탑 필터) 등이 있습니다.

또한 저런 0(검정)과 1의 이상적인 필터ideal filter 말고도 매끄러운 특성을 가지는 필터들도 많은데, 아래 그림과 같이 가우시안, 라플라시안, Sobel, DoGDifference of Gaussian, LoGLaplacian of Gaussian 등이 존재합니다. 물론 이런 필터(푸리에 커널)들도 주파수도메인에서 이미지에 곱해준 후 역변환하는 방식으로 필터링하게 되죠.

어떤가요? 커널을 이미지에 래스터스캐닝 방식으로 콘볼루션 하여야만 필터링 되는 공간도메인 방식에 비해 주파수도메인 방식이 더 간단하죠?

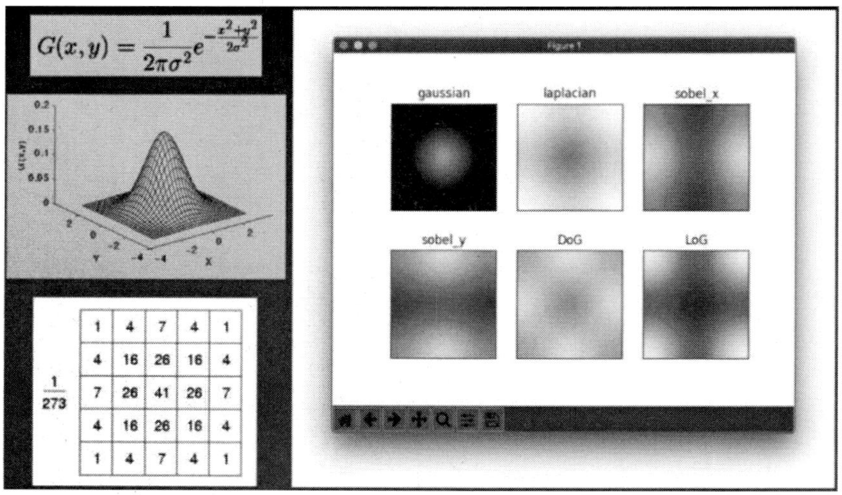

| 다양한 이미지 필터링용 주파수도메인의 2차원 커널들 |

공간도메인 영상처리(일반적인 영상처리)에서 콘볼루션은 이미지가 커지거나(고해상도) 콘볼루션 커널이 커지면 필터링 연산속도가 매우 느려지게 됩니다.

그래서 가령 7×7 크기 커널의 콘볼루션을 3×3 콘볼루션을 3회 반복하여 7×7 콘볼루션을 대신하는데, 그 이유는 3×3 콘볼루션 3번 하는

게 7×7 콘볼루션 한번 하는 것보다 더 빠르기 때문이죠. 하지만 푸리에 변환 필터링은 곱셈을 이용하므로 이미지가 커질수록, 커널 크기가 클수록 상대적으로 공간도메인 필터링보다 빠르게 됩니다. 물론 푸리에 변환과 역변환 시에 시간을 잡아먹긴 하지만 FFT가 워낙 빠르기 때문에 크게 문제가 되진 않죠. 그래서 그런지 NVidia 사의 CuDNN 딥러닝 라이브러리 안에도 고속 콘볼루션을 위한 고속 fft_convolve 함수가 들어있다고 합니다. 푸리에 변환을 이용해 딥러닝 학습을 빠르게 하기 위해서입니다.

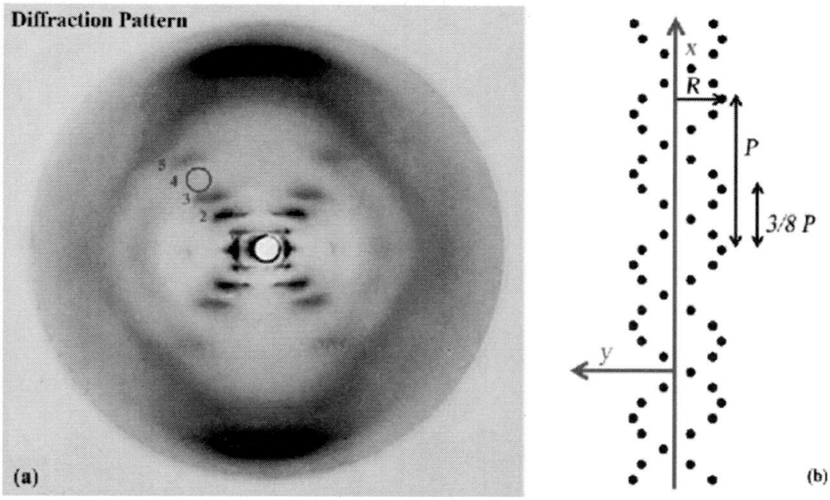

| 엑스선 회절무늬와 DNA의 이중나선 구조 |

출처 https://aapt.scitation.org/doi/pdf/10.1119/1.5020051

이 그림은 DNA의 구조를 밝히는데 사용된 여류과학자, 로잘린느 프랭클린의 유명한 엑스선 사진입니다. 그런데 이 사진 속에도 푸리에 콘볼루션 정리가 들어 있다는 사실을 아는 사람은 드물죠.

나선 모양 x 이중구조 x 원형분자는 서로 콘볼루션 되어있고 그걸 푸리에 변환하면 각각을 푸리에 변환하여 곱한 형태와 같다는 원리로부터 엑스선 회절패턴을 역 푸리에 변환한 후 기하학적으로 분석하면 DNA의 구조를 유추할 수가 있는 것이죠.

그럼 콘볼루션 정리의 몇 가지 응용 예를 살펴보겠습니다.

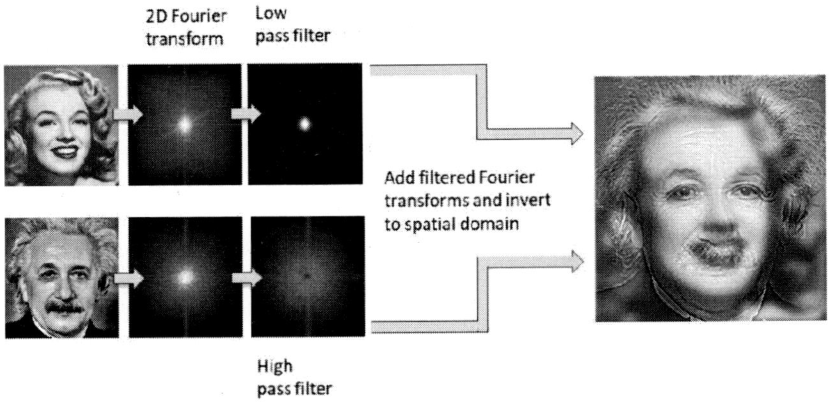

| 먼로-아인슈타인 합성 |

출처 https://www.mapleprimes.com/view.aspx?sf=209594_post/overview_NEW.png

위 오른쪽 그림처럼 가까이서 보면 아인슈타인 얼굴로 보이고, 멀리서 보면 마릴린 먼로의 얼굴로 보이는 재미있는 합성사진을 먼로-아인슈타인 효과(또는 이미지 합성 기법)라고 부릅니다. 이 효과를 구현하기 위한 방법은 몇 가지가 있는데, 그중 하나가 바로 위에 보인 푸리에 변환Fourier Transform 기반 방법입니다.

이미지 embossing 이나 고주파 이미지 같은 것들은 저주파성분을 배제한 이미지 성분만을 포함하므로 배경이 투명하다는 장점이 있습니다. 따라서 고주파 이미지의 배경에 다른 이미지를 Overlay하여 multi-modal 한 두 가지 다른 성격의 이미지를 동시에 디스플레이 하는 게 가능합니다. 절차는 위 그림과 같습니다. 우선 멀리서 보이게 할 먼로 이미지를 푸리에 변환으로 저주파 필터링Low Pass Filtering합니다. 그리고 가까이서 보이게할 아인슈타인 이미지를 고주파 필터링High-Pass Filtering하여 두 결과에 가중치를 주어 합산한 후 푸리에 역변환iFFT2 해주면 공간도메인Spatial domain에 최종 합성된 이미지가 얻어지는 것입니다.

자 그럼, 이걸 산업현장에서 어디에 활용할 수 있을까요? 다음 응용 예가 그 중 하나입니다.

| 적외선과 가시광선 영상 합성 |

출처 https://images.wevolver.com/eyJidWNrZXQiOiJ3ZXZvbHZlci1wcm9qZWN0LWltYWdlcyIsImtleSI6IjAucWR5anFva2hwbW1zeC10aHVtYm5haWwud2VicCIsImVkaXRzIjp7InJlc2l6ZSI6eyJ3aWR0aCI6Nzg4LCJoZWlnaHQiOjQ5MCwiZml0IjoiY292ZXIifX19

저해상도 적외선 영상Thermal image과 고해상도 가시광선 영상의 합성, 열화상 카메라로 찍은 적외선 영상은 피사체의 온도분포는 알 수 있지만 Thermal Imaging 센서가 고가라 영상의 해상도가 매우 낮고 물체의 컬러가 가시광선으로 보는 컬러와 판이하게 다른게 문제죠. 다시 말해서 적외선 영상으론 물체의 형상을 알아채기가 어렵습니다. 반면에 가시광Visible light 영상은 가격도 저렴하고 해상도도 높습니다.

따라서 가시광 영상의 고주파 성분과 적외선 영상(저주파 성분에 해당)을 푸리에 변환으로 합성해 위 그림처럼 보여주면 온도분포와 물체형상을 동시에 확인할 수가 있게 됩니다.

푸리에 변환과 푸리에 영상처리는 이렇게 딥러닝의 시대에도 여전히 중요합니다~!

6

윈도우 함수

"무한을 보정한다, 윈도우 함수Window Function"

이번 장에서는 다차원 푸리에 변환과 윈도우 함수Window Function에 대해서 알아보겠습니다.

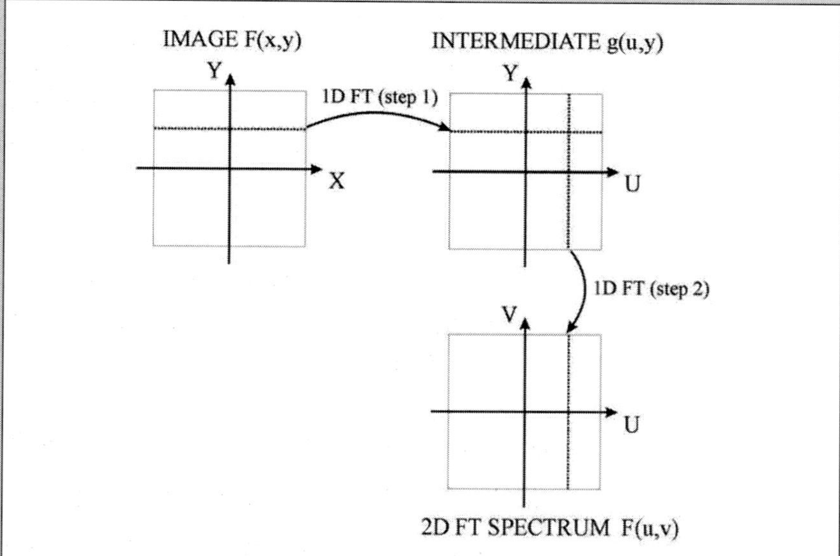

| 1차원 FFT로 2차원 FFT 구현하기 |

이미지를 푸리에 변환 하려면 2차원 FFTFast Fourier Transform가 필요합니다. 이미지가 2차원 데이터이기 때문이죠. 위 그림은 1차원 FFT를 여러번 하여 2차원 FFT를 계산하는 모습입니다. 먼저, 이미지를 2차원 어레이

로 보고, 모든 행column에 대해서 각각 x방향으로 1차원 FFT를 합니다. 그런 다음 이번엔 모든 열row에 대해서 y방향으로 각각 1차원 FFT합니다. 그러면 결과적으로 2차원 FFT가 완성됩니다.

푸리에 변환이 선형변환이기 때문에 가능한 푸리에 변환의 차원 확장인 셈입니다.

그러나 실제로는 x방향으로 1차원 FFT한 후 어레이를 90도 회전시켜 x방향으로 한번 더 1차원 FFT해 2차원 FFT를 하기도 합니다.

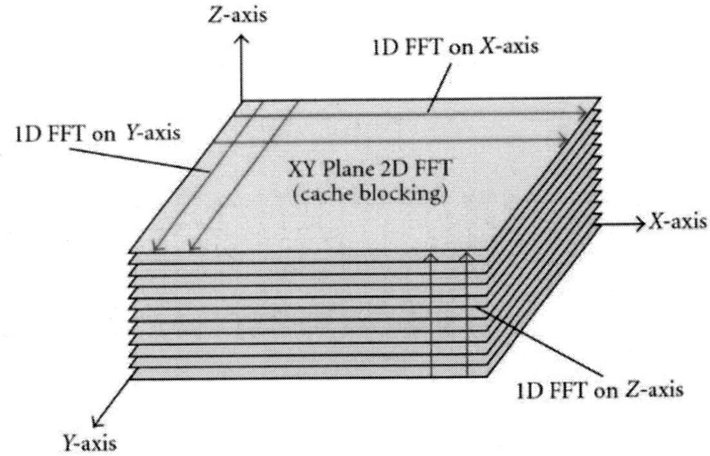

| 2차원 FFT로 3차원 FFT 구현하기 |

출처 https://static-02.hindawi.com/articles/ijbi/volume-2011/473128/figures/473128.fig.007.jpg

마찬가지로 Volume과 같은 3차원 데이터를 푸리에 변환 하려면 3차원 FFTFast Fourier Transform가 필요합니다. 이 그림은 1차원 FFT를 여러 번 하여 3차원 FFT를 계산하는 모습입니다. 볼륨데이터를 3차원 어레이로 보고 x방향으로 각각 1차원 FFT 후, y방향으로 1차원 FFT, 그리고 다시 z방향으로 1차원 FFT하면 3차원 FFT가 완성됩니다. 푸리에 변환이 선형변환이기 때문에 1차원 FFT로 3차원 FFT도 가능한 것입니다. 이런 식으로 n차원 FFT도 가능합니다.

물론 3차원을 넘어가면 우리 눈으로는 볼 수가 없고, 상상도 불가능한 n차원이지만 n차원 푸리에 변환은 이렇게 쉽게 확장이 가능한 것이죠. 딥러닝에서도 가시화가 불가능한 하이퍼차원 파라미터 공간에서 에러 함수에 대해서 편미분을 하여 기울기가 가장 큰 방향을 찾곤 하지요.

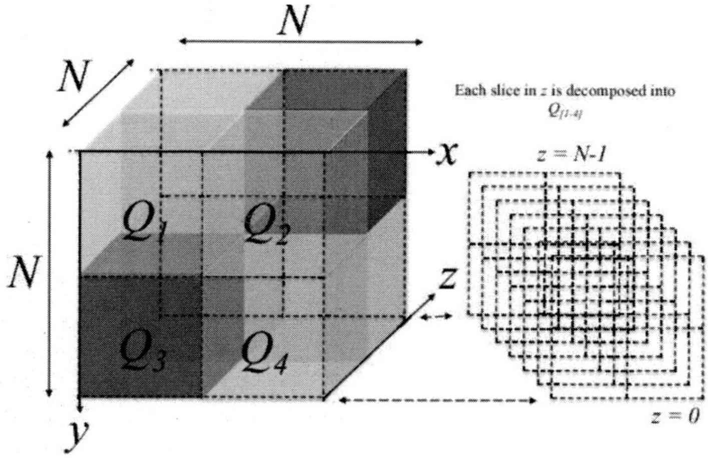

| 3차원 주파수도메인에서의 8분면 |

1차원 푸리에 변환된 1차원 주파수 도메인에선 FFT알고리즘 때문에 좌우 2분면이 바뀌어 나타납니다. 1차원 스펙트럼의 좌우가 바뀌는 것이죠. 2차원 푸리에 변환된 2차원 주파수 도메인에선 역시 FFT 알고리즘 때문에 상하좌우 4분면이 서로 바뀌어 나타나죠. 1사분변과 3사분면이 바뀌고 2사분면과 4사분면이 바뀌어 나타납니다. 그것을 바로 잡는게 바로 fftshift() 함수입니다.

3차원 푸리에 변환된 3차원 주파수 도메인에서도 역시 FFT 알고리즘 때문에 8분면이 바뀌어 나타납니다. 각 8분변들은 원점 대칭인 8분면끼리 서로 바뀌어 나타납니다. 푸리에 변환은 선형변환이기 때문에 차원이 늘어나도 데이터 차원구조만 바뀔 뿐 연산방식에는 차이가 없습니다. 따라서 3차원 콘볼루션은 3차원 푸리에 변환으로 계산이 가능하고,

3차원 노치필터링도 가능하며, 3차원 샐리언시맵도 계산이 가능하며, 푸리에 슬라이스 정리도 3차원으로 확장이 가능합니다.

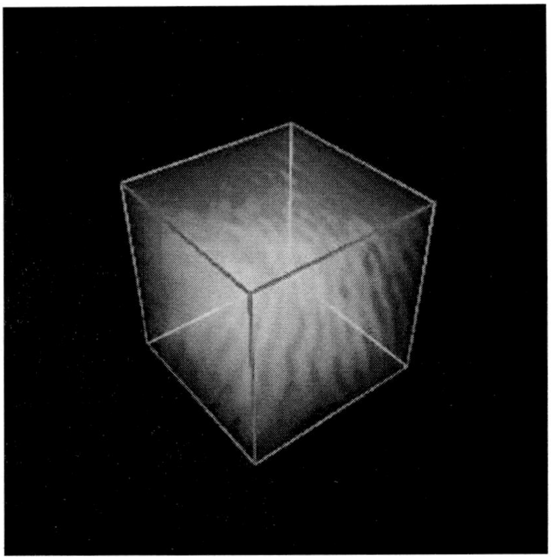

| 3차원 푸리에 변환 커널 |

이건 3차원 콘볼루션을 주파수도메인에서 계산할 때 곱해지는 3차원 푸리에 커널[kernel]의 모습이랍니다. 속이 보이도록 반투명하게 가시화 해서 보여준 예입니다. 볼륨데이터를 3차원 푸리에 변환 한후 저 커널를 곱해준 후 역푸리에 변환하면 3차원 콘볼루션이 계산되는 것이죠. 3차원 데이터 딥러닝 네트웍에서 쓰는 방식입니다. 3차원 콘볼루션이나 푸리에 변환이 왜 필요하냐구요? 3차원 데이터 구조를 갖는 비디오 신호처리나 Spatio-Temporal 한(시공간 데이터를 모두 갖는) 3차원 데이터의 딥러닝에 많이 씁니다.

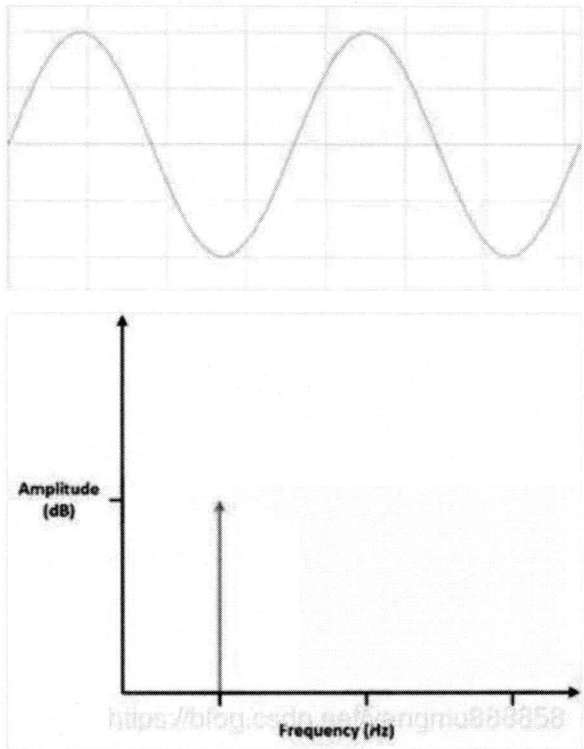

| 윈도우 함수(Window Function) 이상적인 사인파 신호의 푸리에 변환 스펙트럼 |

출처 https://2.bp.blogspot.com/-Q0xwdT2dLiU/XHaaxbJb4QI/AAAAAAAADOI/ThiXvemEbiMdK3lQBxKi4tS-lTi2q3ujwCLcBGAs/s1600/Figure%2B1.png

푸리에 변환은 원래, 무한의 데이터 공간을 가정하고 만들어진 적분변환 입니다(변환식에서 적분구간이 음의 무한대에서 양의 무한대였던거 기억나시나요?). 즉, 1차원 신호의 경우 무한대의 시간축에 데이터가 펼쳐져 있어야 하고, 2차원 신호의 경우엔 무한한 크기의 가로와 세로를 갖는 이미지가 있어야 하는거죠. 하지만 현실의 데이터는 그렇지 못합니다. 위 그림은 그렇게 시간축으로 무한히 반복되는 사인파를 푸리에 변환한 결과입니다. 아래 스펙트럼에서와 같이 사인파의 주파수에 해당하는 위치에 펄스 하나가 나타납니다. 이상적인Ideal 경우죠.

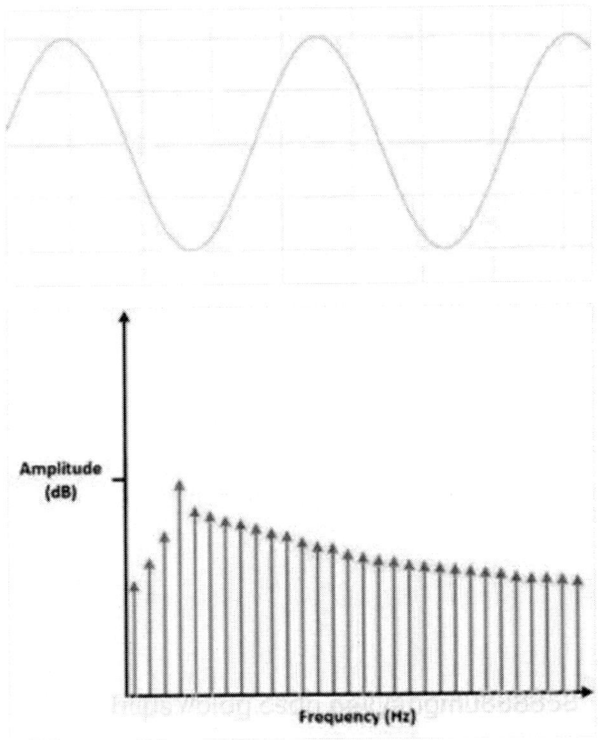

| 현실적인 사인파에 대한 푸리에 스펙트럼 |

출처 https://2.bp.blogspot.com/-Q0xwdT2dLiU/XHaaxbJb4QI/AAAAAAAADOI/ThiXvemEbiMdK3lQBxKi4tS-lTi2q3ujwCLcBGAs/s1600/Figure%2B1.png

현실의 데이터는 그림처럼 일정 시간구간 내에서만 존재하고 그 스펙트럼은 아래처럼 중심 주파수에서 양옆으로 퍼져서 나타납니다. 이런 현상을 Spectral Leakage(스펙트럼 누설)이라고 부릅니다. 유한할 수 밖에 없는 사인파의 양끝단 경계에서 직각파처럼 절벽이 나타나기 때문입니다. 그 절벽을 정현파로 묘사하기위해선 엄청난 주파수성분이 필요해집니다. 그게 스펙트럼 누설로 나타나는 것입니다. 결과적으로 대역폭이 늘어나는 것이죠. 이렇게 유한한 데이터의 스펙트럼에 나타나는 스펙트럼 누설현상을 줄여서 마치 무한한 데이터에 대한 스펙트럼과 비슷하게 만들어주는 보정 함수가 바로 "윈도우 함수"입니다.

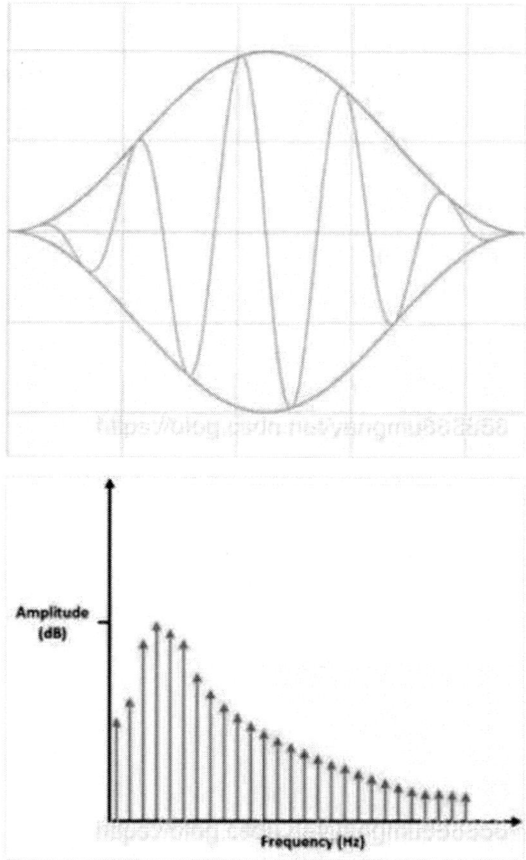

| 사인파 신호에 윈도우 함수를 씌운 후의 스펙트럼 결과 |

출처 https://2.bp.blogspot.com/-Q0xwdT2dLiU/XHaaxbJb4QI/AAAAAAAADOI/ThiXvemEbiMdK3lQBxKi4tS-ITi2q3ujwCLcBGAs/s1600/Figure%2B1.png

이건 사인파 신호에 윈도우 함수를 곱한 후에 푸리에 변환한 스펙트럼 결과입니다. 윈도우 함수로 인해 스펙트럼 누설현상을 많이 감쇄시켜 준걸 알 수 있습니다.

물론 윈도우 함수를 안쓰고도 입력신호의 길이를 엄청 길게하여 비슷하게 스펙트럼 누설을 줄일 수도 있습니다.
하지만 계산시간이 엄청 길어지고 메모리 점유율도 높아지겠죠?

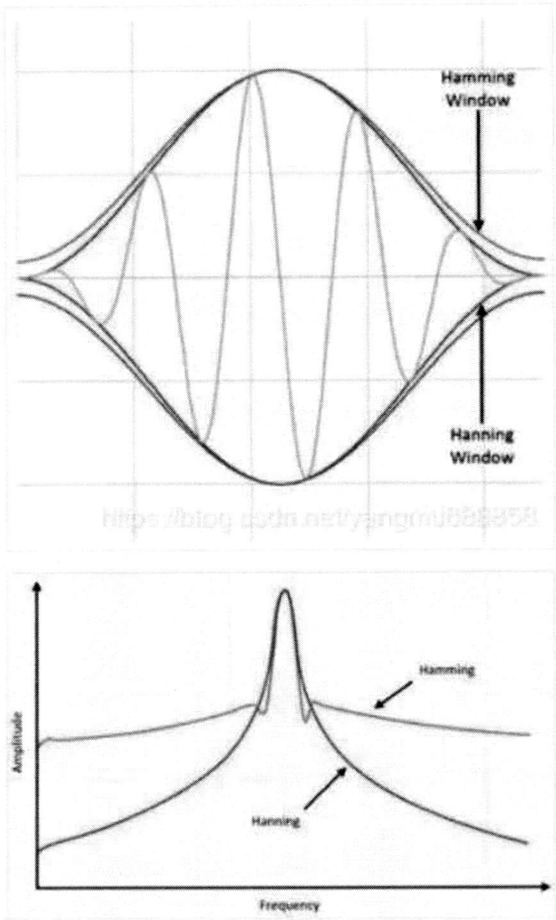

| 해밍과 해닝 윈도우 함수의 모습 |

출처 https://2.bp.blogspot.com/-Q0xwdT2dLiU/XHaaxbJb4QI/AAAAAAAADOI/ThiXvemEbiMdK3lQBxKi4tS-ITi2q3ujwCLcBGAs/s1600/Figure%2B1.png

윈도우 함수는 Hamming, Hanning, Blackman, Keizer, … 등등 매우 다양하며 각각의 특성들도 다릅니다. 위키피디아에 가시면 수십개가 넘는 다양한 윈도우 함수들과 그 주파수응답 특성들을 볼 수 있습니다. 내 신호의 특성에 맞는 최적의 윈도우 함수를 선택한다는 것은 매우 어려운 일입니다. 따라서 내 신호와 유사한 예에서 흔히 쓰는 일반적인 윈도우 함수들을 사용하면 됩니다.

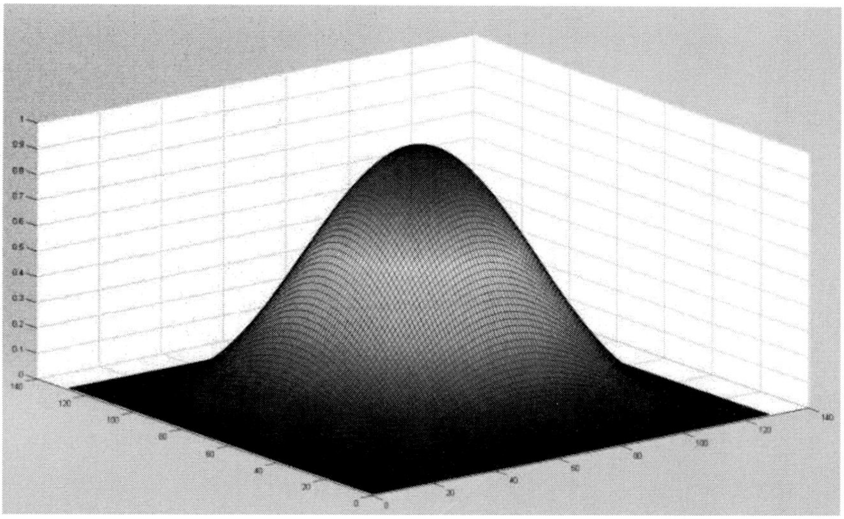

| 2차원 윈도우 함수 |

출처 http://i.imgur.com/89alk.png

이미지와 같은 2차원 데이터에 대해서도 윈도우 함수가 존재합니다. 이 그림은 2차원 Hanning 윈도우 함수를 3차원 플랏으로 표시한 모습이며 아래 사진은 레나 이미지에 2차원 해닝 윈도우를 곱해서 디스플레이 해본 모습입니다.

윈도우 함수는 푸리에 변환 뿐 아니라 라돈radon트랜스폼의 결과를 노멀라이즈 하기 위한 전처리에도 사용됩니다.

그 밖에도 샐리언시맵이나 위상대칭으로 블랍을 검출할 때 등등에도 가장자리 상쇄를 할 때 필요합니다.

저는 개인적으로 푸리에 변환의 윈도우 함수가 딥러닝의 콘볼루션 시에 적용되는 제로-패딩zero-padding과 밀접한 연관이 있다고 생각하고 있습니다. 서로 활동하는 도메인은 다르지만 둘 다 경계효과를 보정해주는 역할을 하고 있기도 하구요.

참고로 콘볼루션의 제로패딩은 콘볼루션시 이미지 경계가 일으키는 문제를 보정하기 위하여 해주는 일종의 전처리입니다.

| 윈도우 함수를 씌운 이미지 |

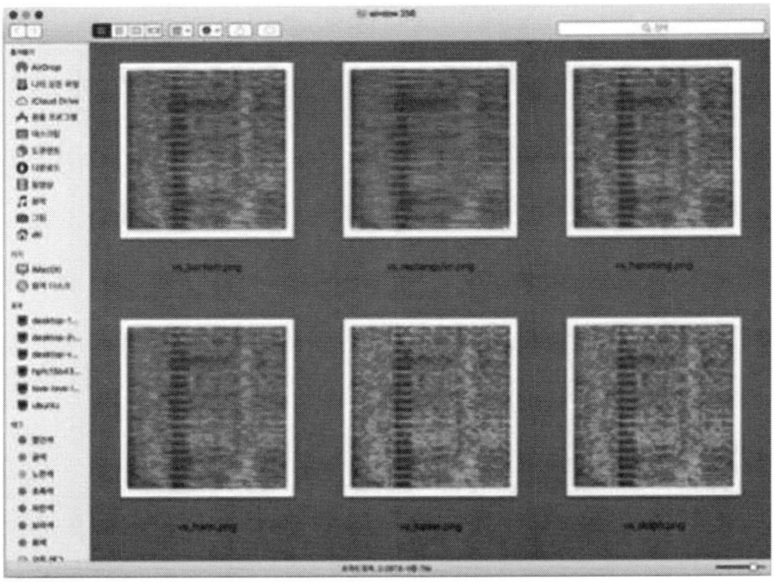

| 스펙트로그램 오그먼테이션 |

이 그림은 1차원 신호를 Spectrogram을 이용해 이미지로 변환할 때 윈도우 함수들을 다양하게 바꾸어 이미지 오그먼테이션을 해본 결과입니다. 각기 다른 윈도우 함수로 인해 같은 1차원 신호에 대해 약간씩 다른 스팩트로그램들이 만들어지고 그렇게 뻥튀기[Augmentation]된 이미지들을 딥러닝으로 학습시키면 일반화 성능이 좋아지는 것이죠.

푸리에 변환을 이용한 오그먼테이션 기법이 또 하나 등장했군요.

참고로, 사인파 같은 정현파에 가우시안 윈도우 함수를 씌워준 게 바로 가보 웨이블릿Gabor Wavelet입니다. 따라서 많은 경우에 푸리에 변환보다 가보 웨이블릿 변환Cabor Wavelet Transform이 더 정밀한 Spectrogram 결과를 보여주기도 합니다.

7

푸리에 콘볼루션

"도형을 찾는 또다른 방법, 푸리에 콘볼루션FFT_Convolution"

이번 장에서는 푸리에 변환FFT으로 이미지 속에서 원Corcle이나 정사각형Square, 또는 삼각형Triangle 등의 기하학적 도형들을 고속으로 찾는 새로운 방법에 대한 이야기를 해 보겠습니다.

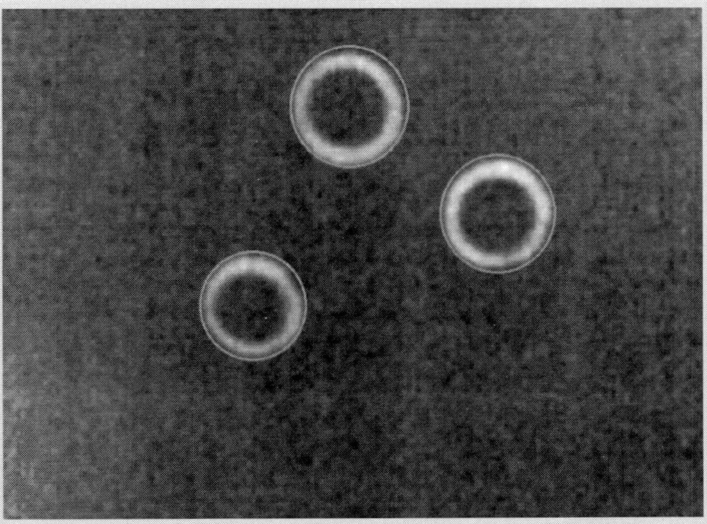

| 원 검출 예시 |

출처 https://i.stack.imgur.com/nFgrm.png

이미지에서 원을 찾는 방법은 오래된 문제이고 개발된 알고리즘도 많지만 여전히 쉬우면서도 어려운 문제이고 이 분야에서 짱먹는 만병통치 알고리즘이 없는 문제에 속합니다. 이미지 속에서 원을 찾는 방법에는 … 매칭방법, CHT[Circular Hough 변환] 방법, 최소자승법, RANSAC 방법, Snake 알고리즘 등등. 방법마다 각각 장단점이 있고 대상 이미지에 따라 다른 성능을 보입니다.

문제가 어려운 이유는 원을 검출하기 전에 이미지에서 에지를 검출하거나 이진화처럼 이미지를 어떻게 전처리[Pre-Processing] 하느냐에 따라 검출 결과가 많이 달라지기 때문입니다. 또한 알고리즘에 들어있는 파라미터들을 어떻게 설정하느냐도 검출 결과에 영향을 많이 미칩니다. 특히 CHT 방식이 파라미터들도 많고 선택도 까다로운 편이죠..

원 검출의 성능에는 검출 속도, 검출 정확도, 검출의 안정성 등이 있습니다. 속도는 당연히 빠를수록 좋겠고요. 정확도는 원의 중심점과 반지름을 얼마나 정확하게 찾아내느냐를 보는 거죠. 그리고 안정성은 동영상 등에서 반복적으로 원을 찾을 때 얼마나 일관성있게 같은 원만 찾는지를 나타냅니다. 아무래도 성능이 좋은 알고리즘은 시간이 오래 걸리고 연산비용도 그만큼 높겠죠?

```
cv2.HoughCircles(image, method, dp, minDist[, circles[, param1[, param2[, minRadius[, maxRadius]]]]])
```

Parameters:

- **image** - 8-bit single-channel image. grayscale image.
- **method** - 검출 방법. 현재는 HOUGH_GRADIENT가 있음.
- **dp** - dp=1이면 Input Image와 동일한 해상도.
- **minDist** - 검출한 원의 중심과의 최소거리. 값이 작으면 원이 아닌 것들도 검출이 되고, 너무 크면 원을 놓칠 수 있음.
- **param1** - 내부적으로 사용하는 canny edge 검출기에 전달되는 Paramter
- **param2** - 이 값이 작을 수록 오류가 높아짐. 크면 검출률이 낮아짐.
- **minRadius** - 원의 최소 반지름.
- **maxRadius** - 원의 최대 반지름.

| HoughCircle 함수 |

출처 https://docs.opencv.org/4.x/dd/d1a/group__imgproc__feature.html#ga47849c3be0d0406ad3ca45db65a25d2d

우선 가장 널리 알려진 게 OpenCV에도 들어있는 허프변환[CHT] 방법인데요. 그림처럼 CHT 알고리즘엔 선택해야 할 파라미터가 매우 많습니다. 대상 이미지에 따라 파라미터를 잘 골라야 하는 문제가 있습니다.

그리고 CHT도 알고리즘이 다양해서 어떤건 원을 정확하게 잘 찾지만 시간이 너무 오래걸리고 어떤건 빠르게 찾지만 검출 결과가 엉망인 CHT 알고리즘도 있습니다. 즉, 내부 구현 알고리즘 마다 편차가 크다는 것이죠. 물론 전처리 결과에 영향도 많이 받는 편이구요.

RANSAC 알고리즘은 최소자승 오차법에다가 랜덤 보팅voting개념을 섞어논 알고리즘인데요. 일종의 Non-Parametric 수치해석 방식입니다. 속도는 매우 빠르고 원도 잘 찾지만, 아무래도 통계적 방식이어서 검출 결과의 안정성이 좀 떨어지는 편입니다.
그리고 이미지 전처리의 영향을 가장 많이 받습니다. 전처리 결과가 검출율을 좌우하죠.
연속적인 값을 가지는 이미지 픽셀 보다는 Point Cloud같은 스파스한 데이터에서 원이나 구를 더 잘 찾기도 합니다. Snake 알고리즘 같은건 전처리없이 그레이스케일 이미지에서 바로 원을 찾는 방법이어서 강력하긴 한데, 계산비용이 높은 등의 단점이 있습니다.
최근에는 딥러닝을 이용한 원을 찾는 방법들도 하나 둘 나오고 있습니다. 데이터의 승리(?)인거죠~.

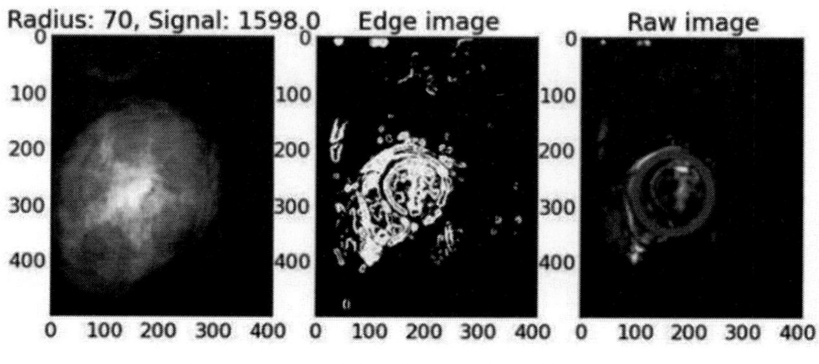

| (좌)FFT 콘볼루션 맵, (중)에지 이미지, (우)원 검출 결과 |

출처 https://github.com/vmonaco/circle-detector/blob/master/src/mri-result.png?raw=true

---

앞에서 언급한 방법들 외에 푸리에 변환으로 원을 찾는 방법이 있습니다. 일종의 이미지 매칭을 이용해 원을 찾는 방식인데요.
원을 찾기 위한 후보 템플릿이 원 이미지들을 반지름별(원 두께별)로 여러개 만들어 놓고 작은 반지름의 이미지부터 반지름을 점점 키워가며 FFT Convolution으로 대상이미지와 고속으로 매칭하면서 매칭이 가장 잘되는 원의 위치와 반지름을 찾아내는 방식입니다.
콘볼루션을 주파수 도메인에서 연산하면 곱셈만 하면 되므로 커널이 클수록 더 빠르다는 걸 지난시간에 배웠죠?

파이썬 소스코드를 공유하니 한번 돌려보세요.
https://github.com/vmonaco/circle-detector.git

다음 그림들은 내부에서 만들어지는 매칭용 원 템플릿들의 예시입니다. 특이한 건 원 반지름이 커질수록 두께가 가늘어진다는 점. 이것은 이미지 해상도를 고려한 대비로 보여집니다. 저해상도 이미지 속 원은 아무래도 두껍고 고해상도 이미지 속 원은 가느다란 게 일반적이니까요. 이런 템플릿들은 코드가 자동적으로 만들어주기 때문에 수작업으로 만들어 줄 필요는 없습니다.

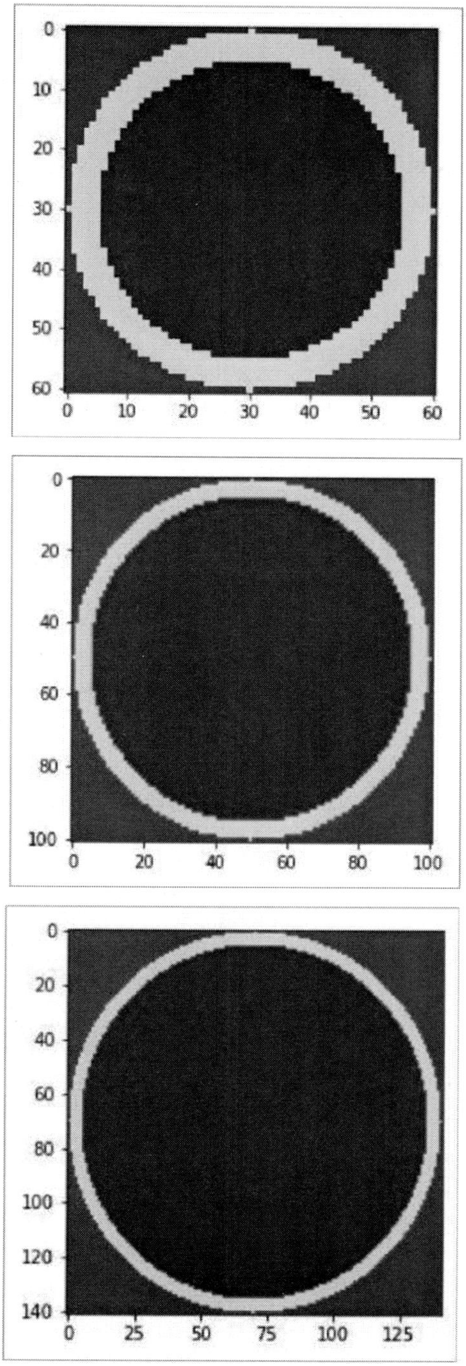

| 원의 방정식으로 자동으로 만들어지는 템플릿 이미지들 |

콘볼루션은 코릴레이션과 마찬가지로 유사도를 구하는데 사용되는데, 특히 원과 같은 우함수(y축 대칭함수)에 대해선 콘볼루션과 코릴레이션의 연산결과는 동일합니다. 이 방법에서도 역시 전처리가 사용되는 데요. 에지를 구하기 위하여 그레이스케일 이미지에서 바로 Sobel 필터를 사용합니다.

이 방법은 선택할 파라미터가 비교적 간단한 장점이 있고 매칭결과의 안정성이 비교적 좋다는 장점이 있습니다. 준비해 둔 여러 개의 템플릿 이미지들과의 매칭은 연산시간이 많이 걸리는 게 당연하니 이 방식에선 FFT를 이용해서 주파수도메인에서 콘볼루션 해줌으로써 속도를 높이고 있습니다.

링크한 코드에선 scipy.signal.fftconvolve라는 함수를 썼는데요. scipy.signal.convolve2d나 CuDNN, CuFFT 같은 함수를 사용하면 속도는 더 빨라질 수도 있을 것 같습니다. 콘볼루션은 딥러닝 덕분에 점점 더 빨라질테니, 앞으로 유망한 원검출 방식이 될 수도 있겠네요.

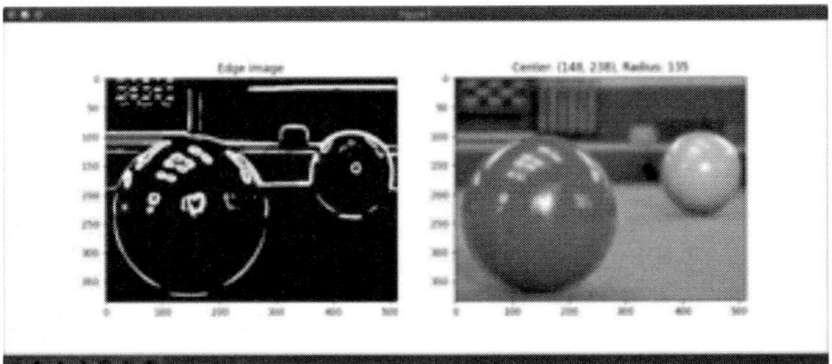

| FFT방식으로 당구공을 찾은 예 |

이 그림은 FFT방식으로 당구공을 찾은 예 입니다. 형광등에 의한 빛반사나 하단부 그림자 같은 왜곡이 있음에도 원을 잘 찾아주네요. 물론 잘된 전처리 덕분이기도 하지만 말이죠~ 이제 왜 전처리가 중요한지 아시겠죠? FFT는 3차원으로도 쉽게 확장이 가능하므로 3차원 상에서

의 원이나, 구[sphere]를 찾는 것도 3차원 템플릿으로 가능하겠고 원이 아닌 그림처럼 정사각형, 직사각형, 삼각형 같은 일반적인 형태도 템플릿만 만들면 탐색이 가능한 장점이 있습니다.

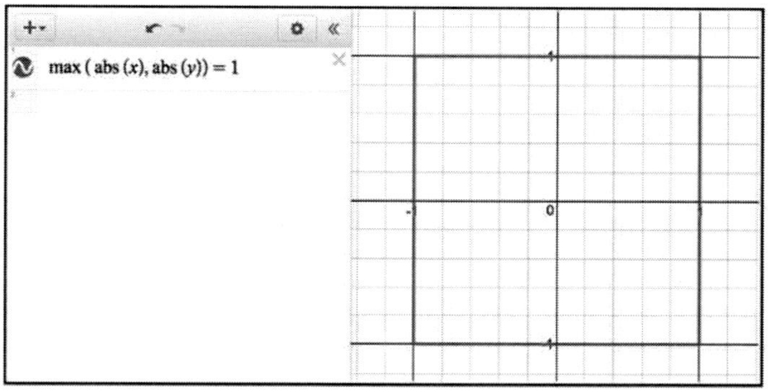

Square generated by $max(abs(x), abs(y)) = 1$ (see https://tinyurl.com/maxfunctionsquare).

| 정사각형의 방정식 |

출처 https://tinyurl.com/maxfunctionsquare

또한 템플릿 방식이라 원같은 선도형 뿐 아니라 내부가 이미지로 채워진 복잡한 형태의 검출도 가능합니다.

8

노치필터링

"노치필터링Notch Filtering으로 주기성 모아레Moire를 제거한다."

| 노치(Notch)의 모양 |

출처 https://www.promobit.com.br/blog/wp-content/uploads/2018/02/10182138/notch-celulares.jpg

노치Notch라는건 아래쪽으로 뾰족한 형태를 말합니다. 아이폰의 노치도 아래쪽으로 뾰족 아니고 뭉툭하군요. 여하튼 저런 모양을 노치형태라고 통칭하여 부릅니다.

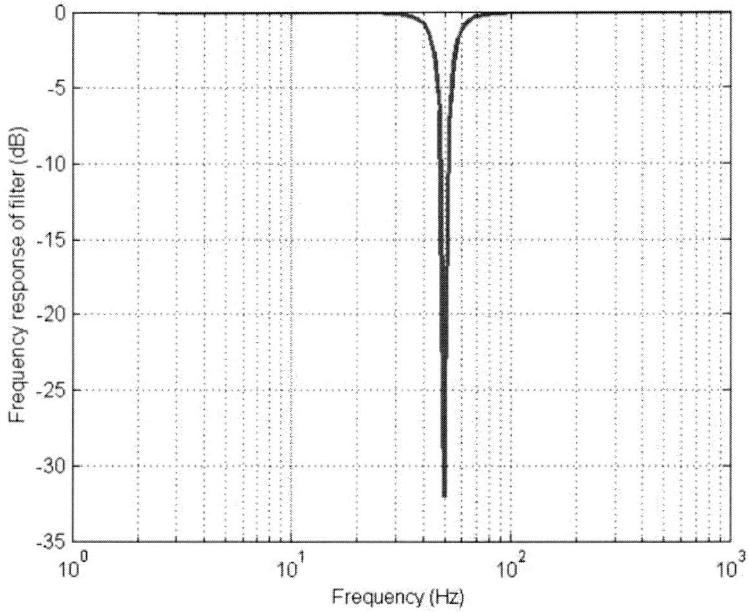

| 1차원 노치필터의 밴드 스톱 필터(band stop filter) 특성 |

출처 https://www.researchgate.net/profile/Li-Li-292/publication/232650750/figure/fig3/AS:341641056538633@1458464983668/Frequency-response-of-notch-filter-with-50Hz-central-frequency-and-5Hz-half-width.png

주파수도메인을 이용한 대역 필터링 중 고주파와 저주파를 잘 통과시지만 중간주파수 대역만 막아버리는 필터를 band stop filter[BSF]라고 부릅니다.

그리고 특정주파수에서 아주 좁은 대역만 노치곡선 형태로 막아버리는 특별한 BSF필터를 노치필터[notch filter]라고 부르죠.

그런데 노치필터는 영상처리에만 존재하는건 아니고 OPAmp 같은 전자회로를 이용한 노치필터, 렌즈를 이용한 광학적 노치필터, 도파관을 이용한 전자파 노치필터 등이 있다고 합니다. 구현 형태는 다르지만 필터링 개념은 모두 동일하지요.

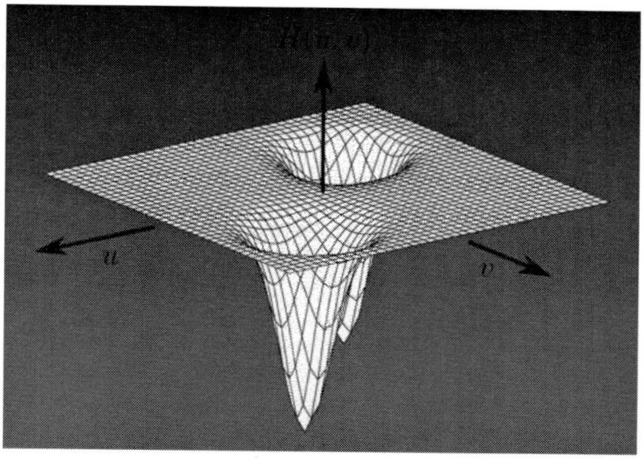

| 주파수도메인에서 원점대칭으로 나타나는 2차원 노치필터 함수 |

출처 https://mblogthumb-phinf.pstatic.net/MjAxNzA1MTNfMzQg/MDAxNDk0NjU4NzQ2MDg0.Gr9rYaeHrYef9spe2JKoTM6T9Gn6qoxTRcU2sF3bmiMg.-OfXyHB6mVEPqZaK6KKVA4OqPbsR5TLOl7xOtdqL5XMg.JPEG.ggggamang/02.JPG?type=w800

주기성 모아레 패턴을 제거하기 위한 이미지 필터링용 노치필터는 주파수도메인에서 그림과 같이 2차원 구조를 가지고 있습니다. 역시나 아래로 뾰족한 노치 형태를 띄고 있죠.

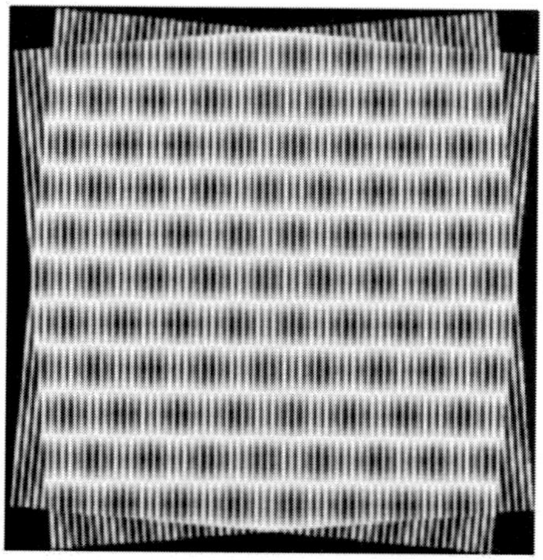

| 주기성 모아레 패턴의 발생 메커니즘 |

출처 http://3.bp.blogspot.com/-DUOCyKUYypk/UXxoxeNSQDI/AAAAAAAAAJY/sm5P6xq8QpY/s1600/e+22.JPG

모아레 패턴은 물결무늬의 패턴을 말합니다. 그리고 그 중에서도 주기성 모아레는 위 그림과 같이 주기적인 파형이 선형적으로 겹쳐서 나타나는 물결 패턴을 말하죠.

이미지 위에 드리워진 모아레 패턴은 이미지 처리나 인식에 귀찮은 장애요소로 작용하기 때문에 그것을 푸리에 변환과 필터링을 이용해 제거하려고 합니다.

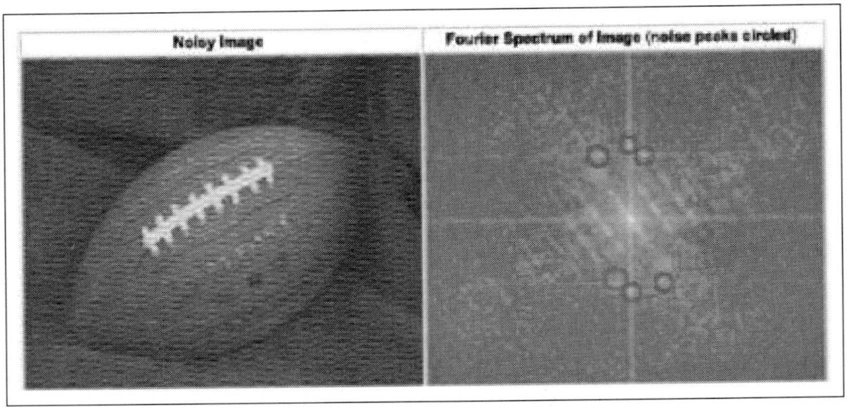

| 주기성 모아레 이미지의 진폭스펙트럼 |

이 그림은 노치필터링의 예시입니다. 그림과 같이 좌측의 주기성 모아레 패턴이 추가된 이미지의 스펙트럼을 구하면 우측과 같이 모아레성 펄스들이 나타나는 푸리에 스펙트럼이 얻어집니다. 빨간색 동그라미 안이 주기성 모아레 성분을 나타내는 피크peak들을 의미합니다.

우리는 주파수도메인에서 하나의 피크는 공간도메인에서 하나의 물결파(2차원적)를 의미한다는 걸 이미 배웠습니다. 따라서 스펙트럼에서 보듯 3개의 피크(원점대칭이므로)를 제거한 후 역변환하면 다음 그림처럼 모아레가 제거된 깨끗한 이미지가 얻어지는 거죠.

피크를 제거하는 방법은 스펙트럼에 노치필터 함수를 곱한 후 푸리에 역변환하는 겁니다. 이런 전과정을 노치필터링이라고 부르는 것이구요.

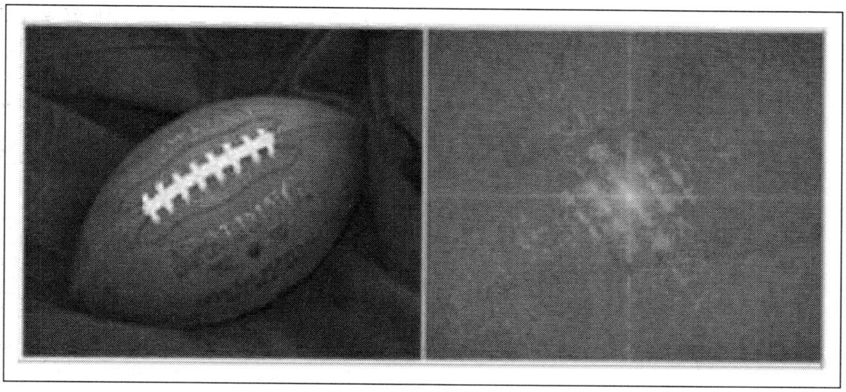

| 우: 노치필터가 곱해진 푸리에스펙트럼, 좌: 푸리에 역변환된 이미지 |

그렇게 어렵지 않죠? 다만, 저런 필터링을 위한 최적의 노치함수를 만드는게 좀 어렵고 정확한 피크위치를 알아내는 게 좀 번거롭습니다. 보통은 스펙트럼이미지의 수평과 수직 프로파일profile 그래프를 보면서 위치를 찾습니다.

피크함수는 뾰족한 가우시안 함수를 뒤집어 노치함수를 만들기도 하고 아니면 그냥 $H(u,v)=0$과 같이 특정 주파수위치에서 피크 높이를 제로로 놓아 피크를 제거하는 방식도 흔히 사용합니다.

아울러 GUI프로그램에서 마우스로 검은 점(또는 원)을 그려 노치함수를 대신하기도 합니다. 참고로, 테퍼링Tapering이라는 기법으로 Ideal한 노치함수를 부드럽게 만들어서 노치필터링하면 필터링 결과가 좀 더 좋아진다는 결과도 알려져 있습니다.

| 노치필링터 GUI 앱 스크린 샷 |

마지막으로 제가 만든 노치필터링 소스코드(OpenCV, C++)를 공유합니다.
위 그림은 깃허브에 올린 노치필터링 작동 화면입니다.
깃허브 소스 주소: https://github.com/bemoregt/ofNotchFiltering.git

노치필터링은 일반적인 푸리에 변환 기반의 필터링 기법이므로 검색하면 matlab, python, C++ 등, 많은 소스코드를 쉽게 구할 수 있습니다.
수학적 신호처리 기술들은 비슷한 원리가 분야를 달리해 동일하게 적용되므로 광학, 컴퓨터비전, 자동제어, 회로이론, 통신이론, 마이크로웨이브 등에서 물리량만 다를 뿐 유사하게 적용된다는 점도 기억해두면 데이터의 도메인을 갈아탈 때 도움이 될 수 있습니다.
대부분의 영상처리 기술서적의 푸리에 변환 기반 영상처리 기법은 보통은 여기에서 끝나는 게 일반적 입니다. 안타깝게도 보다 고난이도의 고급 푸리에 영상처리 기술들은 국내 서적엔 거의 언급이 안되어 있는 것 같습니다.

9

준동형 필터

"그림자를 제거한다, 준동형 필터 Homo-morphic Filter"

| 컬러 이미지 준동형 필터링 |

준동형 필터는 영어로 Homo-morphic Filter라고 하며, Homo는 같다는 뜻이고, morphic은 형태나 모양이라는 뜻입니다. 즉 준동형 필터는 조명과 같은 주변환경이 바뀌어도 이미지 속 물체를 동일하게 보여주게 만드는 필터라는 뜻을 담고 있습니다.

준동형 필터는 밝은 영역은 그대로 두면서 상대적으로 어두운 영역의 안보이는 부분을 볼 수있게 비선형적으로 강조해주는 영상처리 필터입니다. 단순한 밝기 조절이나 콘트라스트 조절은 밝은 부분은 더 밝게,

어두운 부분은 더 어둡게 하는 등 일괄적으로(선형적으로) 조절하는 단점이 있고 직접 히스토그램을 조작하는 방법은 이미지별로 매번 인간이 조작을 해야하는 문제점이 있죠.
참고로 위 스크린 샷은 저자가 OpenFrameworks라는 C++ IDE로 필터를 직접 구현해 본 결과입니다.

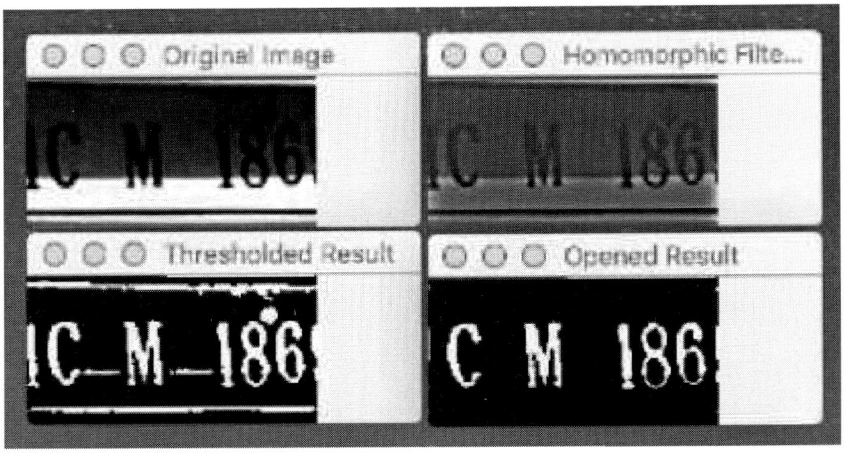

| 자동차 번호판 인식을 위한 전처리 절차 |

야외에서 그림자가 드리워진 자동차 번호판의 문자인식을 위한 영상 전처리image pre-processing 로써 준동형 필터가 쓰일 수 있습니다. 그림처럼 이진화binarization를 하기 전에 문자인식에 방해요소가 되는 그림자를 제거해주면 문자인식 성공률이 높아지게 되는 거죠. 번호판 문자인식은 공장자동화처럼 실내에서 고정된 조명하에서 이루어지는 영상인식indoor vision에 비해 야외비전outdoor vision에 해당하며, 그림자의 영향을 많이 받아 어려운 computer vision 문제에 속합니다.

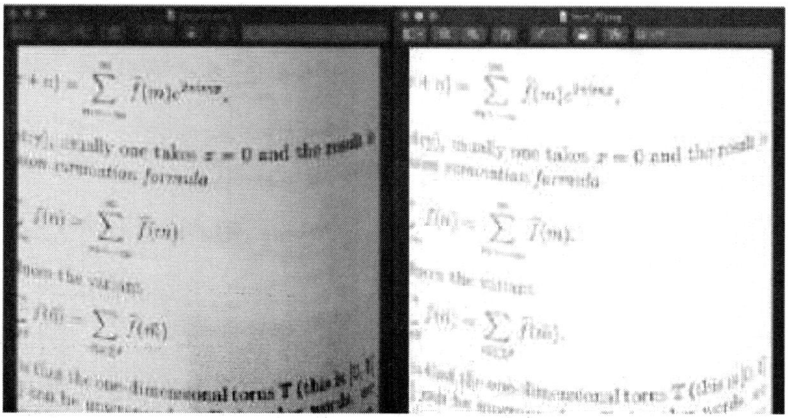

| 문서 인식을 위한 영상 전처리 |

문서 이미지 인식에 장해요소인 그림자를 제거하는 영상 전처리에는 여러 가지 방법이 있는데 호모모픽 필터도 그중 하나죠. 위의 예에서는 조명에 의한 그림자 뿐 아니라 반투명한 종이로 인한 아래 페이지의 비침현상도 제거가 가능함을 보여줍니다. 전처리로 먼저 그림자를 제거하면 이후의 영상처리 절차인 이진화가 쉬워지고 정확해지게 됩니다.

| 안개를 제거하는 영상처리 |

싱글 이미지에서 안개를 제거하는[dehazing] 영상처리 기법은 몇 가지 알고리즘이 존재하는데요. CLAHE 기법, Dark Prior 기법, 레티넥스 필터 기법 등등이 있죠.

준동형 필터를 이용하는 안개 제거 기법도 그 중 하나이며 고해상도 이미지에서도 속도가 빠른 편이고 수학적으로 비교적 간단한 장점이 있습니다.
이 밖에도 준동형필터는 의료용 X-Ray 이미지의 필터링 또는 데이터 오그먼테이션 용으로도 사용하며, 1차원 데이터의 신호처리에서 HPF 필터링 대신에 사용되기도 합니다.

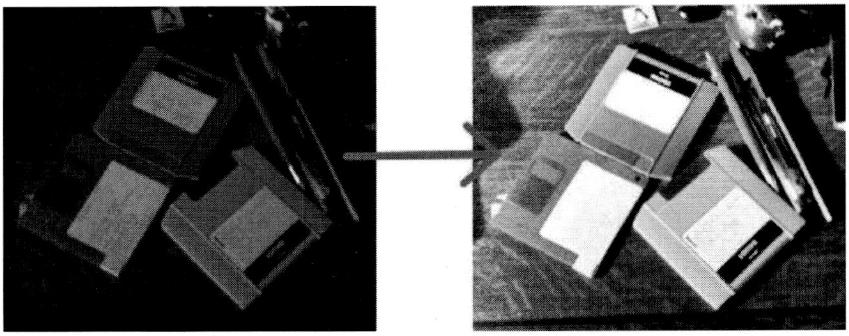

| 공간도메인에서 그림자를 제거하는 Retinex 필터 |

출처 https://docs.gimp.org/2.8/ko/plug-in-retinex.html

레티넥스 필터는 기본 원리는 준동형 필터와 유사하지만, 주파수도메인이 아닌 공간도메인에서 구현한 알고리즘이며 여러 가지 변종과 개선이 이루어져 성능이 우수합니다.
그러나 구현이 비교적 복잡하고 속도가 이미지가 고해상도 일수록 느려지는거 같습니다.
자 그럼 이제, 이렇게 다양하게 쓰이고 있는 준동형 필터의 원리에 대해 알아볼까요?

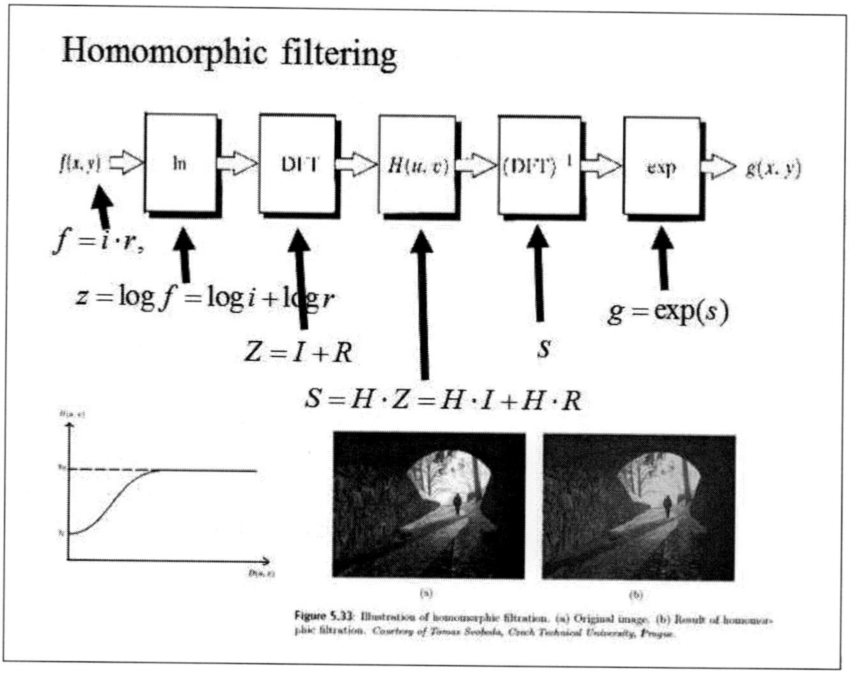

| 준동형 필터의 원리 |

이미지의 픽셀 밝기값은 물체에서 나오는 조명광(i)과 반사광(r)의 곱의 형태로 이루어진다고 합니다. 광학에서 말하길, 일반적으로 조명광은 저주파 정보가 많고 반사광은 고주파 정보가 많은 경향이 있다고 하는데요. 사실 이미지에 대한 이런 모델링은 전산공학자나 전자공학자들은 결코 할 수 없는 광학적 모델링이라고 생각됩니다.

준동형 필터의 첫 단계에서 로그스케일링을 하는 목적은 비선형(곱)을 선형(합)으로 바꿔주는 역할을 수행합니다. 이는 $f(x, y)=i(x, y) * r(x, y)$의 곱의 형태를 합의 형태로 바꿔주어 조명광과 반사광의 대역 분리가 가능해지죠. 대역분리된 이미지를 푸리에 변환한 주파수도메인에서 고주파 필터링[HPF]해줌으로서 저주파에 해당하는 주변조명의 영향을 상대적으로 감쇄시켜 줍니다. 마지막 절차인 exp() 연산은 필터링을 위해 분리된 조명광과 반사광을 다시 합쳐주는 역할 수행합니다.

결과적으로 필터링된 영상은 불균일한 조명에 의한 그림자 특성이 줄어드는 효과를 발생시키며 아울러 콘트라스트 까지 같이 개선해주는 효과 또한 보여주게 됩니다.

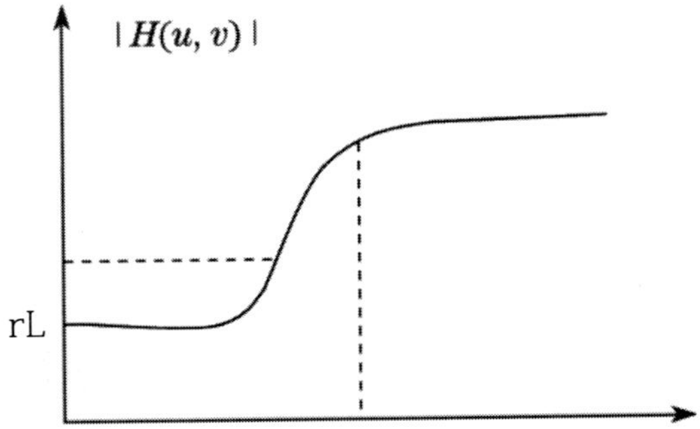

| 주파수도메인 필터링함수 $H(u,v)$의 모습 |

출처 https://www.researchgate.net/profile/W-Fan-3/publication/263770521/figure/fig2/AS:614024655929359@1523406294314/Homomorphic-filter-Hu-v.png

이 그림은 준동형 필터 중간의 대역필터를 보여줍니다.

그림에서처럼 저주파 대역을 줄이고 고주파 대역을 통과시키는 일종의 하이패스 필터인 셈입니다. H함수에서 곡선의 파형은 뒤집어진 가우시안 함수를 사용하며 그림처럼 rL 값을 0이 아닌 값을 주어 저주파 대역을 아예 차단하지 않고 소량을 통과하도록 만들어, 이미지가 완전히 어두워지는 걸 방지합니다. 물론 영상처리에서는 $H(u,v)$는 2차원 함수가 되므로 저렇게 1차원 그래프는 아닙니다.

푸리에 변환과 로그logarithm가 만나면 여러 가지 신기한 일들이 일어납니다. 준동형 필터가 그렇고 켑스트럼Cepstrum이 또한 그러합니다. 로그-폴라 좌표변환은 푸리에 변환에 Scale-Invariant한 성질을 만들어 주기도 하지요. 그리고 푸리에 스펙트럼을 로그스케일로 비선형 강조해 보

여줄 수도 있고 log-log 스케일 스펙트럼은 1/f이라는 신비한 신호분석을 가능하게 해 주기도 합니다. 로그는 볼 때마다 참 신기한 녀석인 거 같군요.

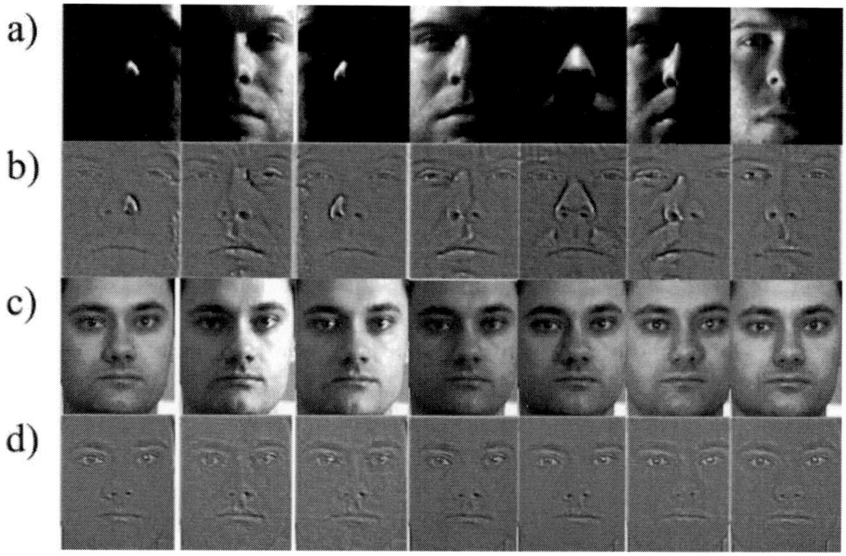

| 조명 및 그림자의 정규화 |

출처 https://content.iospress.com/media/ifs/2018/35-5/ifs-35-5-ifs169810/ifs-35-ifs169810-g008.jpg?width=755

이 그림처럼 준동형 필터는 서로 다른 그림자나 조명분포를 가지는 이미지 데이터들 간에 조명조건을 정규화 해주는 전처리 기법으로도 활용이 가능합니다. 이는 자율주행차의 영상인식 시스템과 같은 Outdoor Vision에서 인식율 향상을 위한 전처리 기술로 의미가 있을 수도 있습니다.

10

스펙트럴 샐리언시맵

"비주기적 결함을 찾는다. 스펙트럴 샐리언시맵Spectral Saliency Map"

샐리언시 맵Saliency map은 이미지에서 글로벌global한 배경을 제외한 로컬local한 물체 영역만을 강조해주는 기술입니다.

샐리언시는 Objectness와 유사한 개념으로, 우리말로는 현저도, 주목도라고 부르기도 합니다. 현저하게 눈에 띄는 물체를 주목하는 성질이라고나 할까요?

샐리언시맵을 구현하는 기술은 매우 다양한데, 그 중 푸리에 변환을 이용한 스펙트럴 샐리언시맵은 특히, 주기적인 무늬가 있는 배경으로부터 로컬한(국소적인) 결함defects, anomaly을 잘 드러나게 해주는 특징이 있습니다.

중요한건 머신러닝처럼 데이터 학습에 의한 추출이 아니라 싱글 이미지로부터 수학적으로만 뽑아낸다는 게 중요합니다.

약간의 지능이 필요할 것이라고 까지 생각되는 이런 작업이 어떻게 수학적 알고리즘 만으로 가능한 걸까요?

| 텍스쳐(texture) 이미지 속의 결함 찾기 |

또한 약간은 감상적인 해석이긴 하지만, 스펙트럴 샐리언시맵은 자연스러운 배경에 대해 비교적 인공적이고 로컬한 물체를 주목해서 강조해주는 성질 또한 가지고 있다고 알려져 있습니다.

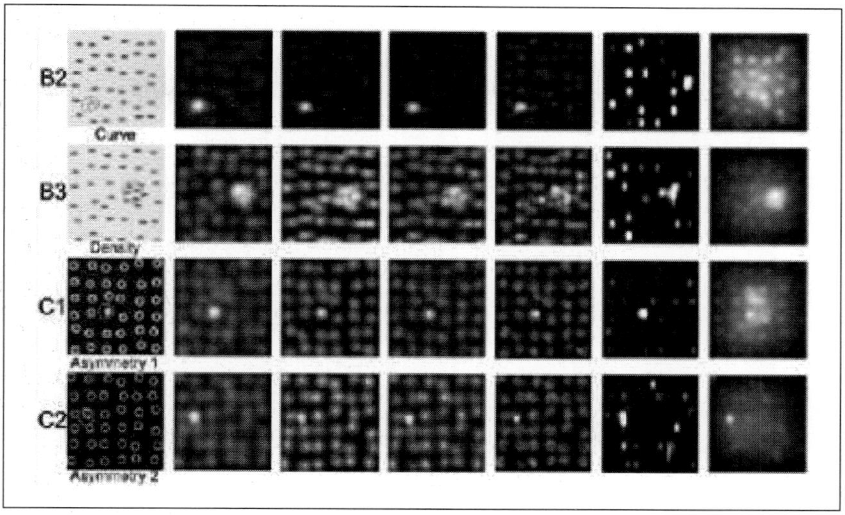

| 제조업 이미지에서의 스펙트럴 샐리언시맵의 응용 |

특히, 스펙트럴 샐리언시맵은 그림처럼 주기적인 배경에 대한 로컬한 특이점을 잘 찾아줍니다.

여러 가지 다양한 샐리언시맵 알고리즘들이 존재하지만 특히 주기성을 다루는 스펙트럴 레지듀얼spectral residual 샐리언시맵 만이 이런 성질을 가지고 있습니다.

이것은 제조업의 산업현장에서 제품의 결함을 찾아내는 기술인 머신비전에서 특히 요긴하게 활용될 수 있습니다.

다음 그림은 같은 숫자로 빼곡히 채워진 다른 숫자 찾기 게임 이미지입니다. 그런데 저 안에 609가 아닌 숫자가 6개나 숨어 있습니다.

| 다른 숫자 찾기 게임 |

(출처) https://www.facebook.com/tianacreationsurat/photos/3167565466850615/?__cft__[0]=AZWUJeisk-aYD13JrmuN-tWtOxCiyb-0ljxPYbrU4M3bsS92gjskzMQLYketRnvJq97zHUVIlcYJ8DkPJLoXk4qlJy_AWApk8uRlmecKYFXf8gdiYas6gYTwEbnuL4S1wANLg2EOfPWZsorxFKBbyYx3CJFk6QwNQDlld24jObCKnhlTfgSRNM5OS3C77YrL_js&__tn__=H-R

물론 빠져라 들여다 보면서 다른 숫자들을 찾을 수도 있겠지만 스펙트럴 샐리언시맵을 이용하면 컴퓨터로 순식간에 다른 숫자들을 찾아낼 수 있습니다.

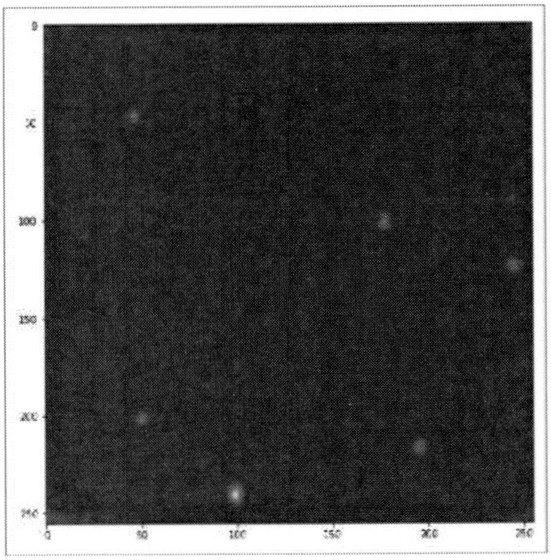

| 스펙트럴 샐리언시맵으로 찾아낸 다른 숫자들의 위치 |

이런 식으로 찾아진 2차원 피크peaks들은 OpenCV 패키지등에서 제공하는 blob 찾는 함수를 이용해 쉽게 분리 검출이 가능합니다. 1차원 신호에서의 피크에 해당하는 것이 2차원 이미지에서는 blob(덩어리)이기 때문입니다. 찾아진 각각의 blob들의 위치는 결함들의 위치가 되고, blob들의 밝기는 objectness가 됩니다.

이렇게 신통방통한 스펙트럴 샐리언시맵SRSM의 원리는 그러나 생각보다 간단합니다.

```
1.myFFT = fft2(inImg);
2.myLAmp = log(abs(myFFT));
3.myPhase = angle(myFFT);
4.mySR = myLAmp - imfilter(myLAmp, fspecial('average', 3));
5.salMap = abs(ifft2(exp(mySR + 1i*myPhase))).^2;
```

| 스펙트럴 샐리언시맵의 매트랩코드 |

위 매트랩 코드로 본 SRSM 절차는 다음과 같습니다.

1. 이미지를 2차원 푸리에 변환한다.
2. 변환 결과 어레이에 절대값을 취해 진폭 스펙트럼을 구한 후 로그를 취해 로그 스펙트럼을 구한다. 로그 스펙트럼은 값이 큰 저주파는 죽이고 값이 작은 고주파를 상대적으로 강조해 준다. 일종의 스펙트럼 평활화라고 볼 수 있다.
3. angle()함수를 사용해 1번의 변환 결과 어레이에서 위상 어레이를 구한다. 복소수 $z=x+jy$에서 $\arctan(y/x)$을 계산하는 함수가 angle()함수이다.
4. 2번에서 계산한 로그 스펙트럼에서 그 스펙트럼을 수무딩한 스무딩 스펙트럼을 빼서 레지듀얼residual 스펙트럼을 구한다. 이 나머지 정보가 물체에 대한 정보를 담고 있다.

5. 4번에서 구한 레지듀얼 스펙트럼을 실수부로 넣고 3번에서 구한 위상을 허수 부에 넣어 복소수 어레이를 만든다.
6. 5번에서 구한 복소수 어레이에 exp() 연산을 해서 2번 과정의 로그변환을 복원시킨다.
7. 6번에서 구한 복소수어레이를 푸리에 역변환 한 후 디스플레이를 위해 진폭 이미지를 계산하기 위한 abs()를 취하고 강조를 위해 .^2으로 제곱연산을 한다. ".^"은 어레이에 대한 엘리먼트 제곱을 의미한다.

어떤 가요? 이해가 되시나요?
요약하면 주기적이고 글로벌한 배경에 해당하는 주파수정보를 스무딩과 차연산으로 제거 후 역변환하여 로컬하고 비주기적인 물체(전경) 정보만 강조해주는 기술이라고 보시면 됩니다.

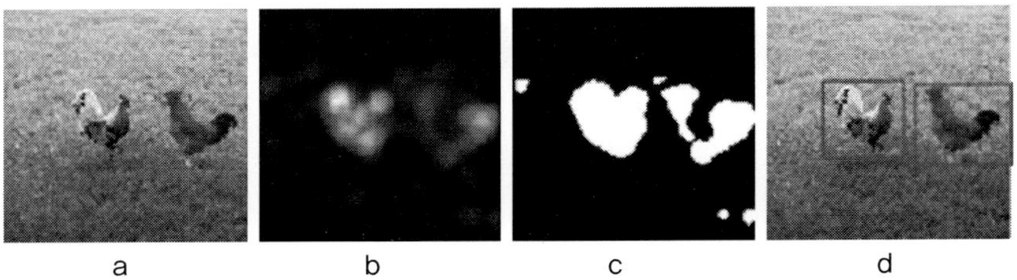

| 물체 라벨링 후보로서의 샐리언시맵 |

출처 https://www.researchgate.net/publication/316640308/figure/fig4/AS:489823812231168@1493794505010/Saliency-detection-using-spectral-residual-a-an-original-image-b-the-saliency-map-c.png

위 그림처럼 샐리언시맵을 이진화한 후 바운딩박스를 두르면 물체영역을 얻을 수도 있습니다. 따라서 물체 검출용 딥러닝 신경망인 R-CNN 류에서 objectness 기술로 샐리언시맵 기술들이 쓰이기도 합니다. 또는 이미지 라벨링 노가다를 줄이기 위한 수학적인 방법(반자동 라벨링)이 될 수도 있죠.

SRSM[Spectral Residual Saliency Map]은 일종의 나머지, 찌꺼기, 깍두기와 같은 하찮은 것들의 반란이라고나 할까요? 별거 아닌 아싸(?)들이 다른 세상(주파수도메인)에 다녀오면 이렇게 초능력이 생기게 됩니다! 딥러닝에서 resnet이라는 콘브넷 신경망도 나머지[residual]를 이용해 연산합니다. 거기에서도 찌꺼기들이 초능력을 발휘하죠.

푸리에 변환 기반 샐리언시맵으로 배경을 제거하고 전경(물체)을 찾아주는 신기한 이런 성질은 주기성과 비주기성을 가르는 원리를 넘어선 다른 무언가가 있다고 생각합니다. 이미지 속 기하학적 정보들이 자연스러운지 아닌지를 스펙트럼으로 판별할 수 있다고 주장하는 논문도 있긴 합니다만… 아직 약간은 감상적인 해석이 아닌가 생각되기도 하구요. 이 대목은 이미지 포렌직이나 딥페이크 이미지 합성과도 관련있는 대목이기도 합니다.

참고로 매트랩으로 5줄이면 가능했던 SRSM 알고리즘을 Java나 C# 같은 C패밀리 언어로 구현하려면 엄청 길어지고 복잡해집니다. 왜냐하면 C패밀리 언어엔 내장된 복소수 자료형이 없기 때문이죠. 따라서 실수 스칼라연산으로 한번, 그리고 허수 스칼라연산으로 또 한번 연산해서 합치거나 분리하는 코딩이 필요하기 때문에 길어질 수 밖에 없습니다.

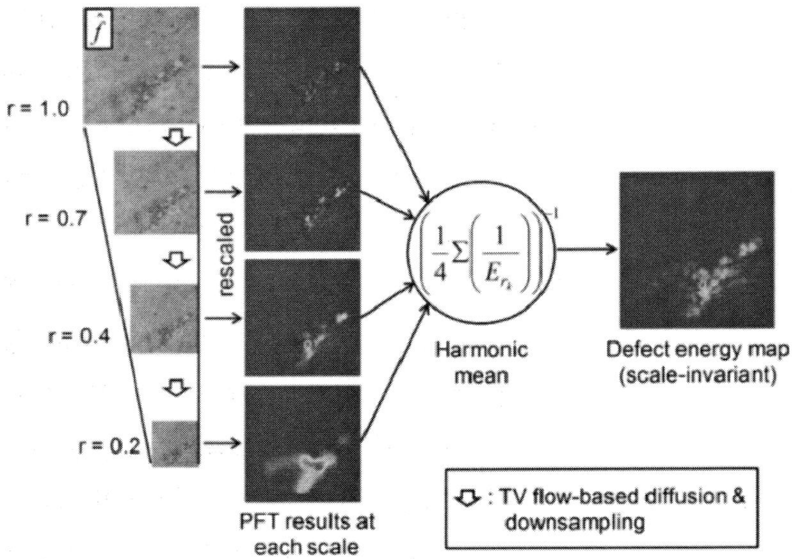

출처 https://www.spiedigitallibrary.org/ContentImages/Journals/OPEGAR/51/12/127201/WebImages/OE_51_12_127201_f002.png

마지막으로, 이 그림은 조화평균 방식 등으로 스케일에 무관하게 작동하는 샐리언시맵을 보여주고 있습니다. 숲도 보고 나무도 보려는 pyramid전략인 것이죠.

11 위상한정 상관

"정밀하게 이미지를 비교한다, 위상한정 상관phase Only Correlation"

https://youtu.be/eUUybOGPA58
위상한정 상관으로 실시간으로 카메라 움직임을 검출하는 모습입니다. OpenCV에 들어있는 POC함수로 카메라 움직임 방향과 세기를 원으로 표시해 본 겁니다.

| 위상한정 상관으로 이미지 변화랑 추적 |

상관correlation, 코릴레이션은 두 신호 또는 이미지 간의 유사도를 계산하는 수학적 방법입니다.

코릴레이션은 시간이나 공간도메인에서도 가능하고 주파수 도메인에서도 가능합니다.

위상한정 상관[POC, phase only correlation]은 그 중 주파수도메인에서 수행하는 방식으로 특히 위상[phase]정보만 이용하기 때문에 일반적인 코릴레이션보다 성능이 좋습니다.

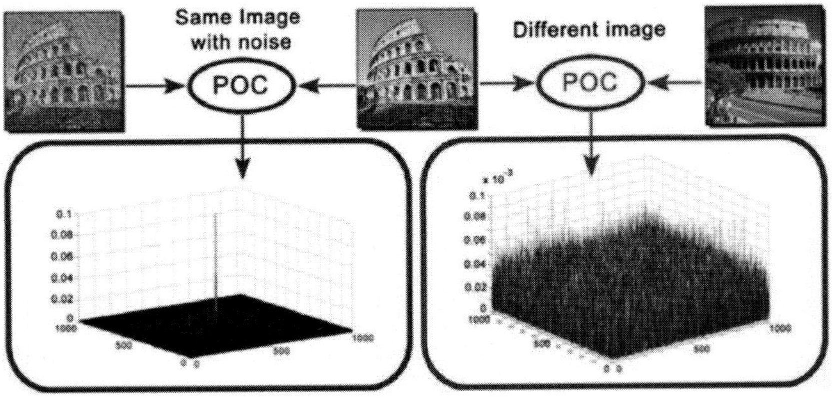

출처 https://d3i71xaburhd42.cloudfront.net/945f5a9bfa6fb1f617290f76472addda57a20fca/3-Figure2-1.png

영상처리에서 POC의 첫 번째 응용분야는 신호의 유사도[similarity]를 계산하는 것입니다. 그림처럼 동일한 영상정보를 담은 두 이미지 간의 코릴레이션을 오토-코릴레이션[auto-correlation], 서로 다른 영상정보를 담은 이미지 간의 코릴레이션을 크로스-코릴레이션[cross-correlation]이라고 부릅니다. 딥러닝의 AutoEncoder도 같은 이미지를 입력과 출력으로 놓고 계산하기 때문에 오토- … 머시기라고 부르는 것처럼 말이죠.

그럼 POC의 장점에 대해 알아보겠습니다.

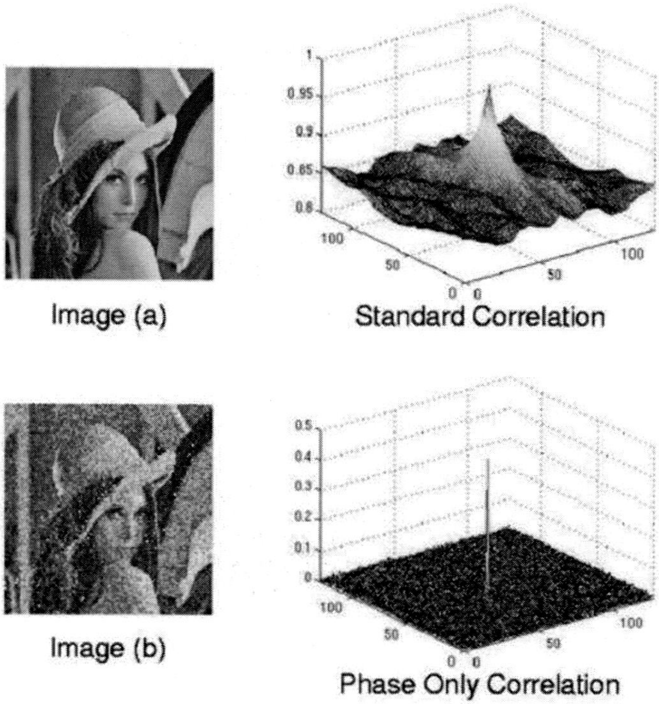

| 원본 이미지와 잡음 낀 이미지와의 오토-코릴레이션 |

출처 https://s3-ap-northeast-1.amazonaws.com/peatix-files/pod/10154097/logo-digital-image-processing-homework-solutions.jpeg

위에서 우상의 그림은 a와 b에 대한 일반적인 코릴레이션의 결과이며 우하의 그림은 위상한정 상관POC의 결과입니다. 원본과 잡음이 섞여있는 이미지와의 코릴레이션임에도 불구하고 POC의 유사도 피크는 매우 첨예한 걸 알 수 있죠.

피크의 첨도가 좋다는 건 그만큼 피크를 검출하기가 쉬워지고 피크의 위치를 정밀하게 찾을 수 있다는 이야기가 됩니다.

이렇게 POC는 비교대상 들에 약간의 왜곡(작은 회전, 작은 블러링, 잡음, 작은 크기변화, 와핑 등)이 섞여있어도 공간도메인에서 수행하는 픽셀값 기반의 코릴레이션에 비해 강건한 결과를 산출해 줍니다.

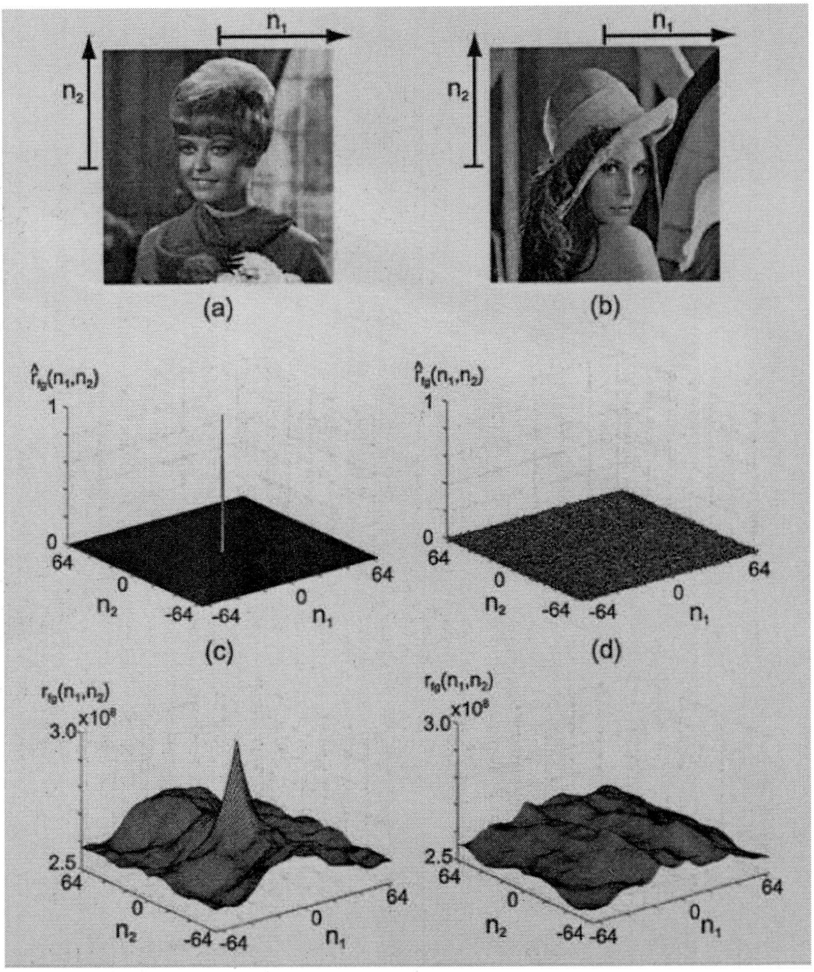

| 크로스-코릴레이션 |

이번엔 다른 이미지간에 매칭을 하는 크로스-코릴레이션입니다. 그림 c는 a이미지에 대한 오토-코릴레이션 결과입니다. 같은 이미지라서 바닥에 잡음도 없고 송곳처럼 뾰족하죠?

그림 d는 a와 b에 대한 크로스-코릴레이션 결과입니다. 다른 이미지라서 유사도를 나타내는 피크가 거의 없습니다.

다음 두 그림은 마찬가지로 오토- 와 크로쓰- 의 POC가 아닌 일반적인 코릴레이션 결과들입니다. 피크도 작고 바닥이 어지럽죠.

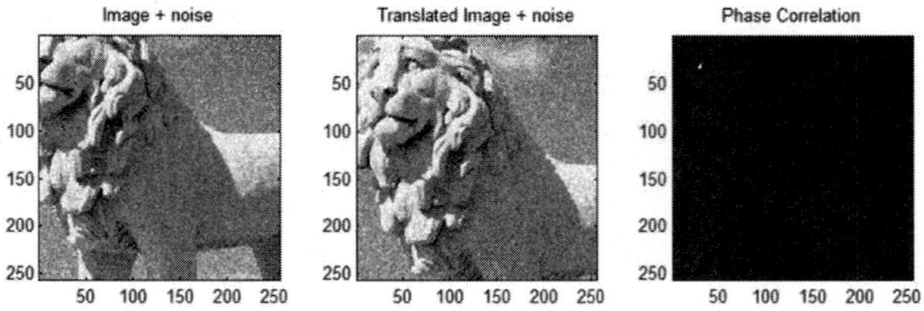

| 위상한정 상관을 이용한 이미지 얼라인 |

출처 https://upload.wikimedia.org/wikipedia/commons/2/2e/Phase_correlation.png

POC의 두 번째 응용분야는 신호가 이동한 위치를 알아내는 겁니다. 위 그림에서, 첫 번째 사자 그림 보다 두 번째 사자 그림이 위치가 오른쪽 아래로 약간 변한translated걸 알 수 있습니다. 세 번째는 두 이미지를 가지고 POC로 쉬프트된 변이값(dx, dy)을 검출한 결과를 보여줍니다. 변이된 위치는 POC공간 내에서 펄스로 나타남을 알 수 있는데, 그 펄스의 위치가 바로 변이값으로 나타납니다.

이런 두 이미지 간의 위치 차이 검출은 물체검출, 이미지 얼라인align, 이미지 스티칭stitching, 이미지 정합registration 등에 쓰일 수 있습니다. 특히 POC는 왜곡에 비교적 강건한 특성 때문에 멀티 모델multi-modal한 데이터 정합registration에 많이 씁니다. 멀티 모델이란 적외선-자기광선 이미지나 CTScan-초음파 이미지처럼 서로 다른 센서로부터 얻어진 다른 성격의 데이터들을 의미합니다.

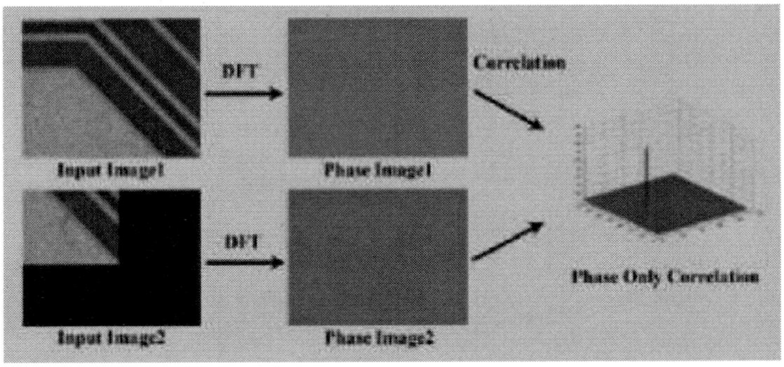

이 이미지는 POC가 이미지 매칭matching에 활용된 예입니다.
제조업 등에서 차영상image difference으로 효과적으로 결함을 찾으려면, 우선 결함이 있는 이미지와 결함이 없는 이미지를 정확하게 매칭시키는게 매우 중요합니다.
그런 매칭 과정을 정합Registration이라고 부르는데, 결코 쉽지 않은 작업에 속하죠. 그 이유는 결함이 없는 이미지와 있는 이미지의 배경이 대부분 동일하지 않기 때문입니다. 잡음이 섞여있거나, 카메라 진동, 대기의 굴절, 조명변화, 센싱의 균불일, 등등.. 그 원인은 다양합니다. POC는 바로 그러한 열악한 환경에서의 정합의 성능을 높여줍니다.
천체 사진 매니아들이 사용하는 영상처리 프로그램 중엔 레지스탁스Registax라는 특허받은 사진보정 알고리즘이 들어있는데, 흐린 천체사진 여러 장을 합성해 고해상도 사진 한 장을 만드는 기법입니다. 그러려면 카메라 흔들림이나 공기왜곡 등의 왜곡에 강한 매칭이 필요하죠. 거기에도 POC가 사용된다고 합니다.

그렇다면 이렇게 다양하게 쓰이는 위상한정 상관의 원리는 뭘까요? 그리고 일반적인 코일레이션 과는 어떻게 다를까요? 드디어 POC의 원리를 알아볼 차례로군요! 올 것이 왔습니다. 심호흡 한번 하시고…

convoluted

$$x = f \otimes g = \int_{-\infty}^{\infty} f(x-u)g(u)du = F^{-1}(\sqrt{2\pi}\, F|f|F|g|)$$

cross-correlated

$$x = f * g = \int_{-\infty}^{\infty} f(x+u)g(u)^{*}du = F^{-1}(\sqrt{2\pi}\, F|f|F|g|^{*})$$

$$f(x) * g(x) = \int^{*} (-x) \otimes g(x)$$

| 콘볼루션과 코릴레이션의 차이 |

아는 사람은 다 아는 콘볼루션과 코릴레이션 적분식입니다. 우측은 푸리에 변환을 이용한 콘볼루션과 코릴레이션 변환식입니다. 지난시간에 콘볼루션이 주파수도메인에서 두 푸리에 변환 결과함수 $F(f)$와 $F(g)$를 곱한 것의 역변환인 것을 배웠죠?
반면에 코릴레이션은 주파수 도메인에서 푸리에 변환 결과함수 $F(f)$와 $F(g)$의 복소공액(*표시)을 곱한 것의 역변환입니다.
생각보다 쉽죠? 복소공액complex conjugate은 켤레복소수라고도 하는데 $x+jy$의 복소공액은 $x-jy$가 됩니다. 복소수에서 허부수의 부호만 바꾼것이며 가우스 복소평면에서는 실수축에 대한 대칭으로 나타납니다.

이제 자, 위상한정 상관POC의 주파수도메인 수식을 살펴볼까요?

$$R(u,v) = \frac{G_a G_b^*}{|G_a G_b^*|} = \frac{G_a G_a^* e^{2\pi i(\frac{u\Delta x}{M} + \frac{u\Delta y}{N})}}{\left| G_a G_a^* e^{2\pi i(\frac{u\Delta x}{M} + \frac{u\Delta y}{N})} \right|}$$
$$= \frac{G_a G_a^* e^{2\pi i(\frac{u\Delta x}{M} + \frac{u\Delta y}{N})}}{|G_a G_a^*|}$$
$$= e^{2\pi i(\frac{u\Delta x}{M} + \frac{v\Delta y}{N})}$$

| 위상한정상관 수식 |

위 수식에서 G_a와 G_b는 비교할 두 이미지g_a, g_b의 푸리에 변환 결과입니다. 복소수 행렬들이죠. 따라서 두 복소수 행렬곱, $G_a G_b$*는 앞서 설명한 것과 같이 푸리에 변환 버전의 코릴레이션이 됩니다.
그런데 그것을 절대값을 취한 것으로 나누어주고 있습니다. 일종의 정규화를 하는 것인데, 그렇게 하면 코릴레이션은 위상정보만 남고 진폭

에 대한 효과가 사라지게 되는 겁니다.

이때 G_b는 G_a에 $\exp(dx, dy)$를 곱한것과 같고, 주파수도메인에서 어떤 신호$F(u, v)$에 가우시안 함수 $\exp(du, dv)$를 곱해서 푸리에 역변환하면 그 신호 $f(x, y)$가 가우시안 함수의 위치(dx, dy)만큼 이동하게 됩니다. 그래서 수식을 풀면 마지막엔 가우시안 펄스에 해당하는 $\exp(dx, dy)$만 남게 됩니다. 가우시안 펄스는 푸리에 역변환해도 가우시안 펄스가 되므로 POC 공간엔 위치만 이동한 피크가 점으로 나타나게 되는 것입니다.

좀 어려웠나요? ㅎㅎ 찬찬히 읽어보면 이해가 되실겁니다.

동영상 처리에서 옵티컬 플로우optical flow가 영상내 물체의 움직임의 검출용이라면 위상한정 상관은 물체 보다는 카메라 모션ego-motion의 검출에 더 적합합니다. 따라서 카메라가 흔들리는 일이 많은 카메라 손떨림 방지 또는 Hand-held 비전이나 자동차 비전 등에 유용할 수 있습니다.

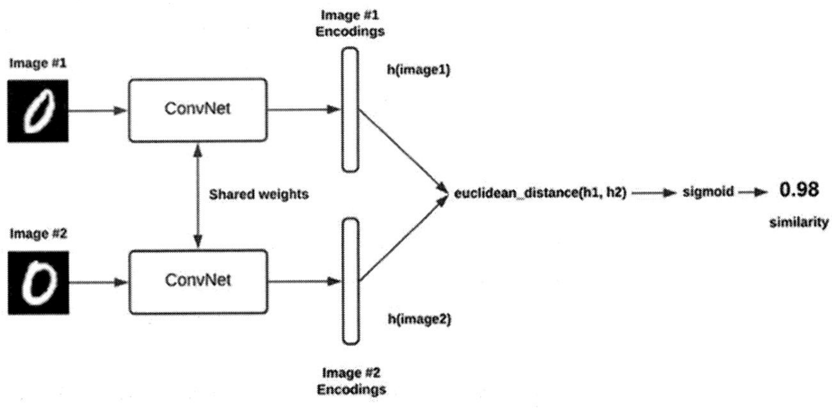

| 샴쌍둥이 네트웍 |

출처 https://miro.medium.com/max/1400/0*rSPmpfsZpl0ypwKv

이 그림은 샴쌍둥이 딥신경망siamese network으로 두 입력이미지의 유사도를 산출하는 모습입니다. 위와 아래의 콘브넷convnet이 가중치를 공유하는 쌍둥이처럼 똑같은 네트웍이고 유사도를 계산하는 헤더가 붙어있기 때문에 샴쌍둥이siamese넷이라고 부르는데요.
잘 보면 POC와 원리가 아주 유사해 보이지 않나요? POC에서도 G_a와 G_b는 같은 푸리에 변환을 사용하고, 코릴레이션은 유사도를 구하는 과정이고 말이죠.
"콘브넷이 단지 좀더 복잡한 기저함수를 사용하고 더 계층화된 다단 푸리에 변환"이라고 생각해 본다면 이해가 되실겁니다. 그래서 그런지 샴쌍둥망도 이미지 유사도나 물체 매칭에 많이 쓰이는거 같습니다.
POC는 그 밖에도 이미지를 픽셀밝기값 분포가 아닌 물체의 형태를 기준으로 이진화하는 코릴레이션 이진화correlation thresholding 기법에 쓰이기도 합니다(전혀 새로운 이진화 기법인거죠).

이제까지는 싱글 이미지의 처리만 주로 다뤘는데 이번 장은 두 이미지 간의 상호 관계mutual information에 대한 이야기였네요.

이쯤 되면 눈치를 채신 분이 있을지 모르겠지만…
1차원 푸리에 변환은 오디오나 진동을 주로 다루기 때문에 주파수나 주기 같은 정량적 분석이 많이 필요하지만 이미지를 다루는 2차원 푸리에 변환에선 이렇게 주파수나 주기같은 정량적인 분석은 그닥 필요가 없는 경우가 많습니다.
대신 진폭의 높이나 픽셀의 위치에 해당하는 "상대적인 분석"만 요구되는게 대부분이죠. 공간주파수로 이루어진 이미지 신호의 특징이라고나 할까요?

12

위상합동 에지

"위상으로 조명변화에 강한 에지Edge를 찾는다."

이번 장에서는 푸리에 변환으로 이미지에서 윤곽선edge 이미지를 검출하는 새로운 방법에 대해 알아보겠습니다.

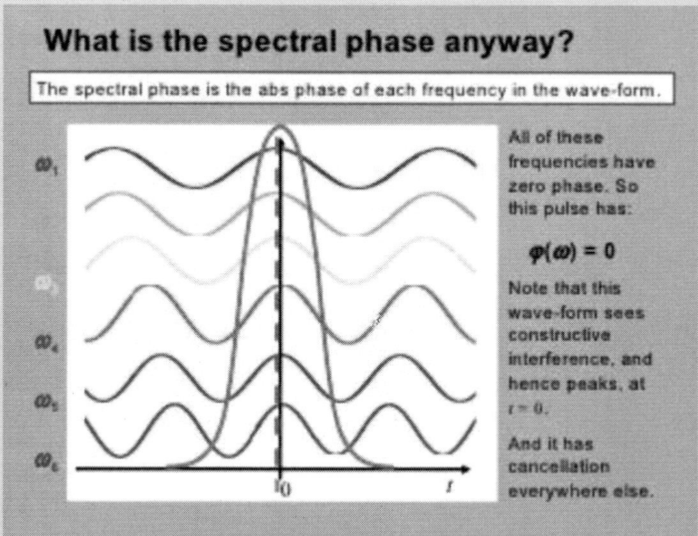

| 정현파들의 위상 |

출처 https://www.slideshare.net/diarmseven/optics-fourier-transform-ii

위 그림에서 중앙의 가우시안 피크 신호는 6개의 정현파(이 경우 코싸인파)들이 합쳐져서 만들어집니다. 좌표의 중심부에선 정현파들의 보강

간섭이 일어나 피크가 커지고 주변부에선 상쇄 간섭이 일어나 피크가 사라집니다. 그런데 6개의 코싸인파들의 위상[Phase]은 모두 동일하며 그 값은 0입니다. 이런 경우, 6개의 정현파의 위상은 합동[Congruency]이라고 말합니다.

즉, 어떤 파형을 구성하는 기저 함수들의 위상이 합동인 지점을 찾으면 그 지점에 윤곽선[edge]이 가우시안 피크처럼 나타난다는 것이죠. 이미지에서 에지의 단면을 잘라 1차원 그래프로 보면 피크처럼 보일테니까요.

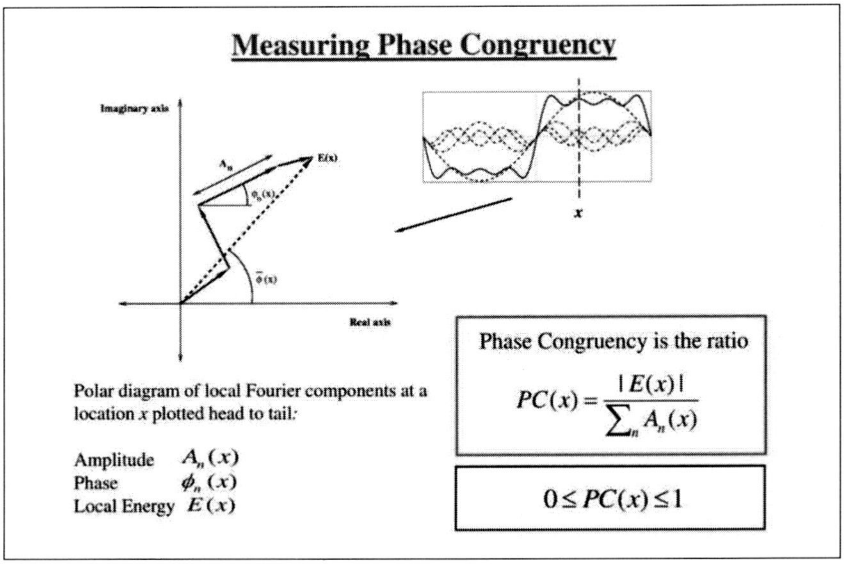

| 위상합동의 원리 |

출처 https://images.slideplayer.com/25/8141856/slides/slide_12.jpg

위 그림에서 우상에 있는 그림처럼 직각파를 구성하는 싸인파들은 직각파가 급변하는 위치에서만 위상이 동일합니다. 즉 신호가 급변하는 부분에서만 에지가 구해지는 것이죠. 좌측 그림은 각 정현파들의 복소수 벡터를 이어놓은 모습입니다. 저 경우엔 정현파들의 위상들이 제각각이라 벡터를 다 더한 벡터 $E(x)$의 길이가 최대가 아니죠. 복소수벡터의 각도가 곧 위상이니까요.

하지만 위상합동인 경우엔 벡터들이 일렬로 늘어서므로 벡터 E(x)의 크기가 최대가 됩니다. 그래서, 어떤 위치 x에서 위상합동 비율 $PC(x) = abs(E(x))$를 각 정현파 벡터의길이를 합친값으로 나눈 값이 됩니다. 이미지의 경우 0~1 사이의 값을 갖는 $PC(x, y)$를 0~255로 정규화하여 이미지로 나타내면 그게 Edge Image가 되는 겁니다.

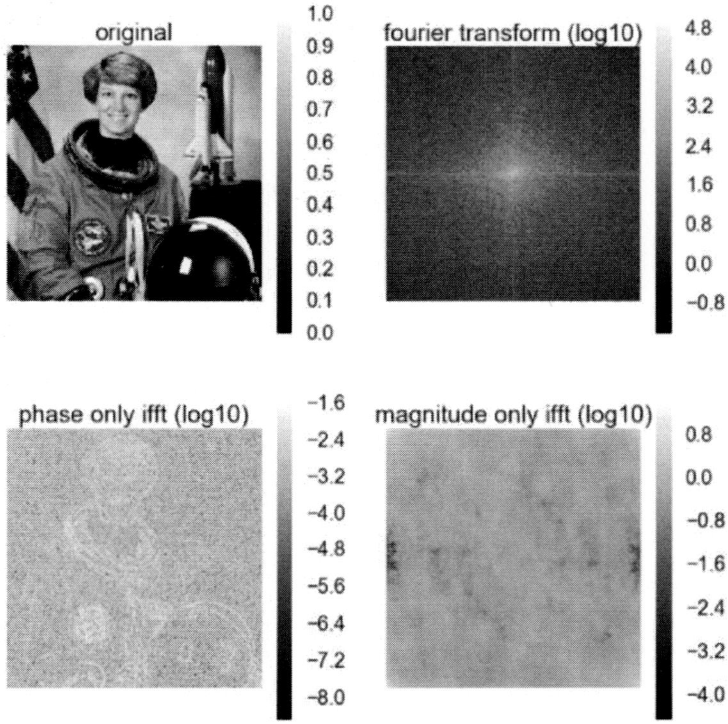

(좌상) 오리지널 이미지, (우상) 오리지널 이미지의 진폭 스펙트럼, (좌하) 위상만으로 푸리에 역변환한 결과, (우하) 진폭만으로 푸리에 역변환한 결과

| Phase Only Inverse Fourier Transform |

출처 https://miro.medium.com/max/1400/1*C6XLZwO6lry4Di_48_T4jQ.png

이 그림은 그레이스케일 이미지에 대해서 2차원 푸리에 변환을 한 후 진폭과 위상을 모두 가지고 푸리에 역변환 하는 게 아니라, 위상만 가지고 역변환 해보고, 진폭만 가지고 역변환 해본 결과입니다.

그림에서 알 수 있듯이 진폭 정보만의 역변환에선 어떤 에지정보도 드러나지 않지만, 위상 정보만의 역변환에선 에지정보가 어느 정도 드러나는 걸 알 수 있습니다. 저걸 위상정규화만 해주면 위상합동 에지가 됩니다.

| 위상합동으로 구한 에지: (상) 입력, (중) 그레디언트 방식 에지, (하) 위상 합동 에지 |

출처 https://player.slideplayer.com/25/8141856/data/images/img47.jpg

위 그림처럼 밝기값이 고르지 않은 이미지에 대한 일반적인 픽셀값 기반 에지에 비해 위상합동은 더 우수하게 에지맵이 구해짐을 알 수 있습니다. 위상합동 에지는 소벨Sobel 에지처럼 그 결과가 그레이스케일grayscale로 나타납니다.

물론 이건 비교를 극대화 하기위한 특수한 이미지 예이지만, 실제 이미지에 대해서도 조명이나 콘트라스트Contrast에 강건하게 에지맵이 구해지게 됩니다.

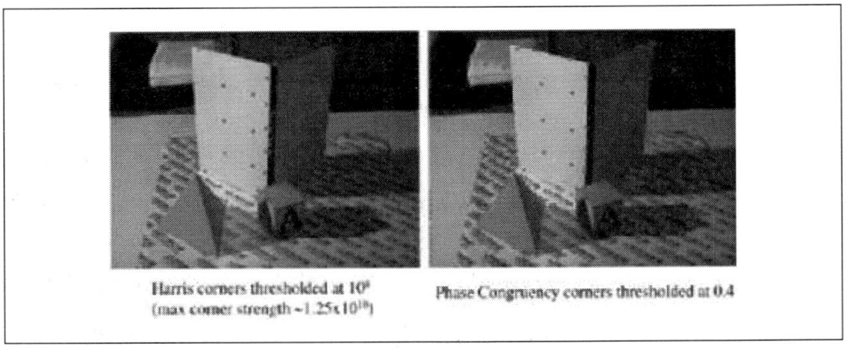

| Harris Corner점들(좌) vs 위상합동 코너점들(우) |

출처 https://player.slideplayer.com/25/8141856/data/images/img53.jpg

위상합동 알고리즘은 윤곽선 뿐 아니라 이렇게 이미지 피쳐로써의 코너 점들을 찾는데 쓰기도 합니다.

기존에 많이 쓰던 Harris 코너 보다 더 잘 찾아준다고 합니다. 그림을 보니 정말 어두운 부분에서 코너점들을 잘 찾아주는 것을 알 수 있습니다. 위상합동 피쳐들을 사용하면 이미지 매칭에서 SIFT나 SURF를 넘어서는 성능을 보여주게 될지도 모릅니다. 그리고 비디오 Optical flow의 속도향상을 위해 good features로 사용되는 코너점들도 더 잘 찾아지게 될 수도 있습니다.

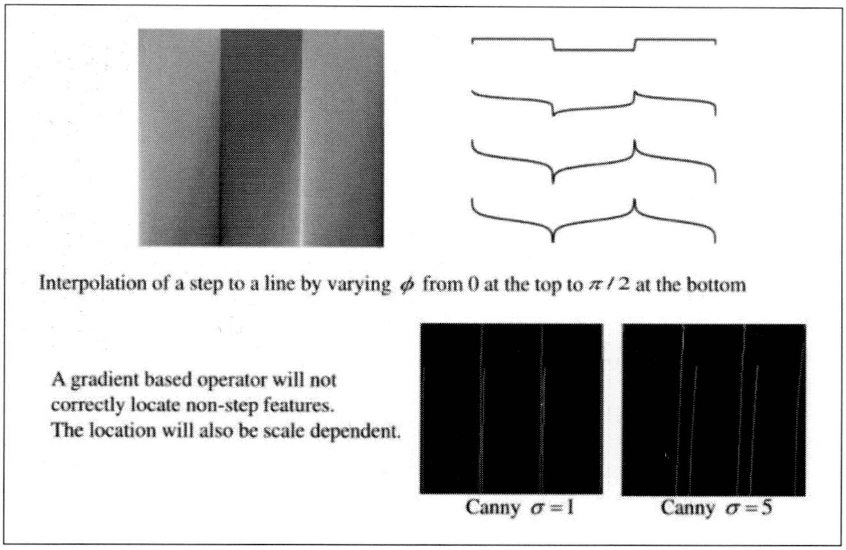

| 캐니 에지 알고리즘의 한계 |

출처 https://player.slideplayer.com/25/8141856/data/images/img58.jpg

캐니 에지Canny Edge는 가느다란 윤곽선을 잘 검출해주기 때문에, 요즘 많이 사용되는 에지검출 알고리즘인데요.

위 그림과 같이 조명이나 콘트라스트에 영향이 많은 경계선이 있을 때 그 프로파일profile은 오른쪽 위 그래프들 처럼 변해갑니다. 즉 계단형 프로파일에서 점점 중괄호처럼 뾰족한 곡선형으로 변하죠.

저런 뾰족 곡선형 프로파일을 갖는 윤곽선은 캐니 에지로 구하면 아래처럼 여러 개의 윤곽선을 만들어 버립니다.

캐니 에지 알고리즘은 내부에 히스테리시스[Histeresys]라는 메커니즘을 가지고 있기 때문에 저런 경우 약한 에지를 최종적인 에지로 인정해 여러 개의 윤곽선을 만들어내게 되는거 같습니다.

즉, 조명이나 콘트라스트에 영향을 많이 받게 된다는 이야기입니다.

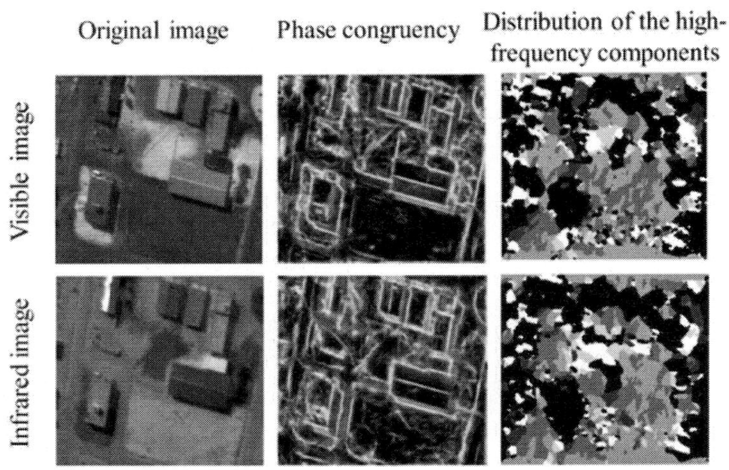

| 위상합동 피쳐를 사용한 적외선-가시광 이미지 매칭 |

출처 https://www.mdpi.com/remotesensing/remotesensing-10-01234/article_deploy/html/images/remotesensing-10-01234-g001-550.jpg

이것은 위상합동 에지 피쳐를 이용해 적외선 이미지[thermal image]와 가시광 이미지[visiblelight image]를 정합[registration]하는 모습입니다.

적외선 이미지와 가시광 이미지는 컬러값도 다르고 해상도도 달라서 일반적인 에지 검출로는 정합이 어렵습니다.

적외선 이미지는 온도에 대한 정보를 제공하는 대신 센서가 고가여서 해상도가 매우 낮으므로 가시광 이미지와 정합하여 동시에 가시화하려는 시도들을 종종하는데 그런 경우에 위상합동 피쳐가 매칭시에 중요한 역할을 할 수 있는 것입니다.

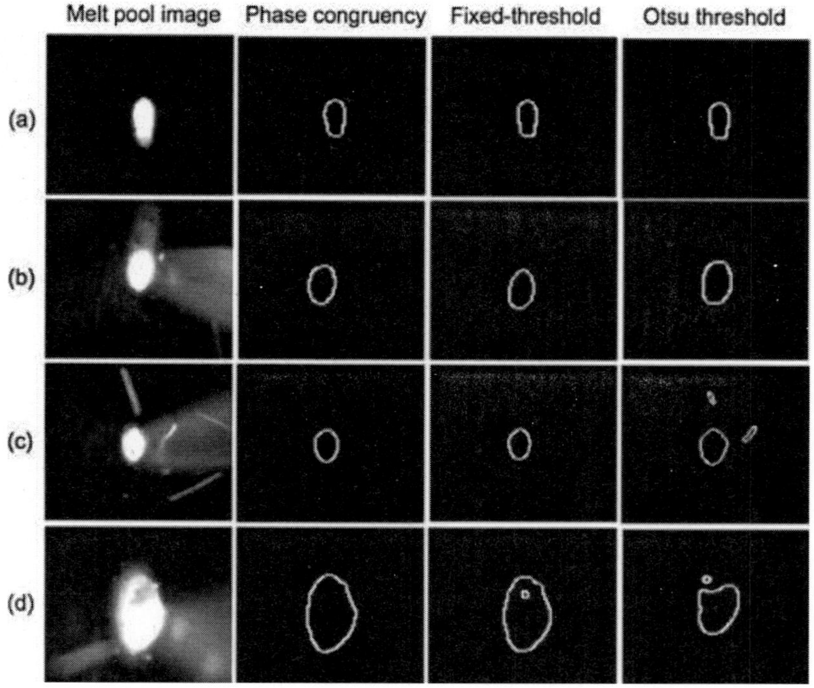

| 위상합동 에지의 핵심물체의 에지에만 집중하는 특징 |

출처 https://www.sciencedirect.com/science/article/abs/pii/S0924013617302856

이 그림은 위상합동 에지가 주변의 클러터clutter나 잡음noise 보단 두드러진 물체에 집중하는 특성을 나타낸다는 그림입니다.

만약 이게 사실이라면 정말 대단한데요? 영상처리 하는 이들이 누구나 원하는 특성일 테니까요. 마치 지난번에 배운 스펙트럴 샐리언시맵의 기운이 느껴지네요. 동일한 푸리에 변환 성질 덕분일까요?

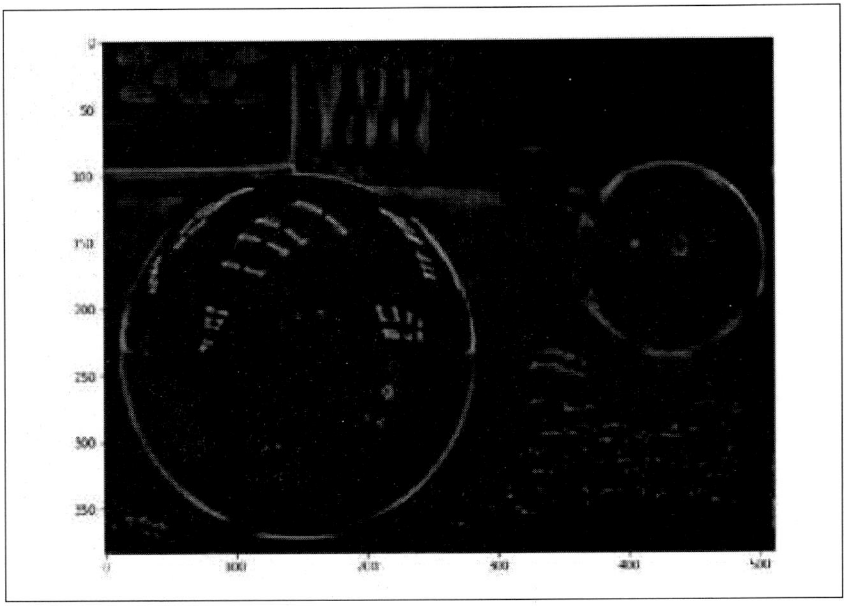

| 지난번 당구공을 가지고 직접 만들어본 위상합동 윤곽선 이미지 |

이 그림은 당구공 이미지에 대한 위상합동 검출 예입니다.
비교를 해보면 알겠지만, 픽셀값 그레디언트 기반의 소벨 에지맵에서보다 당구공에 비친 형광등 모양의 디테일이 좋아짐은 알 수 있죠. 그리고 당구공 윤곽선 주변에 검은띠를 두른 듯 배경 잡티 들이 사라져 있습니다. 이 에지맵 이미지를 쓰면 원 검출 같은 후처리가 좀 더 잘될 것 같은 느낌이 드시죠?

이번 장에서는 푸리에 변환과 위상을 이용해 이미지로부터 윤곽선을 만드는 새로운 방법을 알아 보았네요. Phase Congruency는 이 밖에도 슈퍼레졸루션 딥러닝이나 피쳐추출, 멀티-포커스 이미지 합성, 잡음 제거, 안구인식, 정맥인식 등에도 많이 쓰이고 있다고 합니다.

13

위상 편차

"위상으로 다른 그림 찾기를 한다, 위상 편차Phase Discrepancy"

이번 장에서는 차영상에 대해서 알아보겠습니다.

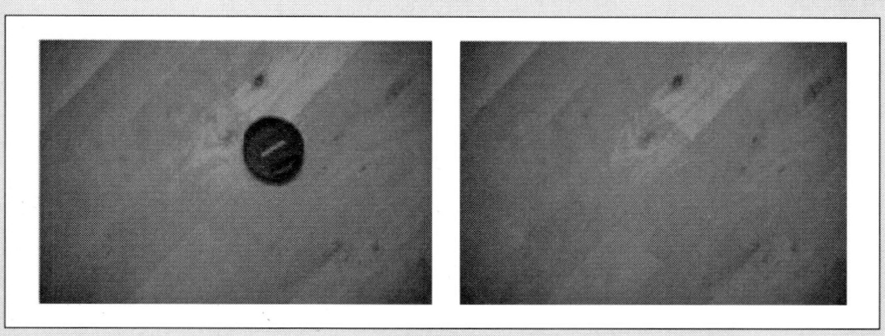

| 배경이 일치하는 차영상 문제 |

차영상difference of image기법은 간단한 방법이지만 여전히 많이 사용되는 물체 검출 기법입니다. 매트랩이나 OpenCV에서 제공하는 imsubtract(뺄셈 방식) 함수나 imabsdiff(차이 절대값 방식)로 물체가 있는 영상과 물체가 없는 영상의 차이를 픽셀 뺄셈 또는 그 절대값으로 검출해 내는 것이죠. 보통은 절대값 방식 보단 뺄셈방식을 더 많이 사용합니다.

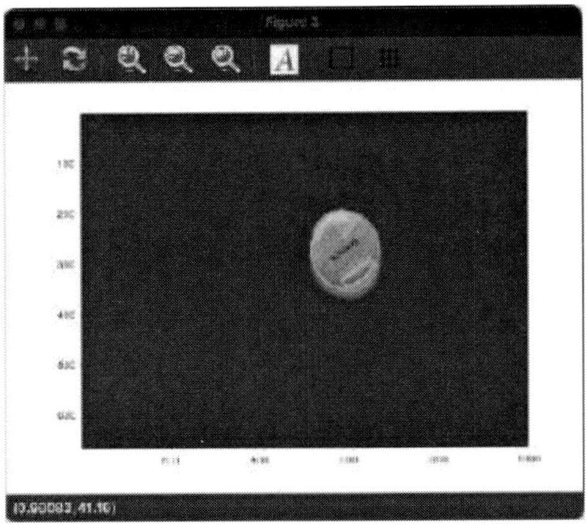

| 이미지 빼셈방식 함수로 차영상을 구한 예(일종의 샐리언시맵) |

Indoor Vision(실내 비젼)에선 배경이 완벽히 일치할 경우 그림과 같이 차영상으로 비교적 쉽게 물체만이 검출됩니다. 카메라가 잘 고정되게 설치되고 주변 조명도 변화가 없을 경우입니다. 그야말로 정적이고 고요한 완벽한 실험실 환경 말입니다. 그러나 조명조건이 수시로 변하는 OutDoor Vision(실외비전)이나 드론이나 스마트폰처럼 카메라가 흔들리는 Hand-held Vision, 그리고 움직이는 팬틸트[Pan-Tilt] CCTV같은 영상은 배경이 수시로 변하기 때문에 작동중의 차영상의 결과는 대부분 좋지 못합니다.

또한 아지랑이 같은 공기의 떨림이나, 그림자, 카메라의 잡음, 초점의 변화, 줌의 변화, 강우나 강설, 바람 등도 장애요소로 작용하는 경우가 일상 다반사죠. 제조업 현장과 같은 곳에선 실내에서 아무리 잘 찍어도 콘베어벨트의 움직임이나 기계적인 진동 등으로 인해 카메라 떨림이 발생하고, 배경이미지와 물체이미지 간에 몇 픽셀 차이만 나도 차영상은 물체 외에도 복잡한 배경차이가 나타나게 되어 물체검출을 어렵게 만들기 일쑤입니다.

심지어는 이미지의 좌측은 맞는데 우측이 몇픽셀 차이나는 일도 발생합니다. 그런 경우엔 차영상 계산 전에 아무리 매칭을 해도 소용없죠.

산업현장은 언제나 열악하고 이상과 현실은 늘 차이가 나는 법입니다.

| 팬-틸트 CCTV 카메라의 차영상 |

출처 https://cutewallpaper.org/21/background-subtraction/7-When-camera-shake-is-present-the-background-subtraction-.png

움직이는 CCTV의 영상에서 차영상을 구하면 원하는 건 오른쪽 아래처럼 움직이는 사람만 검출하고 싶지만 실제론 왼쪽 아래처럼 배경 변화도 차영상에 복잡하게 나타나 물체검출에 장애요소가 됩니다. 따라서 시공간 도메인에서 픽셀의 밝기값 차이를 이용하는 이런 차영상 기법만으로는 어쩔 수 없는 한계가 있음을 알 수 있습니다. 그래서 등장한 것이 주파수 도메인에서 위상을 이용한 차영상인 위상 편차^Phase Discrepancy^입니다.

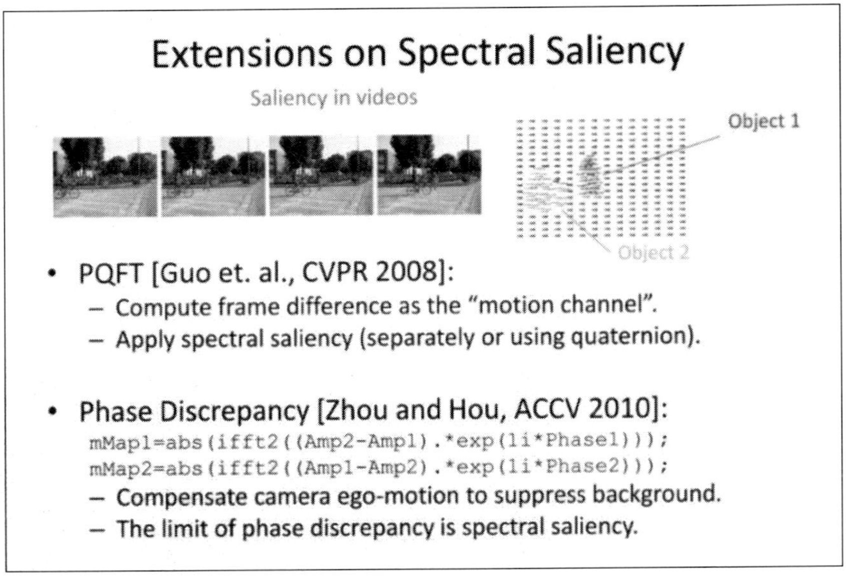

| 비디오 샐리언시를 위한 위상 불일치 개념 |

출처 https://player.slideplayer.com/12/3374692/

위 그림에서 위상 편차 맵은 아래쪽에서 보여주는 두 줄의 매트랩코드처럼 구해집니다.

여기서 Amp1과 Phase1은 비디오의 이전 프레임의 스펙트럼(푸리에 변환의 진폭)과 위상이구요. Amp2과 Phase2는 비디오의 다음 프레임의 스펙트럼과 위상입니다.

그 진폭차를 실수부에 넣고 Phase1을 허수부에 넣어 푸리에 역변환하여 map1을 구하고 그 진폭차를 실수부에 넣고 Phase2을 허수부에 넣어 푸리에 역변환하여 map2을 구합니다.

그렇게 얻어진 map1과 map2를 엘리먼트곱Hadamard Product하고 최종적으로 위상편차 맵을 구합니다.

간단하죠? 위상은 고정한채 진폭차만 가지고 편차맵을 만들어 배경변화에 덜 민감하게 만드는 원리입니다.

| 다른 그림 찾기(Spot the difference) |

이 그림은 스마트폰 게임에 단골메뉴인 다른 그림 찾기입니다. 좌우의 두 그림 속에 서로 다른 부분이 몇 군데 숨어있는 거죠. 한번 찾아보세요.

이 두 이미지를 대상으로 기존의 차영상 방식인 imsubtract, imabsdiff, 그리고 위상불일치를 계산해서 비교해 보겠습니다.

이 두 이미지는 사실, 배경위치가 미세하게 어긋나 있습니다. 겨우 몇픽셀 차이이기 때문에 아마 배경차이 까진 육안으로 알아채기 힘들 겁니다.

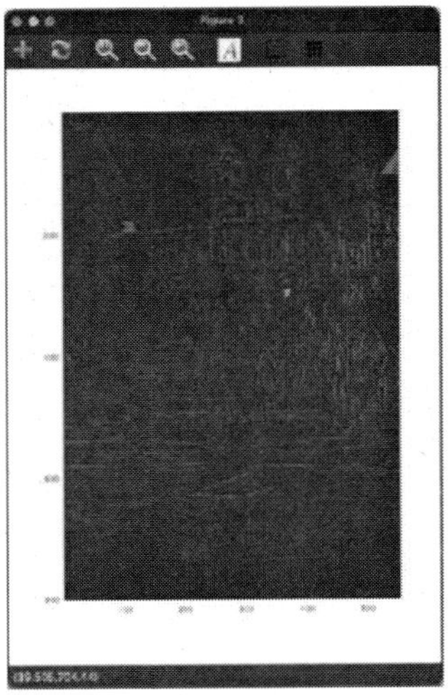

| imsubtract() 방식의 차영상 결과 |

| Imabsdiff() 방식의 차영상 결과 |

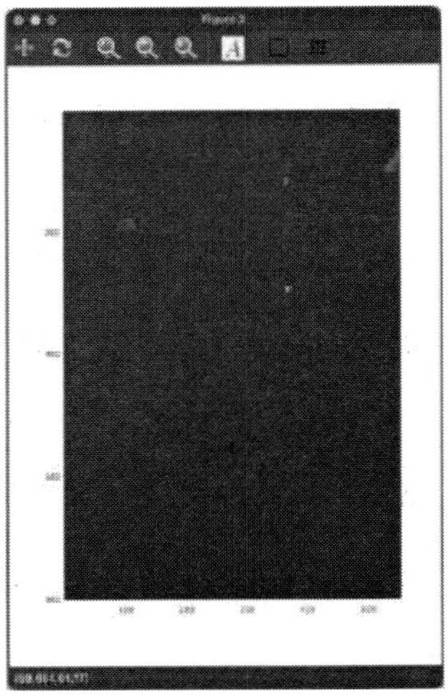

| PhaseCongruency() 방식의 차영상 결과 |

첫 번째로 imsubtract의 결과는 예상대로 이미지간의 미세한 배경 편차가 배경에 드러나고 있습니다. 밝은 부분은 다른 그림 영역들을 나타내구요. 그나마 뺄셈방식은 아래 절대값 방식보단 배경편차를 덜 보여주어 이 방식을 더 많이 쓰곤 합니다. 하지만 두 이미지의 뺄셈 순서에 따라 다른 그림 영역을 전부다 못 보여줄 수도 있습니다.

두 번째는 imabsdiff로 구한 결과입니다. 두 이미지간의 모든 차이값에 절대값을 취했으므로 더 복잡한 배경차를 보여줍니다. 하지만 다른 부분 영역은 이 방식이 더 잘 보여줍니다. 어쨌거나 이 두 가지 방식 모두 배경의 미세한 변화에 매우 민감한 단점이 있음을 확신할 수 있습니다.

세 번째는 위상 편차 방식의 결과입니다. 배경의 변화에도 불구하고 다른 그림 부분만 부각시켜 검출해 주는 것을 알 수 있습니다.

푸리에 변환의 위상은 정말 팔방미인이죠?

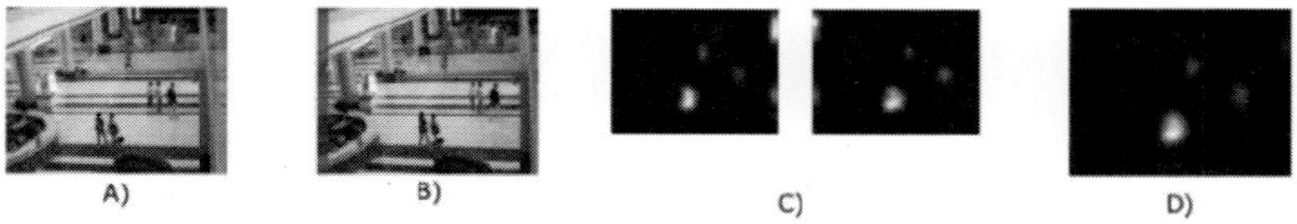

An illustration of the boundary effect. **A**) & **B**): Two adjacent frames. Green and red shadows in each frame indicates $\mathcal{C}_1$ and $\mathcal{C}_2$, respectively. **C**): The saliency map based on single sided temporal order. Note that the border effect is as strong as the moving pedestrian in the center. **D**): The final saliency map.

출처 http://people.csail.mit.edu/bzhou/publication/boleiaccv2010.pdf

위상불일치의 이런 장점을 천천히 움직이고 있는 CCTV 영상에 적용하면 어찌될까요?

위 그림은 팬-틸트 중인 CCTV영상에 위상불일치 기법을 적용해 샐리언시맵과 같은 움직이는 사람영역만 강조한 결과를 보여줍니다. 그림 A, B에서 좌우의 색깔띠는 카메라가 움직여서 나타나는 픽셀차를 표시한 겁니다.

저 정도의 배경차이에도 불구하고 위상편차 기법은 영상내 움직이는 사람영역만 샐리언시맵 형태로 잘 검출한다고 그림은 설명하고 있습니다. 샐리언시맵이 구해지면 물체영역 ROI(관심영역)를 얻을 수 있고 ROI 영역으로 딥러닝 등을 이용한 인식이나 분류가 가능해지는 것이죠.

이런 동적인 CCTV뿐만 아니라 정지영상의 차영상을 이용한 정밀한 물체 검출이나 크랙 검출처럼 비전검사에서도 위상편차는 기존 차영상기법의 성능을 대폭 높여줄 거라고 생각됩니다.

14

위상 써모그래피

"열 받으면 속보인다, 위상 써모그래피Phase Thermography"

| [유튜브] 펄스 페이즈 써모그래피의 시연 모습 |

출처 https://dam-assets.fluke.com/s3fs-public/fnp-toc-default-thermal-imaging.jpg

출처 https://www.youtube.com/watch?v=UDv9FYfK_Ts&t=165s

적외선 장비로 유명한 FLIR 사의 데모 영상입니다. 영상에서는 관찰하고자 하는 시료에 펄스조명을 비추고 신호처리로 시료 속에 숨겨진 결함을 시각화해 보여주고 있습니다.

최근에 코로나 방역 덕분에 이런 적외선 열화상 이미지들을 많이 보셨을 겁니다. 이것은 물체에서 나오는 상대적 표면온도 분포를 이미지로 만든 것인데요. 하지만 이런 열화상 이미지만으론 물체 내부의 정보를 알아낼 수는 없습니다.
그래서 등장한 게 위상 써모그래피입니다.

| 위상 써모그래피의 실험장치 |

출처 https://ars.els-cdn.com/content/image/1-s2.0-S1350449513001114-gr2.jpg

이 그림은 페이즈 써모그래피 Phase Thermography 장비로 벽속에 숨어있는 결함을 찾는 모습입니다(벽돌 뒤에 구멍같은 결함들이 보이죠? 그러나 앞쪽에선 안보이게 만든 실험용 시료입니다). 그리고 이런 검사방식을 비파괴 검사 None-Destructive Inspection 라고 합니다. 벽을 파괴하지 않고도 속을 검사한다는 뜻이죠.
비파괴검사는 적외선, 초음파, 전자파 등등 물체를 투과하는 파동을 통과시켜 신호(또는 이미지)를 얻고 그것을 주파수도메인에서 위상을 분석해 그 위상차로부터 내부 정보를 검출합니다.

그리고 자체 열 만으론 부족해 강한 플래시 조명으로 시료에 외부에너지를 인가 후 그 영향을 열화상 이미지로 촬영하므로 일종의 능동비전[active vision]으로 볼 수 있죠.

페이즈 써모그래피를 위해 검사할 시료에 에너지를 인가하는 방법에는 플래시램프, 초음파, 마이크로웨이브, 에디 커런트[Eddy Current], 적외선 램프 등등 다양합니다.

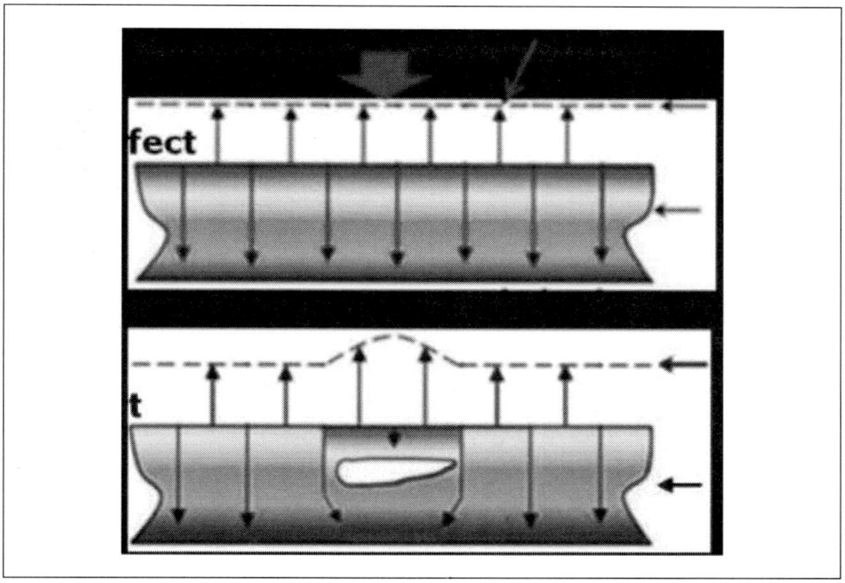

| 결함 유무에 따른 시료의 열전달 차이 |

출처 https://www.researchgate.net/publication/342862250/figure/fig1/AS:911946077454337@1594436296785/Principle-of-infrared-thermal-wave-imaging-detection.jpg

강한 조명을 물체에 쏘았을 경우, 위 그림과 같이 결함이 없는 시료의 경우에는 열전달이 고르게 전파되는 반면, 속에 결함이 있는 시료에선 빈공간을 투과하지 못한 열이 표면으로 역전달되서 복사열로 바뀌어 적외선 카메라에 찍히게 됩니다. 크랙이나 빈공간은 공기가 채워져 있어 열전도가 잘 일어나지 않기 때문입니다.

적외선 말고 엑스선 같은 방사선을 이용해 비파괴 검사를 할수도 있지만 피폭의 위험성도 있고 방사선 장비는 덩치가 커서 포터블 하지 못한 치명적인 단점이 있습니다. 물론 데이터 신호처리 알고리즘도 복잡하구요. 반면에 적외선은 다루기 쉽고 장비도 간단하며 이동이 편리한 장점이 있습니다. 계산비용도 저렴해 일반 컴퓨터로도 처리가 가능하구요. 더군다나 수직벽면이나 교각 기둥처럼 이미 설치된 구조물의 주변에 방사선 장비를 끌고 가서 검사한다는 건 불가능에 가깝죠.

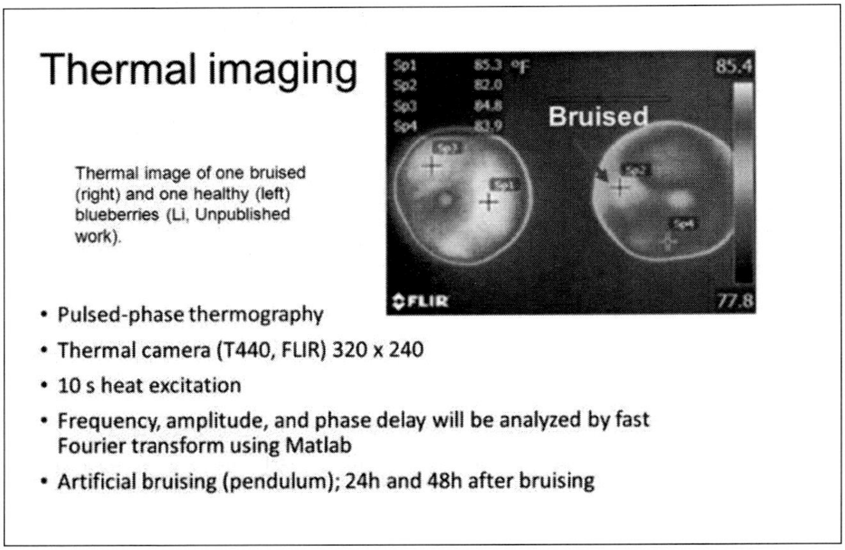

| 과일 내 숨은상처 검출 |

이 그림은 펄스 페이즈 써모그래피PPT로 과일속의 숨어있는 상처를 검출하는 모습입니다.

과수원의 낙과나 안으로 벌레먹은 상처(?)는 상품가치를 떨어뜨리지만 겉으론 멀쩡한 경우가 많은데 그걸 찾아내는 방법인 것이죠. 그런데 과수원 농부들은 실어할 기술일지도 모르겠네요.

아래 그림은 펄스 페이즈 써모그래피PPT가 작동하는 절차입니다.

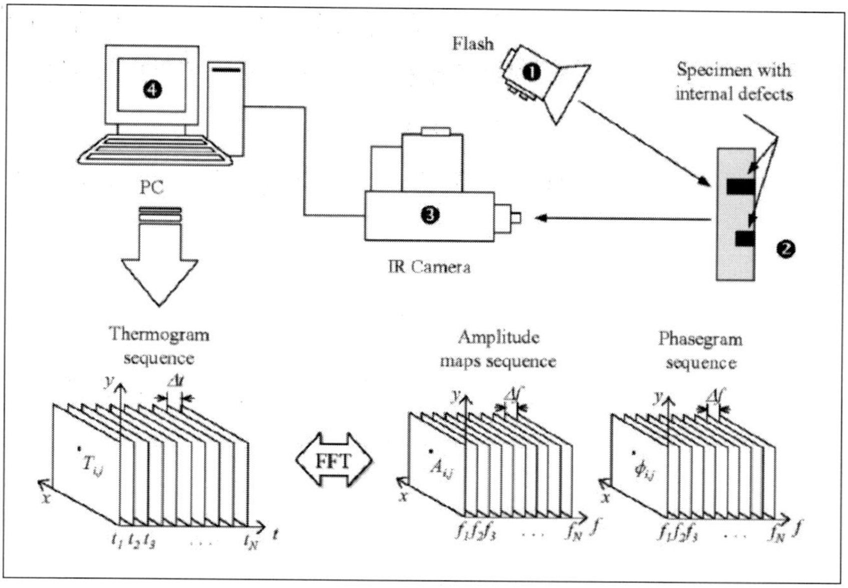

| 위상 써모그래피 계산 절차 |

출처 https://d3i71xaburhd42.cloudfront.net/a28e36b1fd55294e0ee4298284acc914e82cc4b3/2-Figure1-1.png

1. 검사할 물체인 시료에 플래시램프로 강한 에너지를 쏩니다.
2. 시료에 인가된 에너지는 열로 바뀌어 시료속으로 확산되고 그 열확산분포는 표면상에 드러나게 됩니다.
3. 시료표면의 열분포는 일정시간 적외선 카메라로 촬영되어 컴퓨터로 기록됩니다.
4. 컴퓨터에서 써모그램 데이터를 주파수도메인 신호처리하여 페이즈그램을 산출합니다.

적외선 카메라로 일정시간 동안 기록한 적외선 동영상을 써모그램 Thermogram, 써모그램을 1차원 푸리에 변환 1D FFT 해 진폭 amplitude 만 계산한 동영상을 앰플리그램 Ampligram, 위상 phase 만 계산한 동영상을 페이즈그램 phasegram 이라고 부릅니다. 써모그램은 이미지의 가로, 세로, 시간으로 이루어진 3차원 데이터인 셈입니다. 앰플리그램과 페이즈그램은 이미지의 가로, 세로, 주파수으로 이루어진 3차원 데이터인 셈이구요. 써모그램의 시간축 t별로 프레임을 추출하면 적외선 영상의 특정 시간의 그레이스케일 이미지가 얻어지겠죠?
페이즈그램을 계산하는 원리는 아래와 같습니다.

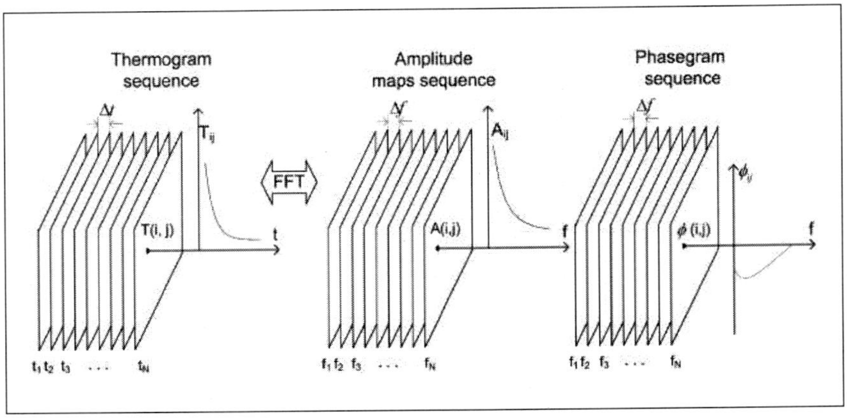

| 1차원 푸리에변환 개념도 |

그런데 3차원 데이터인 써모그램을 3차원이나 2차원 푸리에 변환하지 않고 1차원 푸리에 변환하는 게 특이합니다. 3차원 데이터를 어떻게 1차원 푸리에 변환하는 것일까요?
써모그램의 한 프레임에서 특정위치의 픽셀 $T(i_1, j_1)$ 하나를 선택합니다. 그 위치를 시간축을 따라 연결하면 1차원 신호가 얻어지죠. 일종의 3차원 볼륨에서 추출한 1차원 프로파일 이라고나 할까요?
그 1차원 프로파일 그래프를 1차원 푸리에 변환합니다. 그렇게 푸리에 변환한 1차원 진폭값들을 모든 위치 $T(i, j)$에 대해서 계산한 후 볼륨으로 합치면 앰플리그램이 됩니다. 마찬가지로 그렇게 푸리에 변환한 1차원 위상값들을 모든 위치 $T(i, j)$에 대해서 계산한 후 볼륨으로 합치면 페이즈그램이 되는 것입니다.
써모그램의 시간축은 앰플리그램이나 페이즈그램에선 주파수축으로 바뀝니다. 시간축이 시간을 나타낸다면, 주파수축은 검사하는 시료의 깊이에 대응되게 됩니다.
즉, 특정 주파수에서 페이즈그램의 한 프레임을 꺼내면 그 프레임 이미지는 검사하려는 시료의 특정 깊이(그 주파수에 해당하는)의 물체구조를 나타냅니다. 열 절단의 시간차가 만들어내는 위상지연이라는 성질을 이용해 물체의 속을 들여다보는 것이죠. 거기에 크랙이나 빈공간이 있다면 그 모양이 시각적으로 프레임에 나타나게 되는 것이구요. 그럼 특정 주파수에서 앰플리그램의 한 프레임은 어떤 물리적 정보를 담고 있는 걸까요? 그건 그 깊이에서의 열분포를 나타낸다고 생각됩니다. 열분포는 온도에 대한 정보만 제공할 뿐 크랙 구조에 대한 정보를 제대로 표현하진 못하죠.

자 이제, 알고리즘은 그리 어렵지 않다는 걸 알았죠?
그럼 코딩으로 x축, y축, 그리고 시간축을 가진 3차원 볼륨 어레이를 x축과 y축을 그대로 둔 채 1차원 FFT해 3차원 페이즈그램 데이터를 고속으로 계산해야 합니다.
그런데 그 계산을 위해 2중 for loop를 쓰게 되면 속도가 매우 느려집니다. 결국 3차원 볼륨을 행렬단위로 단번에 1차원 FFT해주는게 PPT의 핵심 코드가 됩니다. 다행히도 이런 기능이 매트랩에도 있고 파이썬에도 있습니다.
자세한 코드는 부록에 첨부된 파이썬 코드를 참고하시기 바랍니다.

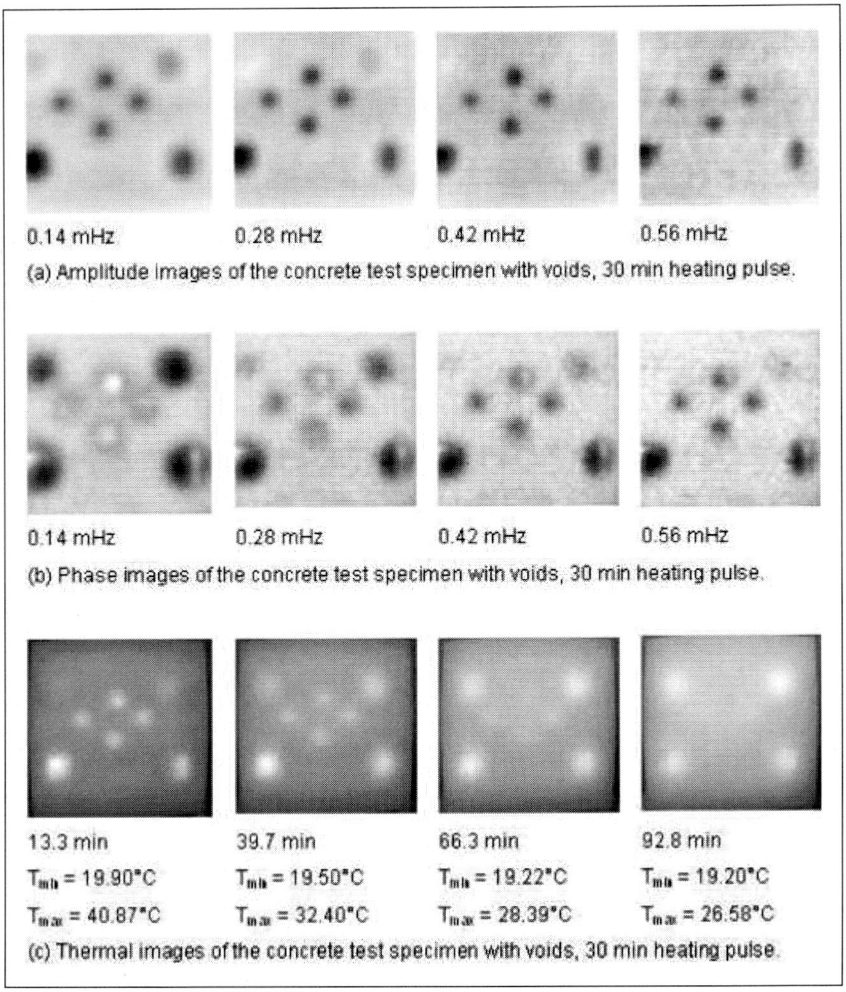

| 앰플리그램, 페이즈그램, 써모그램 예시 |

위 그림은 실제로 구해진 써모그램, 앰플리그램, 페이즈그렘의 예시입니다. a) 깊이에 따른 온도분포를 보여주는 앰플리그램의 모습, b) 깊이에 따른 디펙 형상 분포를 보여주는 페이즈그램의 모습, c) 표면 온도를 나타내는 써모그램으로 중앙부가 시간에 따라 점차 식어가는 모습이 보입니다. 개인적으로 저는 몇 차례 펄스써모그래피PPT 실험과 신호처리를 해보았는데요. 강한 플래시램프를 구하지 못해 뒷면에 크랙이 있는 얇은 반도

체 시료를 사용했고 수초 정도의 써모그램을 녹화해 페이즈그램을 계산해본 결과 뒷면의 크랙 모양이 나타나는 걸 확인했습니다.

개인적으로 경험해본 느낌은 시료의 재질과 두께에 따라 다른 조명(또는 다른 에너지원)을 사용하는 게 좋다는 점, 그리고 잡음에 강한 냉각성능 적외선 카메라를 사용하는 게 좋다는 점, 그리고 아무래도 전도열을 이용하다보니 상의 분해능은 약간 떨어진다는 점 등이었습니다.

출처 https://www.thermalwave.com/wp-content/uploads/2019/03/VoyageIR-Pro-1.jpg

요즘은 이런 포터블 페이즈 써모그래피 장비도 나오나 봅니다. 적외선 비파괴검사만의 장점이죠.

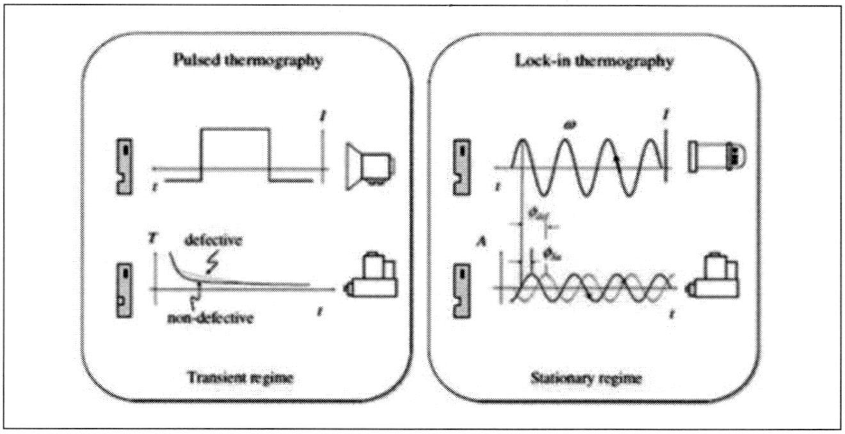

| 두 위상 써모그래피의 비교 |

그리고 락인 써모그래피[LIT, Lock-in Thermography]라는 것도 있는데요.

펄스 페이즈 써모그래피[PPT]는 램프에서 펄스를 한 번만 조사해 써모그램을 찍지만 Lock-In 써모그래피[LIT]는 정현파처럼 일정기간 동안 주기적인 신호를 에너지원으로 씁니다. 락인 써모그래피는 비교적 두꺼운 시료에 쓴다고 하며 주기적인 열원으로 인해 디펙의 깊이를 비교적 정밀하게 측정하는 게 가능하다고 하네요. 따라서 필요한 장비가 좀 더 복잡하겠죠? 그리고 신호처리 기법도 약간 다릅니다.
최근엔 딥러닝으로 디펙 검출과 깊이를 리그레션하는 연구들도 많이 보이더군요. 하지만 PPT만으로도 디펙의 존재 유무나 모양을 확인하는 것은 가능합니다.

비파괴검사에는 이밖에도 마이크로웨이브로 얕은 땅속 구조를 조사하는 GPR[Ground Penetrating Radar], 음파로 바닷속 잠수함이나 어족자원을 탐사하는 소나[Sonar], 초음파로 인체를 검사하는 초음파검사기, 지진파로 깊은 지질구조를 연구하는 지진계 등이 있습니다. 파동의 종류와 신호처리 방식은 달라도 모두 푸리에 변환이 필수로 사용되고 있습니다.

푸리에 변환은 여러 가지 중요한 특징을 가지고 있는데 그 중 하나가 바로 아날로그 세상과 디지털 세상 간의 연결성이 아닌가 생각해 봅니다. 가령 아무리 인터넷과 디지털통신이 발달해도 결국 그 디지털 신호를 전달하는 캐리어는 아날로그 적인 전자파일 수 밖에 없으니까요. 따라서 그 현실세상을 들여다 보거나 이용하려면 전자파 같은 아날로그를 다룰 수 있는 푸리에 변환이 필요해 지는 것입니다.

15

이미지 켑스트럼

"블러링 된 이미지를 복원한다, 이미지 켑스트럼Image Cepstrum"

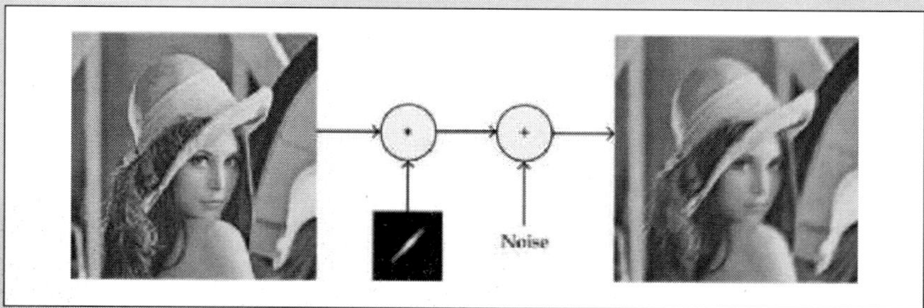

| 이미지에서 블러링이 일어나는 과정 |

오리지널 이미지에 PSFPoint Spread Function를 콘볼루션한 후 노이즈가 섞이면 블러링Blurring 된 이미지가 만들어집니다. 위 그림에서 검은 이미지 속 대각선 모양의 함수가 PSF인 것이죠. 이는 이미지 속 모든 점들이 대각선 모양으로 흔들렸다는 걸 의미합니다.

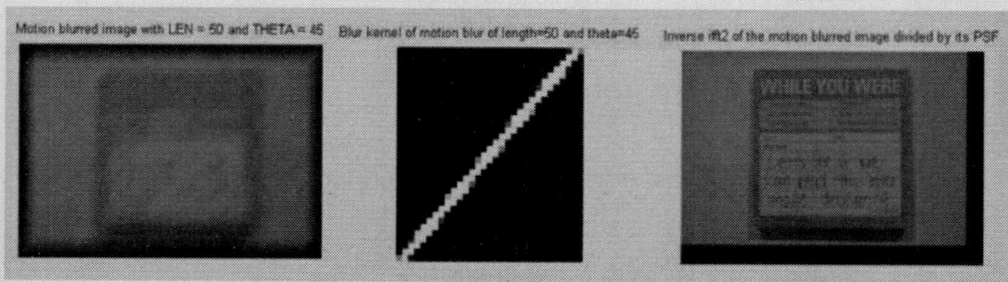

| Deconvolution으로 Deblurring 하기 |

이 그림은 모션 블러링Motion Blurring 된 이미지를 디콘볼루션으로 흔들리기 전의 원래 이미지로 복원하는 과정입니다. 모션 블러링은 가운데 그림처럼 직선방향으로 흔들린 이미지란 뜻입니다. 블러Blur의 양상을 결정하는 PSF 함수만 알면 디콘볼루션Deconvolution 등으로 디블러링DeBlurring을 할 수 있습니다. 디콘볼루션은 콘볼루션의 역과정으로, 콘볼루션이 주파수도메인에서 전달함수(PSF의 푸리에 변환)로 곱해주면 되지만, 디콘볼루션은 주파수도메인에서 전달함수(PSF의 푸리에 변환)로 나누어주면 됩니다.

그런데 저런 PSF함수를 알 수 없을 땐 어떻게 디블러링을 해야 할까요? 즉 이미 블러링 된 이미지만 달랑 있을 때 말입니다. 그럴 때 하는 디블러링을 Blind Debluring이라고 부릅니다.

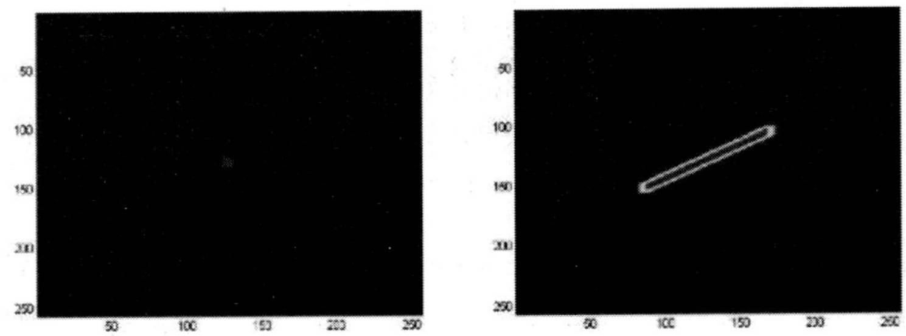

Example. Length = 100, θ = 30°

| 가우시안 블러와 모션 블러의 PSF함수 |

출처 https://www.ima.umn.edu/materials/2005-2006/MM8.9-18.06/1590/team5_pres.pdf

위 그림처럼 가우시안 블러의 PSF는 원으로 나타나고 모션블러의 PSF함수는 직선으로 나타납니다. 저 직선의 방향이 블러되는 방향을 나타내고, 직선의 길이가 블러되는 양을 나타냅니다. 저런 PSF함수를 모르는 블러 이미지만으로 저런 직선 막대기를 예측해 PSF를 만든 후 디블러링하면 되는 것입니다.

| 블러 이미지의 스펙트럼과 켑스트럼 |

출처 https://media.springernature.com/lw685/springer-static/image/chp%3A10.1007%2F978-981-10-6571-2_183/MediaObjects/450357_1_En_183_Fig4_HTML.gif

이건 블러링된 이미지의 스펙트럼과 켑스트럼입니다. 위는 가우시안 블러 이미지의 스펙트럼이고요(여기선 켑스트럼은 일단 무시합니다).

다음 그림은 모션블러된 이미지의 스펙트럼인데요. 스펙트럼에 대각선 방향으로 일정간격으로 줄무늬가 보입니다.

왜일까요?

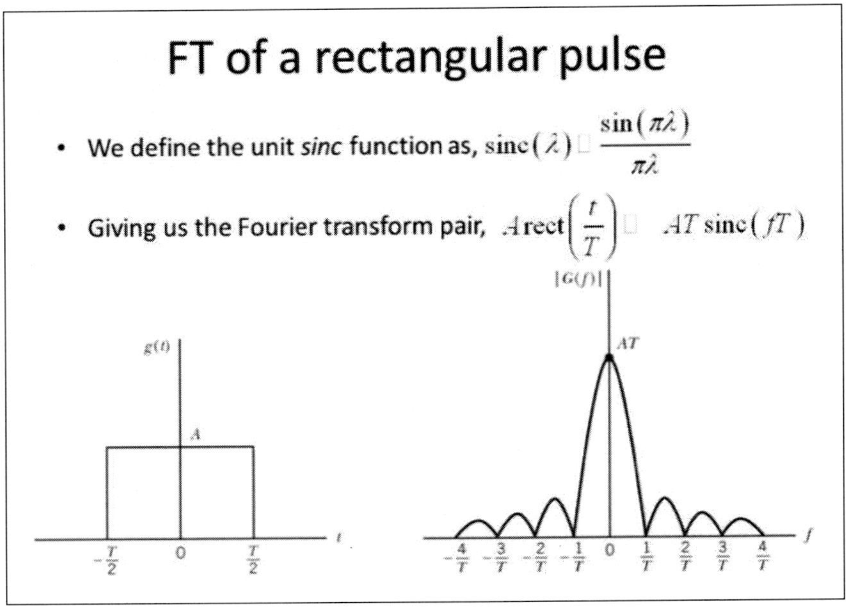

| 스텝(step)함수의 푸리에 스펙트럼 파형 |

출처 https://www.gaussianwaves.com/gaussianwaves/wp-content/uploads/2018/10/rectangular-pulse.png

그것은 바로 모션블러의 PSF파형의 길이방향 단면을 구하면 직각파가 되는데 직각파의 스펙트럼은 그림과 같은 징크[Sinc]파형이기 때문입니다. 저 징크파형의 굴곡들이 블러링 된 이미지의 2차원 스펙트럼에서 줄무늬로 나타나는 겁니다. 스펙트럼의 그런 줄무늬는 이미지 켑스트럼을 구하면 두 개의 피크로 바뀝니다. 그것도 스펙트럼의 원점을 중심으로 대칭적으로 모션블러 방향으로 블러링 된 길이만큼 떨어진 피크로 말이죠~

드디어 이야기가 켑스트럼까지 도착했군요.

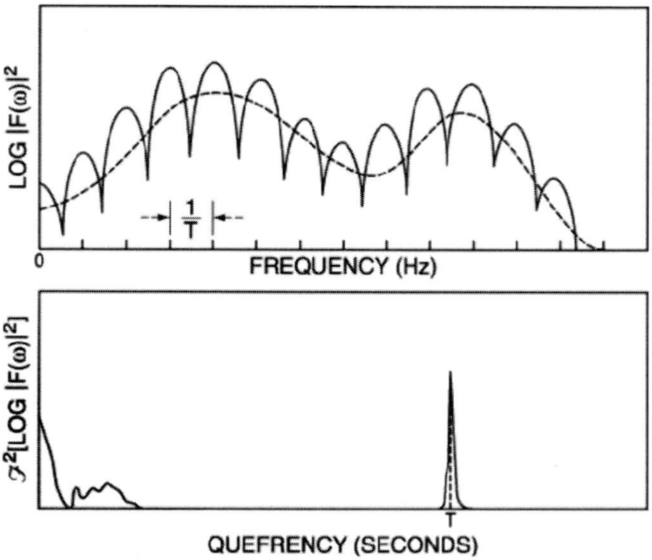

| 1차원 오디오 신호의 스펙트럼과 켑스트럼 |

출처 https://engineering.purdue.edu/~ee649/notes/figures/cepstrum.gif

켑스트럼Cepstrum은 음성 신호처리에서 주로 쓰는 다단 푸리에 변환 방법입니다. 켑스트럼은 그림과 같이 음성신호 스펙트럼에 로그를 취한 후 역푸리에 변환해서 만들어집니다. 그러면 그림처럼 음성신호에 포함된 배음구조(하모닉스, 진동수의 주기성) 피크가 스펙트럼에서보다 더 잘 드러나게 되죠.

2차원 이미지에서의 켑스트럼도 위 그림의 원리와 비슷합니다. 스펙트럼의 줄무늬(주기성)을 켑스트럼을 통해 피크로 드러나게 해주는 것이니까요.

이 세상(시공간 도메인)에 사는 우리로선, 저 세상Frequency 도메인도 이해하기 벅찬데, 저세상에 갔다가 돌아와보니 평행우주 세상Quefrency 도메인까지 도달하고 말았군요. --;

우리가 마주한 평행우주 세상은 Spectrum을 Cepstrum이라 부르고 Frequency를 Quefrency라고 부르며 Filtering을 Liftering이라고 이

름을 뒤집어서 부르는 이상한 세상입니다. 아마도 요상한 종족(?)들이 사는 모양입니다.

다시 생각해보면, 주파수 자체도 주기성을 나타내는 지표인데, 또 그것의 주기성을 표현하려니 Quefrency라는 새롭고 특별한 이름을 붙여준 것이라고 생각됩니다.

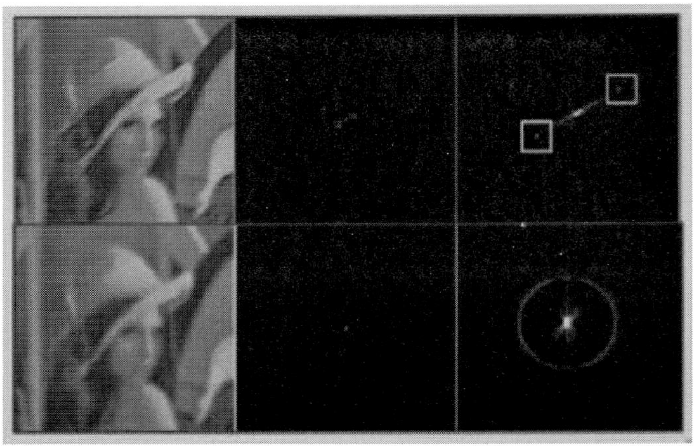

| 모션블러와 가우시안블러 이미지의 켑스트럼과 그 확대영역 |

위 그림처럼 모션블러의 켑스트럼은 두 개의 피크로 나타나고 가우시안 블러의 켑스트럼은 달무리처럼 동그란 원으로 나타납니다. 가우시안 블러는 카메라 촛점이 안 맞았을 때 발생하고, 모션블러는 카메라나 물체가 빠르게 움직일 때 발생합니다.

$$c\{f(x,y)\} = F^{-1}\{\log|F\{x,y\}|\}$$

$$\text{where} F \text{ is the DFT and } F^{-1} \text{ is the IDFT}$$

| 켑스트럼 계산식 |

켑스트럼 수식입니다. 이미지 $f(x,y)$를 푸리에 변환 한 $F()$에 절대값을 취해 스펙트럼을 구하고 거기에 로그를 취한 후 푸리에 역변환하고

있습니다.

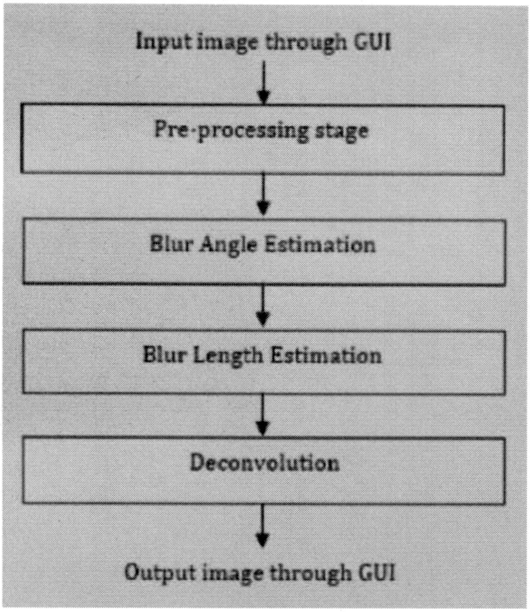

자 그럼, 켑스트럼을 이용해 디블러링하는 전체 과정을 간단히 살펴볼까요?

1. 우선 블러된 이미지를 히스토그램 조작 등으로 콘트라스트를 키워줍니다. 전처리죠.
2. 그런 다음 이미지 켑스트럼을 구합니다.
3. 켑스트럼 이미지에서 두 피크의 각도를 구합니다. 각도를 구하는 방법은 에지 필터링 후 Hough변환을 이용하기도 하고 Radon Transform을 이용하기도 합니다.
4. 켑스트럼 이미지로부터 두 피크 사이의 직선거리를 구합니다.
5. 그러면 각도와 길이로부터 PSF가 완성되는 겁니다.
6. 만들어진 PSF를 가지고 Deconvolution 등으로 블러없는 이미지로 복원합니다.

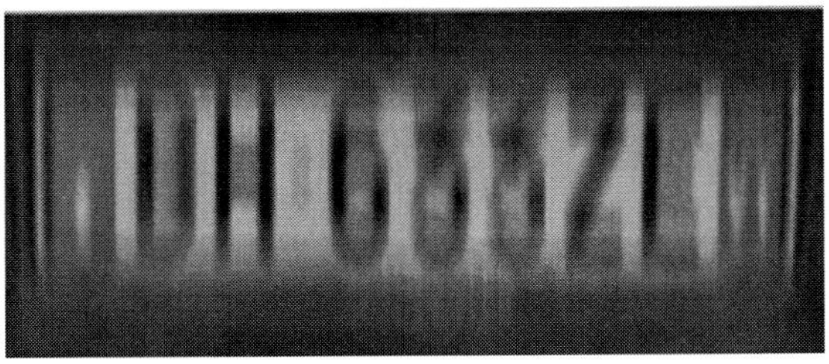

(a)

(b)

| 블라인드 디블러링 예시 |

출처 https://1library.net/document/y9g56owq-image-deblurring-of-license-plate.html

이 밖에도 블라인드 디블러링을 하는 방법은 더 있습니다.

비너Wiener 필터링 방법, 인버스inverse 필터링 방법, 그리고 딥러닝 방법 등이죠. Inverse와 Wiener Filter 방법은 디콘볼루션 방식을 노이즈모델을 포함해 좀 더 복잡하게 개량한 방법입니다. 딥러닝 방법은 데이터-드리븐 이어서 일반적인 소폭의 디블러링은 잘하지만 정확한 디블러링에는 아직 한계가 있는 거 같습니다.

이런 블라인드 디블러링을 활용하면 카메라 오토포커싱을 한 번의 모터 구동만으로 가능하게 할 수도 있을 것 같네요. 촛점이 맞을 때까지 렌즈모터를 움직이며 센싱할 필요가 없으니까요. 그러면 배터리가 절약되겠죠?

다들 그동안 "디블러링 그까이거~"라고 생각하셨을텐데. 평행우주 세상의 켑스트럼까지 등장할 줄은 몰랐을 겁니다.

그나저나 파동의 세계는 참으로 오묘하지요?

사실 켑스트럼은 이미지보다는 음성이나 진동 같은 1차원 신호분석에 훨씬 더 많이 쓰여 왔습니다. 대표적인 예가 딥러닝 음성인식에 사용하는 MFCC[Mel-Scale Fourier Cepstrum Coefficients] 같은 거죠. 모터나 냉각팬의 진동 분석에도 많이 쓰고요.

이번 강좌의 이미지 디블러링과 같은 켑스트럼의 활용은 아주 특별한 사례에 속합니다.

앞으로 음성이 아닌 이미지에서의 켑스트럼 응용이 블루오션이 될 수도 있다는 이야기가 되겠죠?

16

푸리에 미분정리

"미분 방정식Differential Equation을 빠르게 푼다. 푸리에 미분정리Fourier Differential Theorem"

The Laplacian operator (in Cartesian coordinates):

$$\nabla^2 = \frac{\partial^2}{\partial^2 x} + \frac{\partial^2}{\partial^2 y} + \frac{\partial^2}{\partial^2 z}$$

There are two types of Laplacian cquations,

- Homogeneous

$$\nabla^2 u = 0$$

- Non-homogencous (also known as the Poisson equation):

$$\nabla^2 u = f$$

Where f is a "source" function that is prescribed over the region in question.

| 라플라스 방정식(Lapalace Equation)과 프와송 방정식(Poisson Equation) |

첫 번째 수식에서 삼각형을 뒤집은 모양의 제곱을 라플라시안 연산자라고 부릅니다. 저 경우 x, y, z 3차원 공간을 다루므로 3차원 라플라시안입니다. 두 번째 수식이 라플라스 방정식입니다. 일종의 이차 편미분 방정식이죠. 미분 방정식은 줄여서 미방이라고도 부르는 데, 별게 아니고 방정식에 미분이 들어있다는 정도로 이해하면 쉽습니다.
공간에 대한 첫 번째 미분은 기울기를 나타내고 두 번째 미분은 곡률을

나타내므로 라플라스 방정식은 공간에서 신호의 곡률이 0이 되는 상태의 해를 찾아주게 됩니다.
그 말은 신호가 열이나, 전압이나, 빛의 조도 같이 무엇이든 초기에 공간상에 불균일하게 뭉쳐져 있는걸 균일하게 펴준다는 이야기 입니다. 일종의 스무딩Smoothing이죠. 그 불균일한 초기 조건initial condition 중에는 테두리의 경계조건boundary condition도 포함됩니다. 따라서 라플라스 방정식은 무언가 공간상에 불균일하게 뭉쳐있다가 균일하게homogeneous 퍼져나가는 확산현상을 모사(시뮬레이션)할 때 주로 사용합니다.

보시다시피, 라플라스 방정식은 시간변수가 없는 공간에만 관련된 방정식입니다. 따라서 라플라스 방정식의 최종 해는 균일하게 퍼진 정상상태steady state의 해가 됩니다.
그림에서 세 번째 식은 프와송 방정식입니다. 라플라스 방정식 우변에 0이 아니고 특정 함수 $f(x, y, z)$가 들어있죠. 이것은 시뮬레이션 공간 내에 무언가 계속해서 고정적으로 유입(인가)되고 있다는 의미가 됩니다. 열의 경우라면 뜨거운 열이 공간 안에 계속 주입된다고 보시면 되구요.

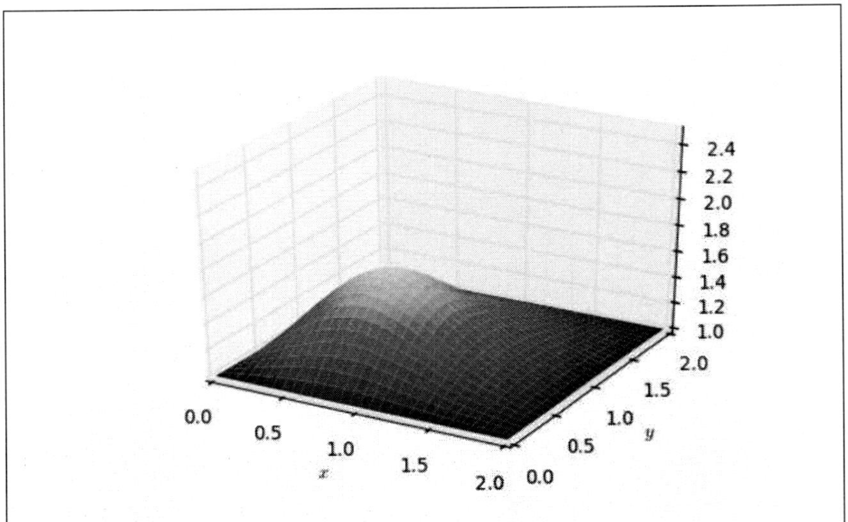

이 그림은 라플라스 방정식으로 시뮬레이션한 열전달 예입니다.
초기 공간에 노란색 부분으로 뜨거운 열을 설정하면 수치해석이 반복될 수록 사방으로 열이 전달되어 퍼져나가는걸 볼 수 있습니다.

| 실내 태양광분포도 |

이 그림은 어두운 방 아래쪽 창문을 통해 들어오는 태양빛의 공간분포를 라플라스 방정식의 해로 시뮬레이션 한 모습입니다. 사각형의 방의 좌상우 3면의 방향은 창문이 없으므로 초기 경계조건이 0이고 아래쪽만 빛이 들어오므로 초기조건이 0이 아닙니다. 저런 복잡한 3차원 공간과 초기 경계조건으로 라플라스 방정식의 해를 구하면 방안의 조도 분포를 얻을 수 있는 겁니다.
물론 빛의 조도분포는 이런 라플라스 방정식 보다는 레이-트레이싱 ray-tracing 같은 걸 쓰면 더 정확하겠지만 연산비용이 매우 높기 때문에 라

플라스 방정식을 쓰면 간단해지죠. 정확성은 떨어지겠지만 말입니다. 더 비싼 방식도 있습니다. 맥스웰 방정식을 풀어서 시뮬레이션 하는 것. 쓸데없이 고퀄이라고나 할까요?
만약, 저 방 가운데에 점멸하는 전등을 켜 놓으면 외부함수 $f(x,y)$요소가 추가가 되는 것이므로 이 문제는 프와송 방정식을 푸는 문제로 바뀌게 됩니다.

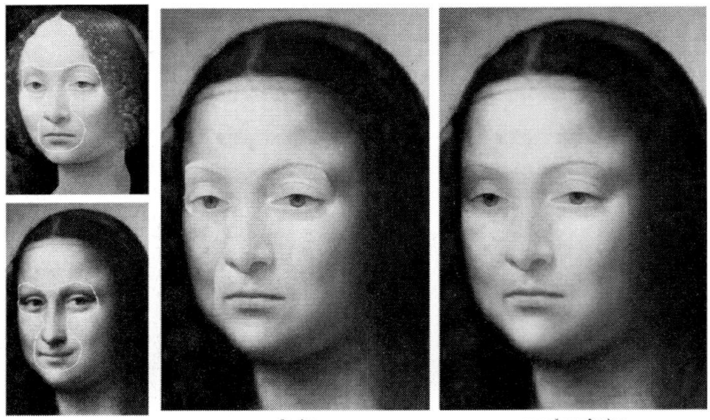

| 프와송 이미지 에디팅(Poisson Image Editing) |

이 그림은 프와송 방정식으로 잘라붙힌 이미지 부분을 배경이미지에 맞게 자연스럽게 스무딩 해주는 모습입니다. 잘라 붙힌 경계선을 부드럽게 해 주는 처리 외에도 색상마저도 배경과 유사하게 맞춰주는 걸 볼 수 있습니다. 이 응용에에서 프와송 방정식의 우변함수 $f(x,y)$가 잘라 붙힌 이목구비가 되고 이미지 배경이 경계조건이 됩니다. 프와송 방정식의 좌변인 라플라스 방정식은 모나리자 전체 이미지공간을 부드럽게 이어주는 역할을 하구요.
즉, 이목구비 조각은 인가되는 함수 f이므로 그대로 유지하면서 나머지는 부드럽게 이어주게 되는 겁니다. 알아보니 이런 자연스런 복붙기능

은 포토샵에도 없는 기능이라고 합니다.

이런 특별한 프와송 이미지 에디팅은 딥러닝을 위한 데이터 Augmentation에서 아주 요긴하게 쓰일 수 있습니다. 그런데 문제가 좀 있습니다. 이런 라플라스/프와송 방정식은 복잡한 구조의 2차원이나 3차원 공간을 주로 다루고 반복적 수치해석을 이용하므로 정상상태에 이르는데 계산시간이 많이 걸립니다. 연산량이 많기 때문이죠. 그래서 격자구조로 듬성듬성 샘플링한 포인트에 대해서만 연산하는 유한요소법[FEM] 같은 것을 쓰기도 합니다만… 그래도 느리죠. 그래서 등장한 게 푸리에 변환입니다.

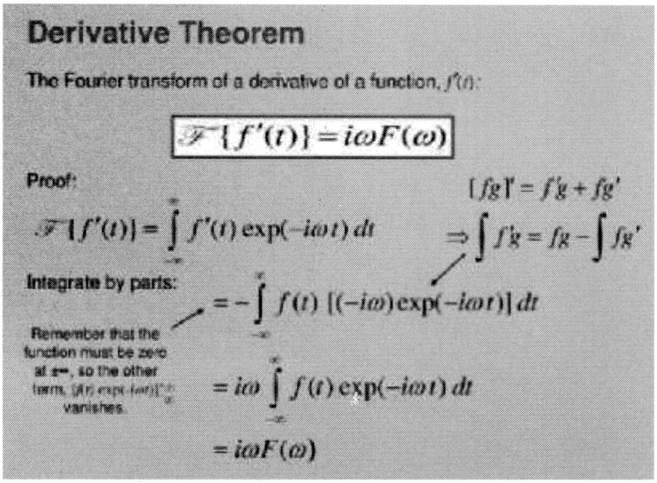

| 푸리에 변환의 미분정리 |

"어떤 함수를 미분한것의 푸리에 변환은 그 함수를 푸리에 변환한 것에 허수항 jw를 곱한 것과 같다." 이것이 푸리에 미분정리입니다. 즉, 어떤 함수의 미분을 구하려면 그것을 푸리에 변환 한것에 jw를 곱한 후 역 푸리에 변환하면 된다는 거지요.

여기서 j는 허수 기호이고 w는 각주파수인 오메가입니다. $w = 2\pi f$

반복적으로 풀어야하는 복잡한 미분이 곱하기와 푸리에 변환 문제로 바꿔니까 속도는 당연히 빨라지겠죠? 이걸 이용하면 미분과 미분방정식을 고속으로 계산하는 게 가능하며 차분방정식을 이용하는 것보다 결과가 정확하다고 합니다. 그리고 심지어는 컴퓨터 연산시 메모리가 절약된다고도 합니다.

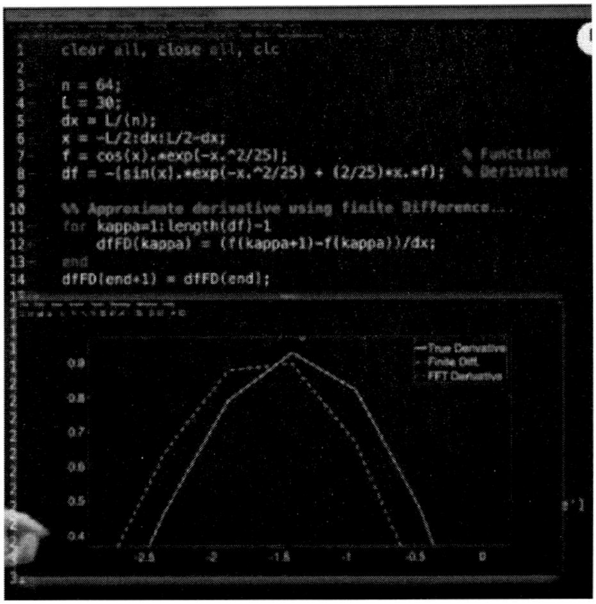

| 푸리에 미분정리로 계산한 결과와 차분방정식 결과의 정확도 비교 |

이 그림은 유투브에서 가져온 짤인데요. 푸리에 미분정리로 계산한 결과(빨간 점선)가 차분방정식[difference equation]으로 계산한 결과(노란 점선)보다 더 장확하더라라고 하는 장면입니다.

실제로 제가 돌려본 파이썬 코드 테스트에 의하면 차분방정식에 의한 라플라스 방정식의 시뮬레이션이 200초 정도가 걸렸고, FFT 방식이 0.1초 정도 걸렸습니다. 푸리에 변환 방식은 아예 정상상태까지 계산했는데도 더 빠르더군요. 알고리즘과 라이브러리에 따라 차이는 있지만 푸리에방법이 훨씬 더 빠른 건 사실인가 봅니다.

끝으로 미분방정식까지는 아니더라도 간단한 미분을 푸리에 미분정리로 계산하는 파이썬 코드입니다.

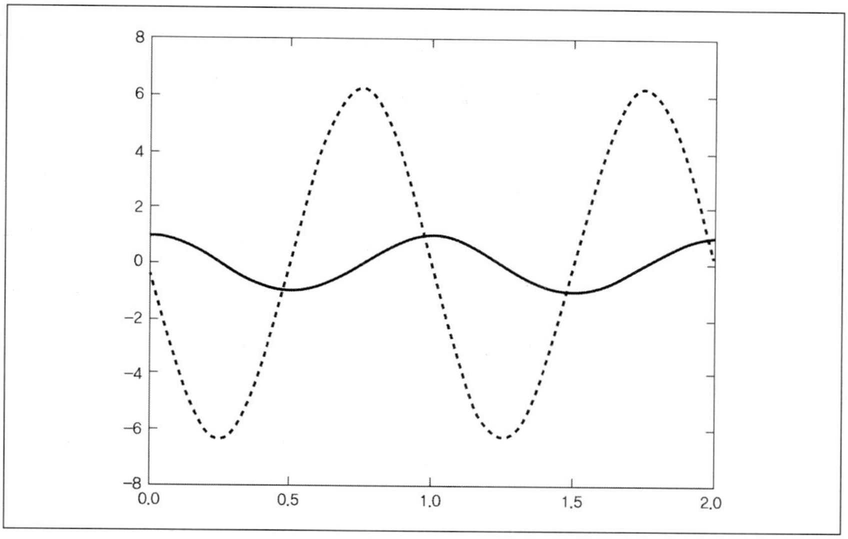

| 푸리에 미분 코드(파이썬) |

점선이 미분할 코사인 신호이구요.

그걸 미분한 게 직선[sine 함수]입니다. 점선 그래프의 각 점에서의 기울기가 직선 그래프인 것이죠.

```
from pylab import *

fs = 1024
t = arange(2*fs, dtype=float64) / fs
N = len(t) // 2 + 1    # non-negative frequencies
w = 2 * pi / len(t) * arange(N)
Omega = w * fs

x0 = cos(2*pi*t)    # w0 == 2*pi/fs
X0 = rfft(x0);
# Zero the fs/2 component. It's zero here anyway.
X0[-1] = 0
dx0 = irfft(X0 * 1j*Omega)
plot(t, x0, 'r', t, dx0, 'b')
show()
```

| 푸리에변환을 이용한 미분 결과 |

그림에서 3번째 줄에 푸리에 미분정리처럼 코사인파 x0=cos(2*pi*t)를 푸리에 변환한 X0에 jw를 곱해 역푸리에 변환 하는 코드가 보이시죠? 여기서 rfft(), irfft() 함수는 파이썬용 고속 푸리에 변환하는 함수 중 한 종류일 뿐입니다. fft, ifft와 같은 거죠. pylab 패키지는 파이썬용 그래프 출력 라이브러리인 거 같습니다.

푸리에 변환은 미분방정식을 고속으로 계산할 때도 쓰인다는 사실! 프와송/라플라스 방정식은 수식으로 써 놓으면 아주 어려워 보이지만 차분방정식으로 바꿔 놓으면 인접한 이웃점들을 가지고 내 점을 보간[interpolation] 하는 수식과 비슷해져 버립니다. 결코 어려운 방정식이 아닌 것이죠.

전에도 언급했듯이 푸리에 변환은 여러 가지 특징을 가지고 있는데 그 두 번째가 전혀 다른 분야(수학)와의 연결성인 거 같습니다. 이런 것까지도 푸리에 변환과 관련이 있었어? 하고 매번 놀라게 됩니다.

17

푸리에 슬라이스 정리

"자르지 않고 인체단면을 들여다본다, 푸리에 슬라이스 정리Fourier Slice Theorem"

이번 장에서는 회전Rotation과 푸리에 변환의 관계에 대해서 알아볼 차례입니다.

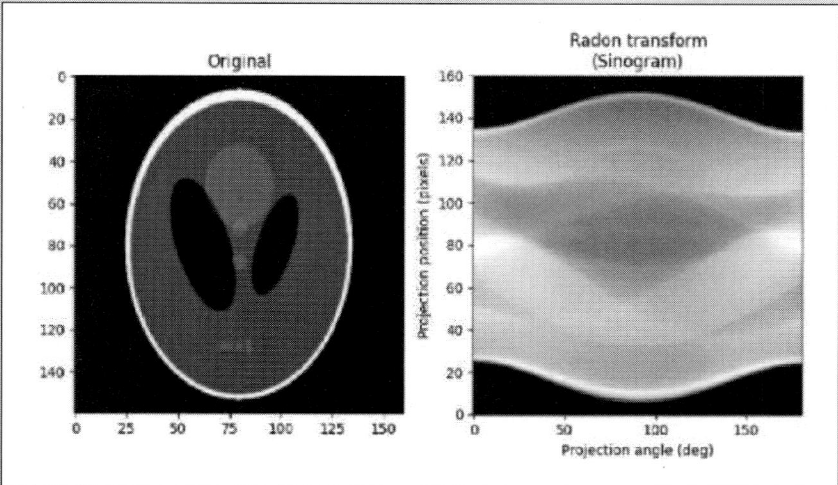

| 인체 단층이미지 모형과 시노그램 |

라돈 트랜스폼Radon Transform은 인체 단층 이미지를 회전시키면서 모든 픽셀들을 프로젝션Projection시킨 1차원 슬라이스를 각도별로 전개한 이미지로 컨버팅 하는 기법입니다. 변환된 이미지를 시노그램Sinogram이라고 부르죠. 저 시노그램의 경우 가로축은 프로젝션 시키는 각도이고 세로축

은 좌측 이미지의 지름에 해당합니다. 하지만 우리는 인체를 잘라볼 수 없기 때문에 우리가 의료장비 로부터 최초로 얻는 데이터는 우측의 시노그램이 됩니다.

이렇게 방사선장비로 시노그램을 만들고 그 시노그램으로 좌측의 단층 이미지를 얻는 과정을 Tomography(단층 촬영술)라고 부릅니다.

라돈 트랜스폼은 라돈[Radon]이라는 사람이 발명한 수학적 변환 알고리즘인데요. 이런 수학적 방법을 기록한 그의 노트 한페이지로 그는 후에 노벨상 후보에 오릅니다. 노벨 생리의학상 이던가요?

라돈트랜스폼은 이미지 세상에서 만의 변환이고 당연하지만 복소수와는 무관한 실수연산 만으로 가능합니다. 또한 라돈트랜스폼은 역변환이 가능한 가역적 변환이기도 하죠.

즉, 단층 이미지에서 시노그램으로의 정방향 변환[투영, Projection]과 시노그램에서 단층 이미지로의 역변환[역투영, Back-Projection]이 가능합니다.

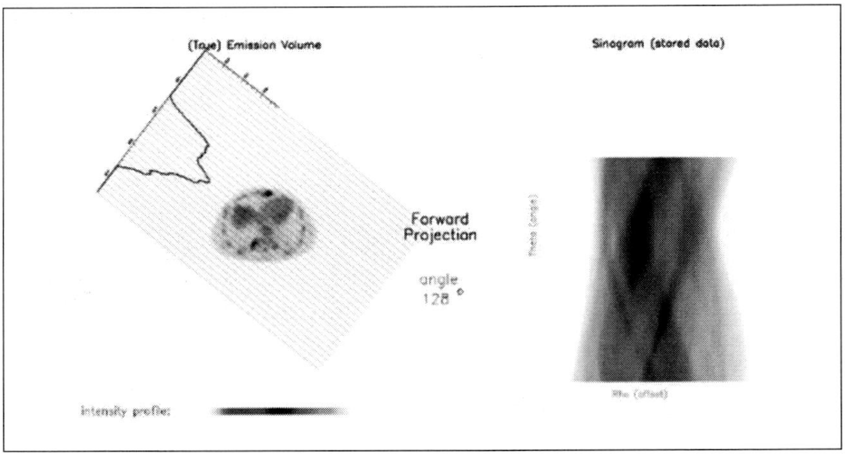

| 방향별로 인체를 투영(projection)해서 시노그램 이미지를 만드는 모습 |

CT-Scanner 같은 의료장치에서는 위와 같이 시노그램을 만듭니다. 중력의 영향을 줄이려고 인체가 도는 대신 다음 그림처럼 방사선 촬영장비가 돌아가는 방식으로 말입니다.

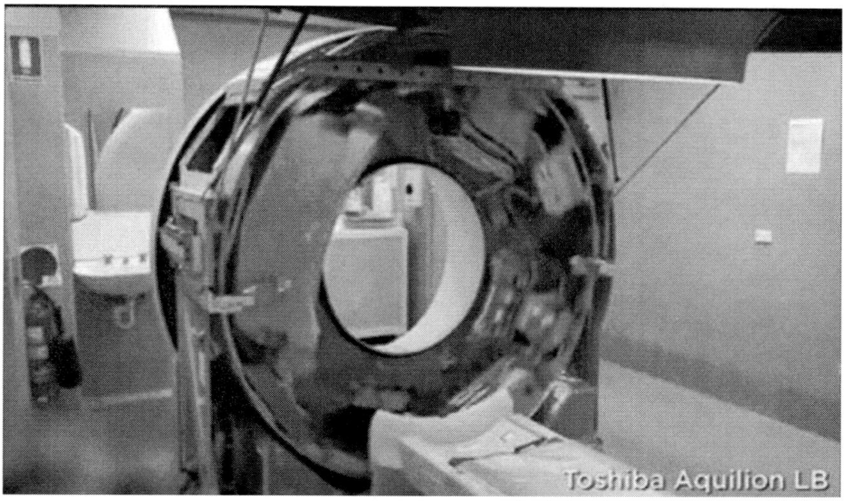

| 회전하며 인체의 프로젝션 슬라이스 신호를 찍는 단층 촬영장비 |

액체금속 터미네이터가 저것과 비슷한 MRI에서 나오는 강력한 자기장에 달라붙어 죽었던가요? ^^:

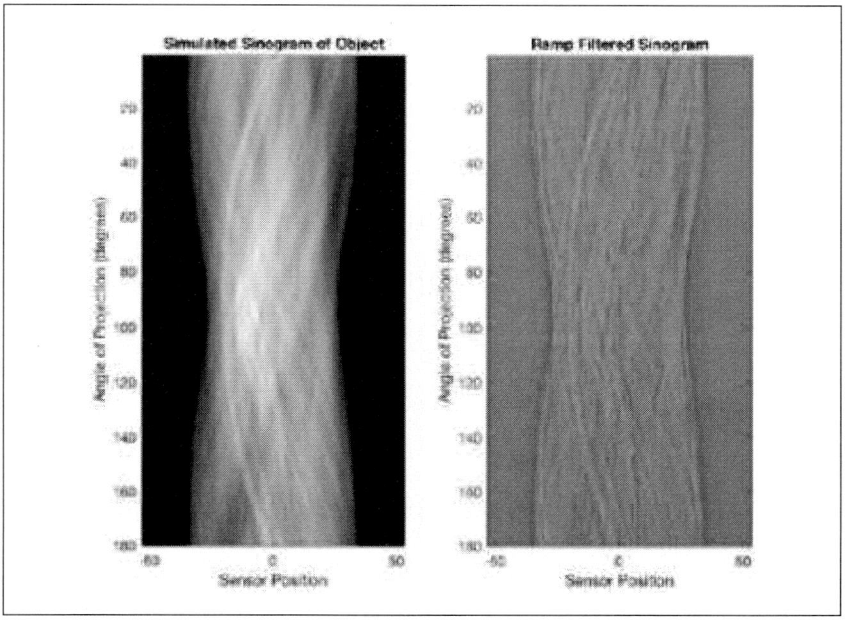

| 램프 필터링(ramp filtering)한 시노그램 |

시노그램은 회전하며 중첩되는 픽셀들로 인해 그대로 역투영back-projection 하면 심하게 블러링이 발생합니다. 따라서 시노그램을 주파수도메인에서 필터링해 저주파 성분을 제거한 후 역투영 하면 복원 영상이 선명해집니다. 일종의 배경 효과를 제거하는 노멀라이제이션(?)인 셈입니다.
위 그림과 같이 시노그램은 2차원 이미지입니다. 하지만 시노그램은 이미지임에도 이제까지 우리가 해온 것처럼 2차원 푸리에 변환으로 필터링하지 않습니다. 그 이유는 무엇일까요?
그 이유는 푸리에 변환과 관련된 라돈 트랜스폼의 독특한 성질 때문(덕분)입니다.

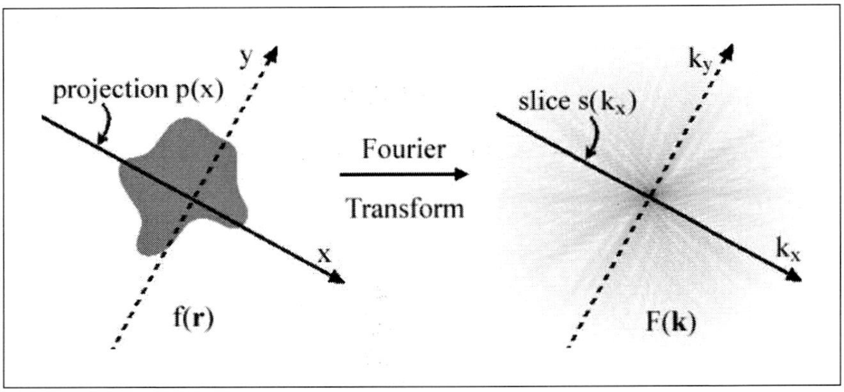

| 푸리에 슬라이스 정리 |

"이미지의 2차원 스펙트럼 $F(k)$의 한 슬라이스slice, 1차원 $s(k)$는 이미지 $f(r)$의 한 프로젝션(1차원 신호) $p(x)$의 1차원 스펙트럼과 같다"는 정리가 바로 푸리에 슬라이스 정리Fourier Slice Theorem입니다.
이때 슬라이스는 극좌표에서 원점을 중심으로 회전하며 자르는 슬라이스를 말합니다. 이해되시나요? 한 번에 이해가 되면 당신은 천재~

단층 이미지는 시노그램에서 각도별로 한 줄씩 1차원 푸리에 필터링을 반복함으로써 단층 이미지를 2차원 푸리에 필터링 한 것과 같은 효과를

낼 수 있다는 이야기가 됩니다. 단순히 2차원 필터링을 1차원 필터링으로 대신하는 것 외에도 회전 프로젝션 과정에서 발생하는 문제들의 해결도 가능합니다.

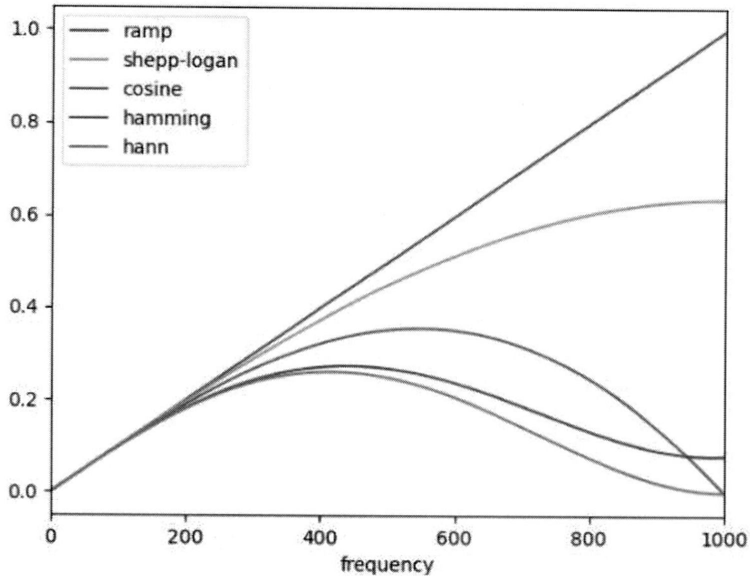

| 시노그램 필터링용 주파수도메인 필터들 |

위 그림은 시노그램을 주파수 필터링하는 필터 1차원 함수들 모양입니다.
주파수 도메인에서 필터링해주는 필터함수로는 ramp, shepp-Logan, cosine 함수 등이 사용됩니다.
LPF, HPF와 같은 대역필터와는 다르게 주파수에 비례해서 필터링하는 게 다르죠.
ramp 함수의 경우, 저주파일수록 억제하고 고주파일수록 많이 통과시키는 방식으로 필터링하는 셈입니다.
이 필터함수로 시노그램을 각도별로 한 슬라이스씩 1차원 푸리에 변환한 스펙트럼에 곱한후 역변환해 필터링된 시노그램을 다음 그림과 같이 얻습니다.

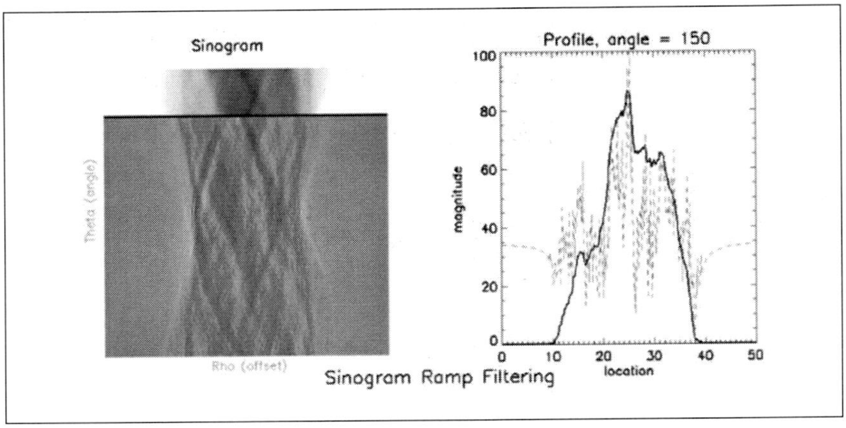

| 시노그램을 램프 필터링 하는 모습 |

이렇게 해서 회전하면서 중복되는 저주파성분이 제거된 정규화된 시노그램이 얻어집니다.

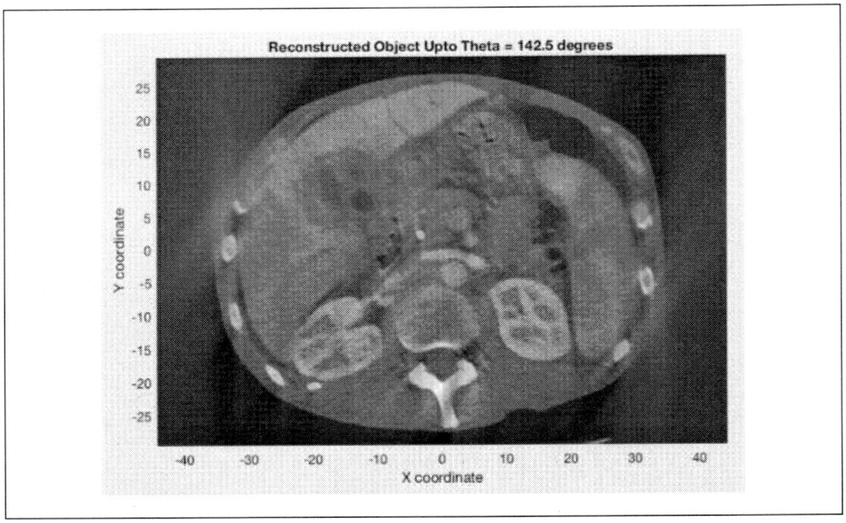

| 필터링된 시노그램을 각도별로 역투영해 단층영상을 구하는 모습 |

마지막으로 필터링한 시노그램을 한슬라이스씩 회전시키며 역투영한 이미지들을 중첩하면서 평균을 내면 단층이미지가 나타납니다. Tomography의 마무리인 겁니다.

인체를 절단하지 않고도 단면 영상을 얻을 수 있는 이런 위대한 업적에도 불구하고 라돈은 노벨상 수상일까지 생존하지 못해, 생존한 사람에게만 수여되는 노벨상 규정상, 노벨상을 받지 못했다고 합니다.
실제 수상은 최초 CT-Scan 장치를 만든 엔지니어들이 받았다고 하네요. 참고로 라돈이라는 이름은 생활 방사성 기체인 라돈가스와는 전혀 무관합니다.
CT-Scan이나, X-ray 등 방사선 종류는 달라도 단층영상을 계산하는 알고리즘은 모두 동일하게 라돈트랜스폼을 씁니다(참고로 MRI는 방식이 전혀 다르다고 합니다). 2차원 단층 이미지를 z축으로 누적 시키면 그게 3차원 볼륨이 되는 것이구요.

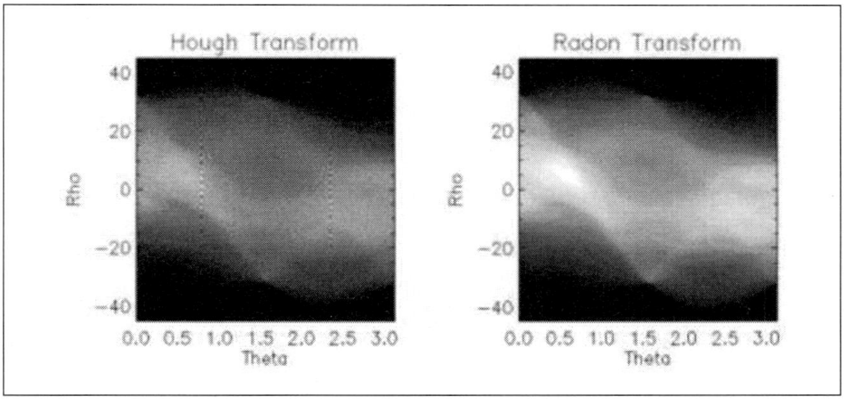

| 허프변환과 라돈변환의 차이 |

허브변환과 라돈변환은 비슷하면서도 서로 다르죠.
허프변환Hough Transform은 이진 이미지만 변환 가능하지만, 라돈트랜스폼은 그레이스케일 이미지로도 변환이 가능합니다.
그리고 허프변환은 직선의 방정식을 매개식으로 사용하지만 라돈트랜스폼은 회전과 투영으로 그걸 해냅니다. 어찌보면 허프변환은 라돈 트랜스폼의 무회전 다이어트 버전이라고 생각되기도 하네요.

그림처럼 라돈 트랜스폼도 허프변환처럼 직선성분이 피크로 나타나기 때문에 이미지 속 직선의 검출이 가능합니다. 다만 그레이스케일 이미지를 변환하기 때문에 속도가 느린 단점이 있죠.
하지만 라돈 트랜스폼 + FFT로 라돈 트랜스폼을 Hough 변환만큼 빠르게 수행하는 논문도 있습니다. 꽤나 복잡하지만 말이죠.
라돈 트랜스폼은 그레이스케일 이미지에서 바로 변환하기 때문에 허프변환처럼 이진화나 에지검출과 같은 전처리가 불필요하다는 장점도 있습니다.
이진화나 에지검출을 하면 원치않는 왜곡이 많이 발생하거든요.
제조업 등에서 AOI Automatic Optical Inspection 비전검사 같은 분야에 활용할 수도 있어 보입니다.

그리고 이건 푸리에 슬라이스 정리의 3차원 버전 개념도입니다.

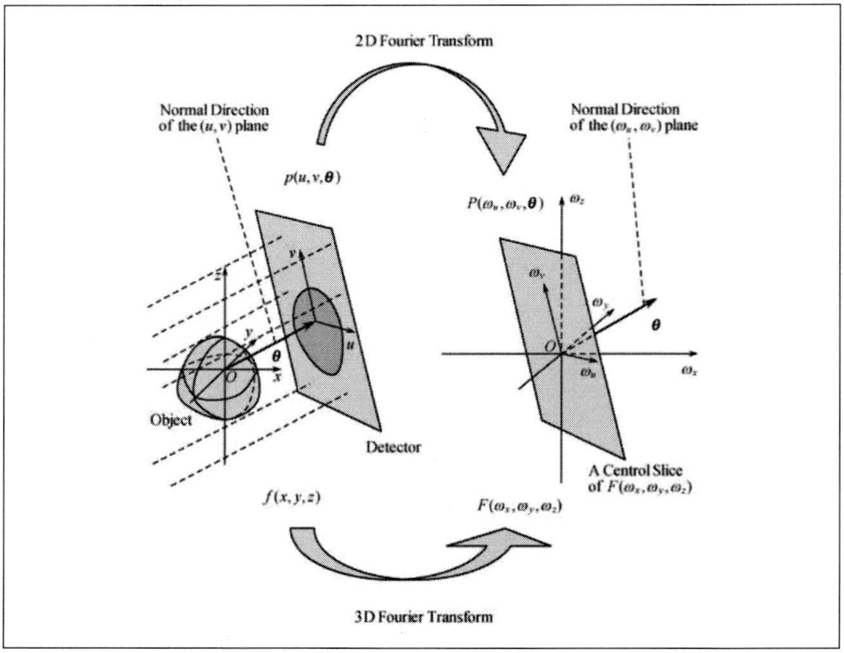

| 3차원 푸리에슬라이스 정리 |

"볼륨을 3차원 푸리에 변환한 3차원 스펙트럼의 한 슬라이스(2차원)는 원래 볼륨을 프로젝션한 임의의 2차원 푸리에 변환한 스펙트럼과 같다"

프로젝션 방식이 슬라이스가 아니라 볼륨전체가 대상이어서 프로젝션 결과가 2차원 이미지인 게 다릅니다.

끝으로 제가 OpenCV + C++로 만든 라돈 트랜스폼 깃허브 코드를 공유합니다.

https://github.com/bemoregt/gpRadonTransform.git

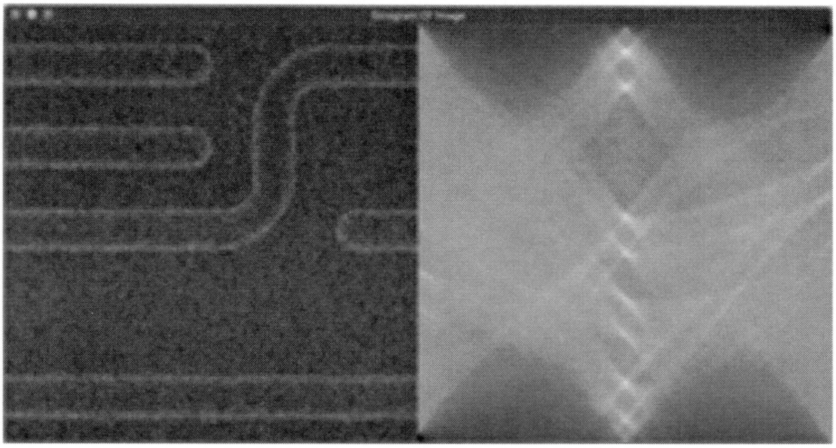

| 라돈 트랜스폼 앱화면 |

물체를 자르지 않고도 인체 단면을 들여다보는, 현대의학에 필수인 이런 중요한 기술에도 푸리에 변환은 쓰이고 있었다는 사실~

2차원이나 3차원 물체임에도 1차원 푸리에변환을 누적해 문제를 해결해야만 하는 방식은 이밖에도 종종 등장합니다. 이전에 다룬 비파괴검사도 그런 경우입니다.

생각해 보니 Tomography도 넓은 범위에선 비파괴 검사에 해당되겠네요. 자르지 않고도 안을 들여다보는 것이니 말입니다.

18

푸리에 디스크립터

"곡선을 압축한다, 푸리에 디스크립터Fourier Descriptor"

[동영상] 푸리에 디스크립터 애니메이션

https://preview.redd.it/0da3da8dkks61.gif?width=960&format=mp4&s=4029d78002b6a610db0bd67e64abbefe8f093ad4

| 주파수 대역폭 별 푸리에 디스크립터의 변화 |

푸리에 디스크립터descriptor는 푸리에 변환을 이용해 물체의 형태를 표현하는 방법입니다. 우리말로는 푸리에 기술자 정도가 될거 같습니다. 표현하다, 기술하다란 의미 인거죠. OpenCV 등으로 구한 물체 윤곽선contour상의 좌표들을 복소평면상에 배치하고 그걸 푸리에 변환해 푸리에 계수들로 바꾸면 푸리에 디스크립터descriptor가 됩니다. 물체의 윤곽선은 그렇게 몇개의 디스크립터 만으로 표현이 가능합니다. 일종의 형태 데이터의 압축인 셈이죠. 물론 디스크립터가 많을수록 윤곽선은 복잡하고 디테일해지겠죠? 스크립터에 들어있는 푸리에 계수는 순서대로 앞에서부터 저주파성분을 의미하며 물체의 둥그런 개략적인 형태를 표현하고 뒤로 갈수록 디테일을 나타내는 고주파성분을 담게 됩니다.

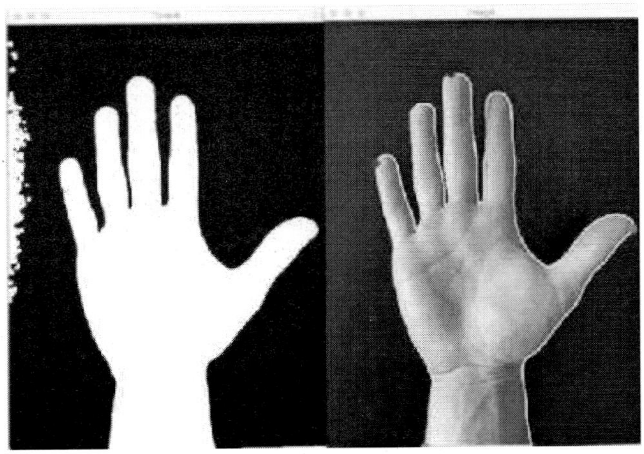

| OpenCV 함수로 윤곽선 찾기 |

위 그림처럼 OpenCV의 영상처리 기능을 사용하면 물체이미지로부터 쉽게 윤곽선을 만들어낼 수가 있습니다. 보통은 컬러 이미지 > 그레이스케일 > 이진화 > 에지 검출 > 윤곽선 찾기 > 윤곽선 리스트 순서로 진행되죠. 그렇게 얻은 윤곽선 좌표들로부터 푸리에 디스크립터를 만들고 그래픽이나 매칭, 인식 등에 활용이 가능하게 됩니다.

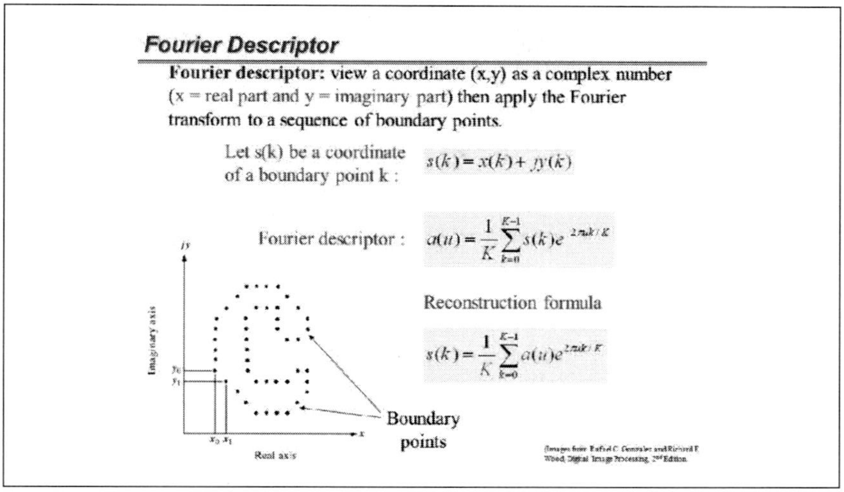

| 복소수 좌표를 DFT해서 푸리에 변환하면 디스크립터 |

위 그림에서 $s(k)=x(k)+jy(k)$식이 윤곽선상의 k번째 점 (x, y)을 복소수 $s(k)$로 바꾸는 식입니다. 그걸 중간식처럼 1차원 DFT해서 푸리에 계수 $a(u)$를 구합니다. 그게 바로 푸리에 디스크립터입니다. 디스크립터를 다시 눈에 보이는 윤곽선으로 바꾸려면 역DFT 변환해서 $s(k)$를 구해야합니다. 그러면 $s(k)$의 실수부와 허수부를 꺼내서 점 (x, y)에 넣으면 윤곽선을 그릴 수 있게 됩니다.

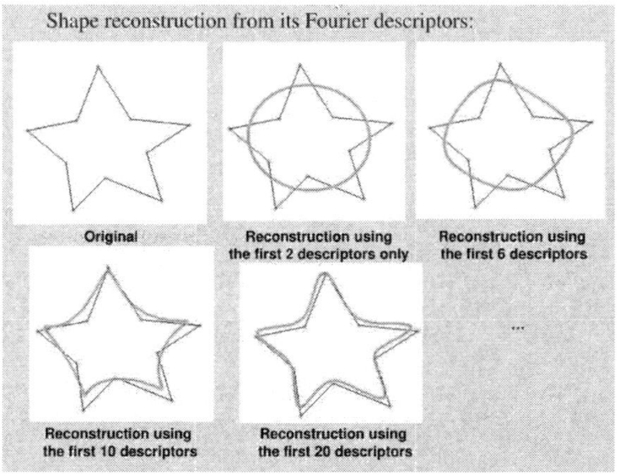

| 푸리에 디스크립터 개수에 따른 곡선변화 |

이 그림은 푸리에 디스크립터의 계수 변화에 따른 윤곽선(적색)의 변화를 나타내는 그림입니다.
저주파 순서대로 디스크립터 계수가 늘어날수록 고주파성분이 많아져 윤곽선을 표현하는 디테일 특성이 좋아지죠. 그리고 기준물체들의 디스크립터 DB만 있으면 그것과의 비교를 통해 분류도 가능해집니다.

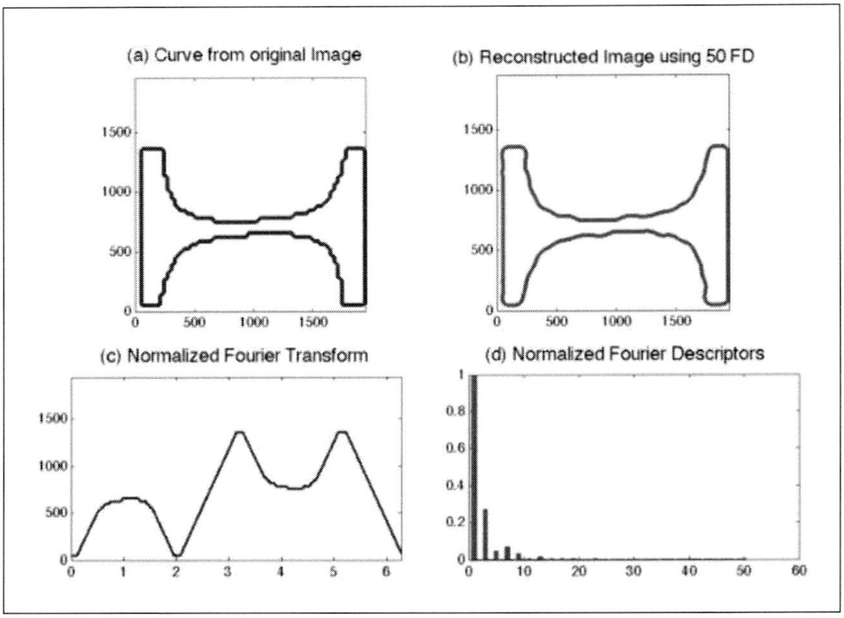

| 푸리에 디스크립터는 푸리에계수 |

이 그림에서 좌상 그래프가 OpenCV로 구한 윤곽선이구요. 윤곽선 점들을 푸리에 변환해 구한 푸리에 디스크립터의 스펙트럼이 오른쪽 아래 그래프인데 저주파일수록 계수값이 크고 고주파일수록 계수값이 작죠. 그 디스크립터를 저주파 순으로 50개를 뽑아서 역푸리에 변환해 윤곽선으로 만든 게 오른쪽 위 그래프입니다. 왼쪽 아래 그래프는 윤곽선 도형을 중심점에서 극좌표방향으로 바라본 모습입니다.

일반적으로 푸리에 계수가 늘어날수록 신호를 표현하는 디테일이 좋아지므로 고주파 계수들을 날리면 압축도 손쉽게 가능하죠. 1차원 신호가 아닌 2차원 도형의 윤곽선에서도 같은 일이 일어나게 됩니다.

자, 이제 Matlab의 간단한 코딩으로 윤곽선의 푸리에 디스크립터를 만들고 계수 필터링으로 윤곽선을 부드럽게 만들어 보겠습니다.

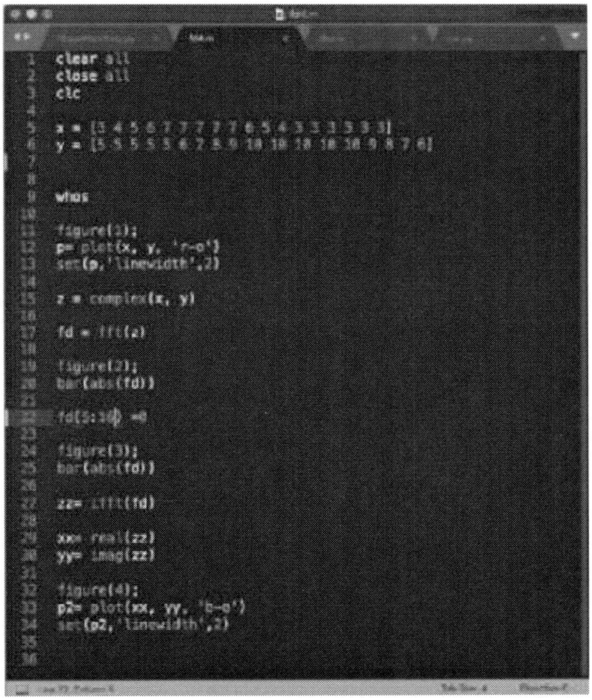

| 푸리에 디스크립터 생성 및 필터링 매트랩 코드 |

이미지에서 윤곽선을 뽑아내는 영상처리 과정은 코드가 너무 길어져 생략하였습니다.

여기서 real() 함수는 복소수에서 실수부를 뽑아내는 명령이고, imag() 함수는 허수부를 뽑아내는 명령입니다. 함수 plot(x, y, 'r-o')는 (x, y) 좌표점을 실선으로 연결해서 빨간색으로 그리면서 점 위치에 동그라미를 그리라는 명령입니다.

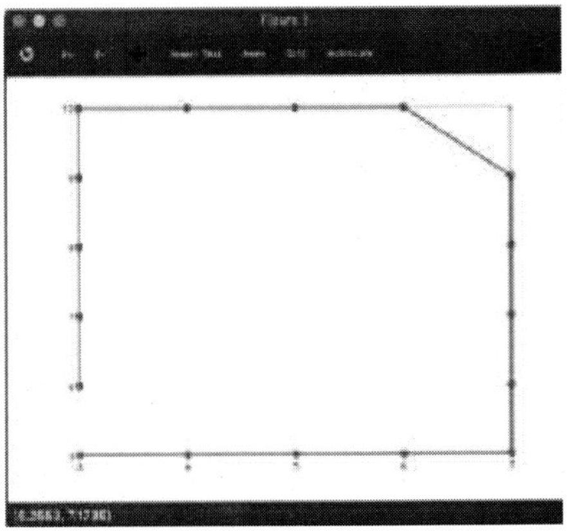

plot(x, y)명령으로 디스플레이 해본 윤곽선 모양입니다.

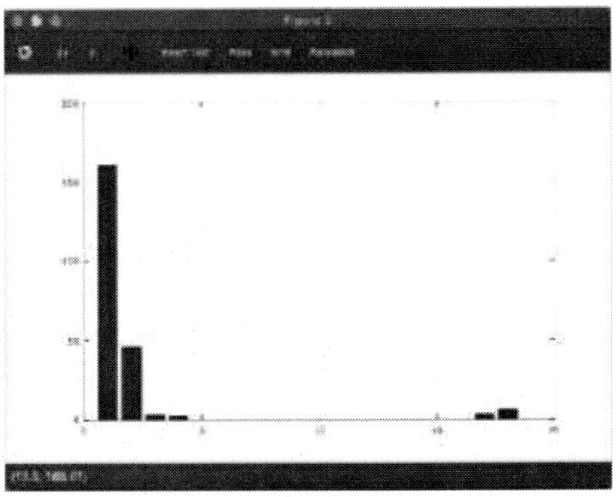

| 5~16번을 날린 스펙트럼. 고주파성분 제거 |

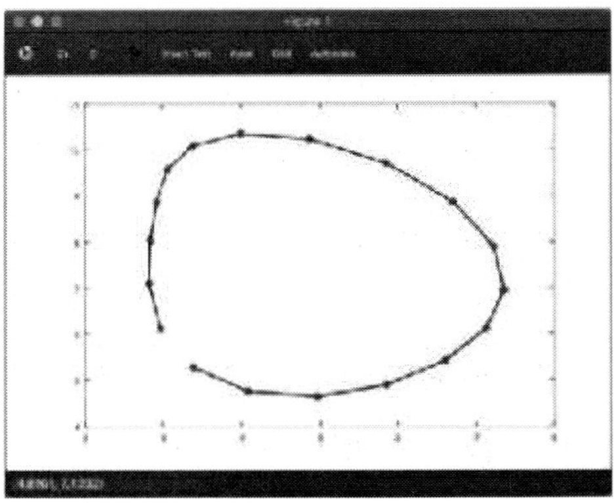

| 저주파 필터링 결과 |

역변환 후 필터링된 윤곽선의 모습입니다. 고주파를 날려버려 부드러워졌지요?

푸리에 디스크립터를 윤곽선의 피쳐로 사용하면 다음과 같은 장점들이 생깁니다.

1. 푸리에 디스크립터를 윤곽선의 피쳐로 사용하면 윤곽선 데이터가 줄어준다는 점(데이터 압축)
2. 물체 위치에 무관한 위치-불변한 인식이 가능하다는 점(위치정보를 갖는 첫 번째 계수를 제거하면 됩니다)
3. 회전-불변한 물체 인식이 가능하다는 점(최대계수로 정규화 하면 됩니다)
4. 크기-불변한 인식이 가능하다는 점(최대계수로 정규화 하면 됩니다)
5. 참고한 동영상처럼 선이 겹치는 복잡한 곡선의 표현도 가능하다는 점

기타 등등입니다.

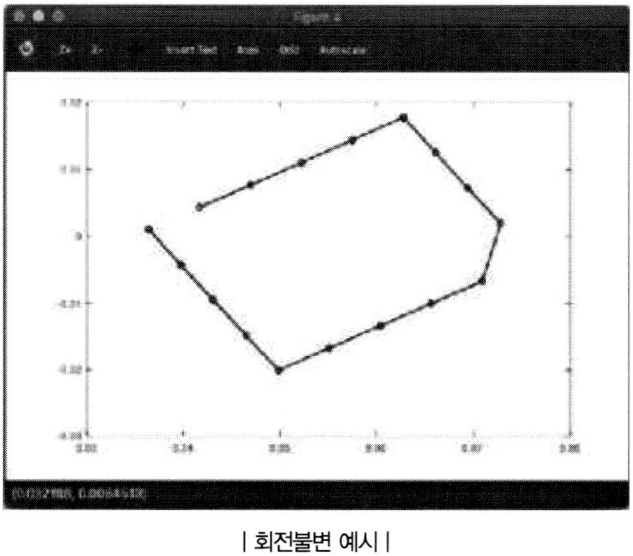

| 회전불변 예시 |

디스트립터 계수들을 가장 큰 계수로 정규화시키면 위 그림처럼 회전 불변이 됩니다.
왜냐하면 계수들은 저주파 순서대로 자동 정렬되기 때문이죠. 즉, 물체 모양의 저주파수 성분이 물체방향을 자동 결정한다는 사실!

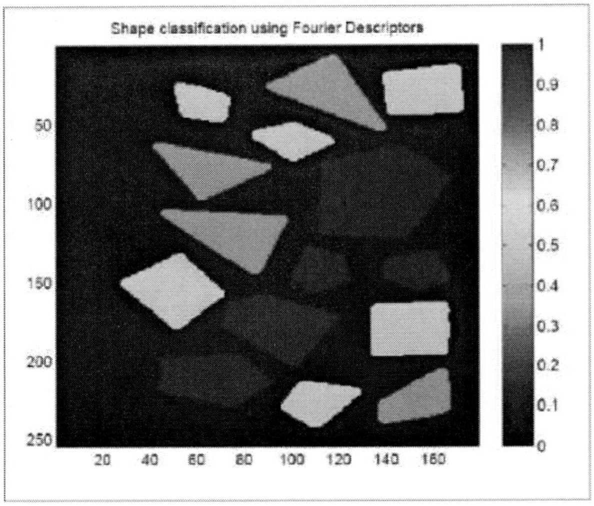

| 푸리에 디스크립터를 이용한 도형의 분류 |

이 그림은 푸리에 디스크립터로 도형을 분류하는 모습입니다. 푸리에 디스크립터를 물체인식 피쳐로 사용하면 크기, 위치, 회전에 불편한 피쳐를 뽑기가 쉬워 물체인식이 간단해지고 정확해 집니다. 물론 딥러닝 입력피쳐로도 손색이 없고 말입니다.
푸리에 변환은 이렇게 신호나 이미지 뿐 아니라 곡선의 세계에서도 열일을 하고 있었던 것이죠. 찾아보면 3차원 푸리에 디스크립터 논문도 많이 나옵니다. 푸리에 변환은 선형변환이라서 차원 확장이 매우 용이하다는 장점 덕분입니다.
참고로, 물체영역 Segmentation 기법 중 하나인 Active Contour model에서 윤곽선 탐색을 고속화시키는 수단으로 푸리에 디스크립터가 사용되기도 합니다.

19

웨이블릿 변환

"작은 파동이 맵다, 웨이블릿 변환Wavelet Transform"

이번 장은 드디어 웨이블릿 변환에 대해서 알아볼 차례군요.

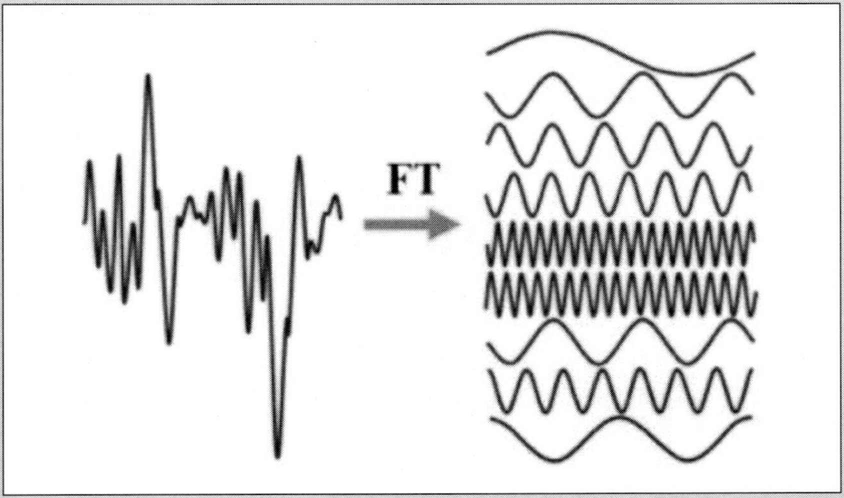

| 푸리에 변환 |

푸리에 변환은 여러 가지 장점이 있지만 단점도 가지고 있습니다. 예를 들면…

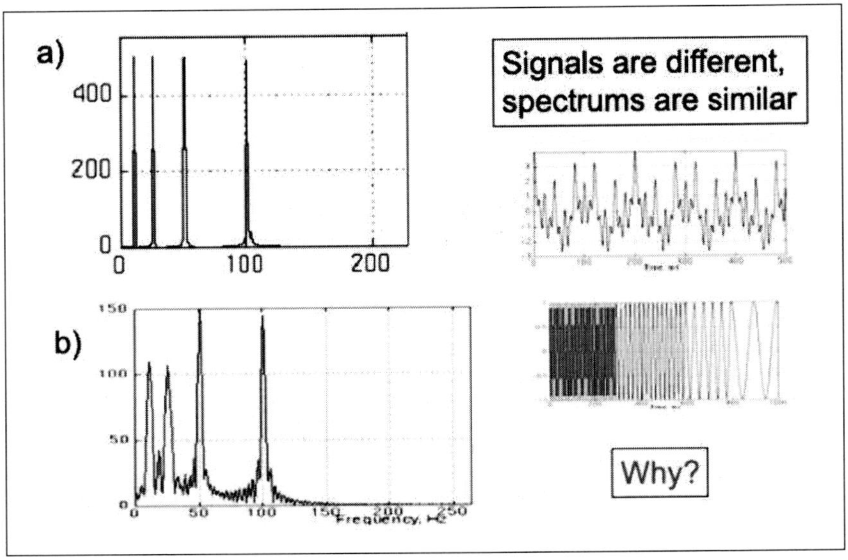

| 다른 신호, 같은 스펙트럼 |

두 스펙트럼 a)와 b)는 오른쪽 두 신호를 각각 푸리에 변환한 결과입니다. 두 신호는 전혀 다른데도 들어있는 주파수 성분이 비슷해 스펙트럼은 유사합니다. 피크 밑동이 약간 다른 것은 지난번에 배운 스펙트럼 누설 현상 때문일 뿐입니다.

푸리에 변환의 진폭 스펙트럼은 이렇게 신호의 위치정보를 보여주지 못합니다. 위치정보는 위상 스펙트럼에 따로 들어있기 때문이죠. 하지만 위상 스펙트럼은 시공간이 아닌 주파수 공간에 위치정보를 표현하므로 직관적이지 못하고 다루기가 까다롭습니다. 스펙트럼에서 위치정보가 무시되는 이런 특성을 Shift-Invariance라고 부르는데 물론 이 성질은 때론 장점으로 작용하기도 합니다.

그리고 지난번에 다룬 Gibbs 현상도 푸리에 변환의 중요한 단점 중 하나죠.

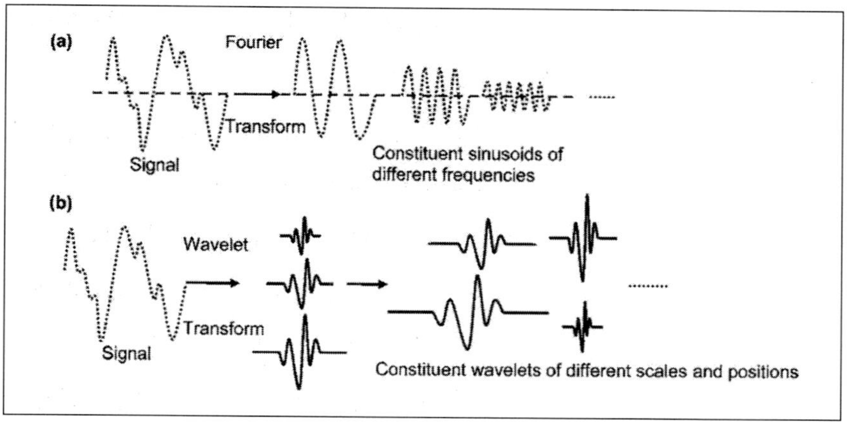

| 푸리에 변환과 웨이블릿 변한의 차이 |

그런 문제를 해결하기 위해 등장한게 웨이블릿 변환Wavelet Transform입니다. 웨이블릿이란 말은 작은 파(파동의 작은 단위)라는 의미입니다.

웨이블릿 변환이 푸리에 변환과 다른 특징들은 다음과 같습니다.

1. 무한반복 정현파 대신 좁은 구간에 모여있는 작은 파동 형태의 Wavelet 기저 함수를 사용합니다. 따라서 신호와의 코릴레이션을 통해 신호의 위치정보를 표현 및 파악할 수 있습니다.

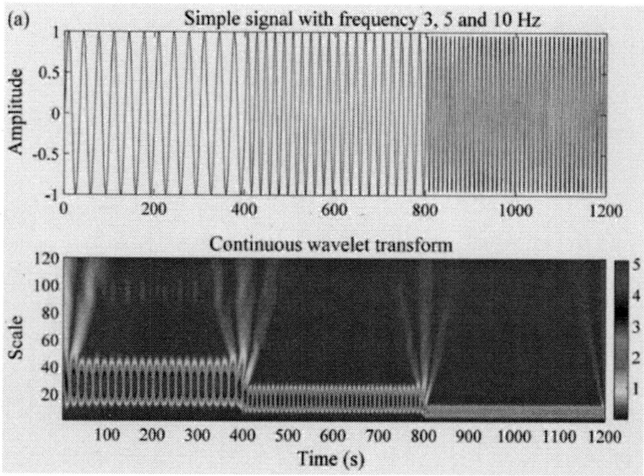

| 연속 웨이블릿 스펙트럼 |

이 그림은 아까의 b) 신호에 대한 웨이블릿 변환 연속 웨이블릿 스펙트럼[CWT]입니다.

주파수가 변하는 구간에 대한 시간적인 위치를 가로축에 표현하고 주파수를 세로축에 Scale이라는 양으로 표현하고 있습니다.

스케일이라는 새로운 양을 쓴 이유는 웨이블릿의 주파수 개념은 정현파의 주파수와 좀 다른 개념이기 때문입니다. 스케일은 웨이블릿의 크기를 말합니다. 이 크기라는 양에 주파수적인 개념과 진폭적인 개념이 모두 들어있는 거죠.

2. 같은 모양의 정현파만을 사용하는 푸리에 변환과 달리 웨이블릿 변환에선 다양한 형태의 기저 함수를 사용합니다.

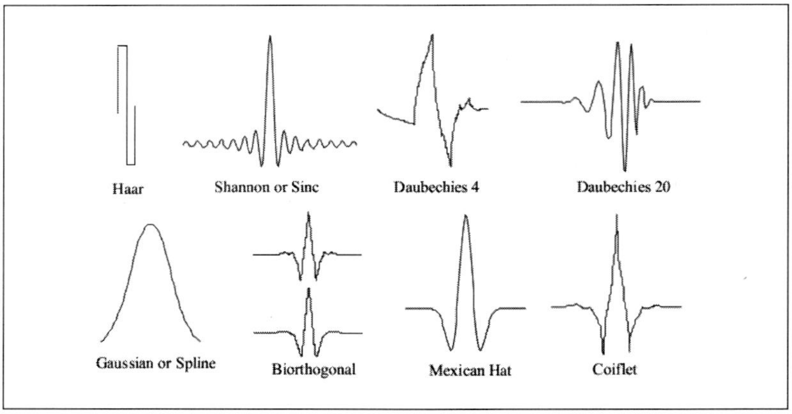

| 다양한 웨이블릿 기저함수들 |

그림처럼 모양도 다르고 저마다 가진 특장점이 다 다릅니다. 분석해야 할 신호의 모양이 다 다르기 때문입니다. 어떤 건 프랙털[fractal] 모양을 하고 있어서 압축에 더 유리하고 어떤 건 저주파 표현에 더 유리하며, 어떤 건 피처 추출에 유리하기도 합니다. 하지만 웨이블릿 기저 함수들은 모두 좁은 곳에 모여있고 양 끝단이 0으로 수렴한다는 공통점을 가지고 있습니다.

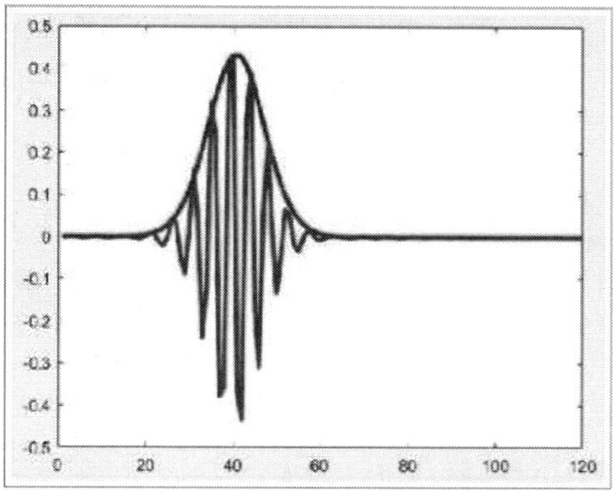

| 통신신호의 포락선 검출 예시 |

이 그림은 Coiflet 웨이블릿을 써서 신호의 Envelope(포락선)을 검출해 내는 예시입니다.

포락선은 파동의 윤곽을 의미하는 위 곡선을 말하여 변조된 AM(진폭 변조) 라디오 신호에서 추출한 음성신호가 파로 포락선이기도 합니다.

음성신호는 에너지가 작은 저주파라서 멀리 가지 못합니다. 따라서 고주파인 전자파(아래 곡선)에 저런 형태로 실어서(변조해서) 보내는 거지요.

3. 웨이블릿 변환은 음성과 같은 1차원 신호를 2차원 이미지로 바꿔 줄 수 있습니다.

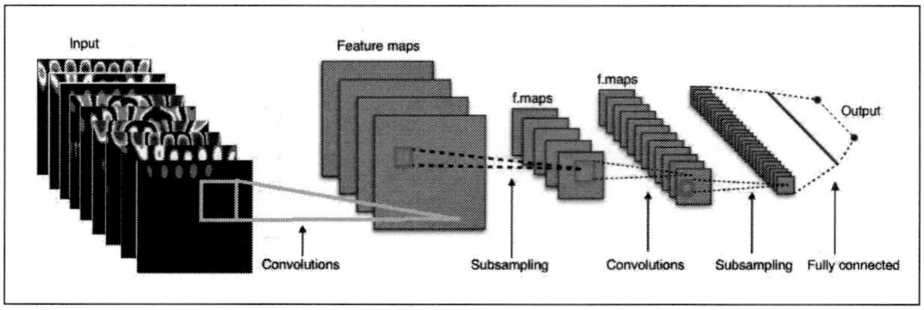

| 딥러닝의 입력으로서의 웨이블릿 변환 개념도 |

웨이블릿 변환에선 Position 축과 Scale 축으로 2차원 공간에 스펙트럼을 표현하므로 결과물이 2차원 이미지가 됩니다. 이는 음성 스펙트로그램처럼 1차원 신호를 이미지로 컨버팅 해줄 수 있는 또 다른 수단을 제공하며 딥러닝의 학습 데이터로 활용 시 공개된 다양한 이미지 오그먼테이션 기법들을 쉽게 적용할 수 있는 장점을 누릴 수 있으며 강력한 이미지 기반 전이학습의 도움도 쉽게 받도록 해줍니다.

사실 딥러닝 엔지니어들 중에 푸리에 변환 같은 신호처리를 배우고 싶어 하는 가장 큰 이유가 바로 이런 신호 도메인 간의 변환 능력 때문 일지도 모르겠습니다.

텍스트 같은 자연어나 음성 또는 악성코드 같은 바이너리 파일도 푸리에 변환을 이용하면 이미지나 오디오로 컨버팅이 가능합니다.

4. 푸리에 변환에 비해 급변하는 신호를 표현하고 분석하는데 강합니다.

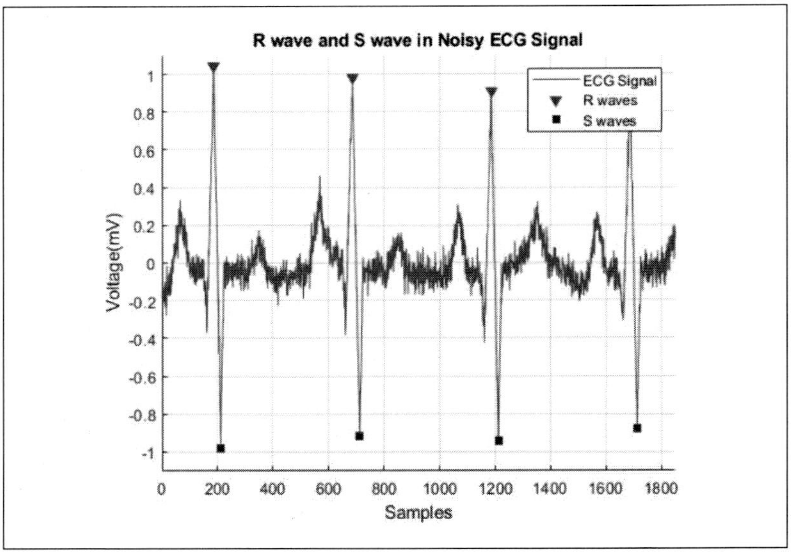

| 심전도 신호의 피크검출 |

로컬하고 첨예한 웨이블릿 기저함수 덕분에 웨이블릿 변환으로 잡음이 심하게 섞여있는 신호로부터 원래 신호를 추출하는 Denoising이나 피크를 검출하는데 탁월한 성능을 발휘합니다.
위 그림은 웨이블릿 변환을 써서 잡음이 심한 심전도 그래프[ECG]로부터 맥박 R피크와 S피크를 검출하는 모습입니다.

5. 1차원 신호나 이미지를 해상도별로 나누어서 분석할 수 있습니다.

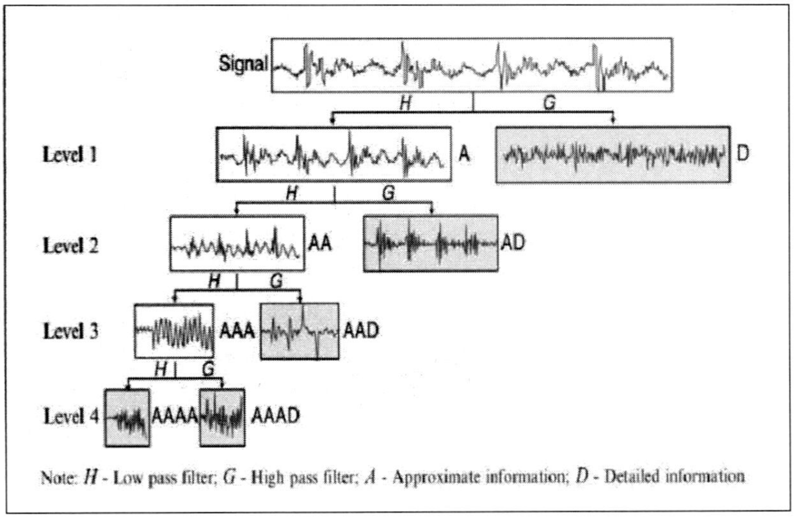

| 1차원 신호의 웨이블릿 디콤포지션 |

이 경우, 1차원 신호를 1차원 신호들로 웨이블릿 분해하거나 이미지를 이미지들로 웨이블릿 분해됩니다. 그게 바로 Wavelet Decomposition입니다.

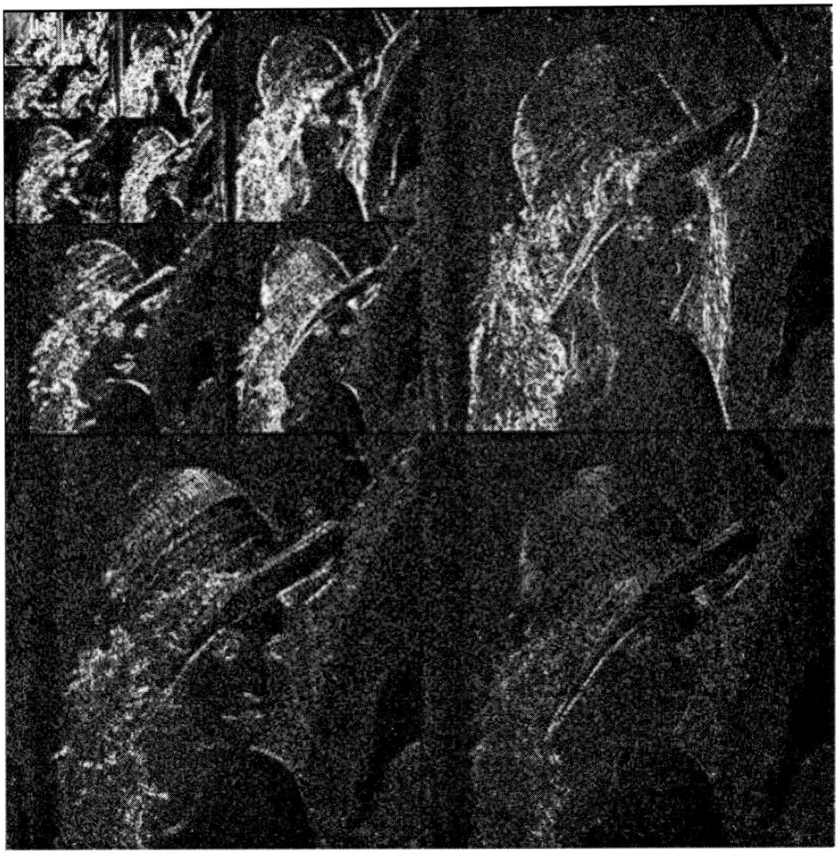

| 이미지의 웨이블릿 디콤포지션 |

이미지 웨이블릿 디콤포지션은 이미지의 DCT스펙트럼과 유사해 보이기도 합니다. 기저함수만 복잡해졌을 뿐 좌상에서 고주파 정보가 모여 있고 우하로 갈수록 저주파 정보로 표현되니까요. 물론 시각적인 정보가 디콤포지션맵에 나타나는 건 DCT 엔 없는 특성이죠. 디콤포지션 기법을 이용하면 영상처리의 Image Pyramid처럼 해상도에 무관한 강건한 피쳐를 추출할 수도 있고 저해상도 특성과 고해상도 특성을 융합한 새로운 처리를 할 수도 있습니다.

6. Complex 웨이블릿 변환

웨이블릿 변환은 DCT처럼 실수 연산 기반 변환입니다. 이제껏 알아보았듯이 위상 정보는 없고 진폭 스펙트럼 만을 구하는 적분 변환 기법이니까요.

하지만 푸리에 변환처럼 복소수로 구현된 Complex Wavelet Transform도 존재합니다. DT-CWT(듀얼-트리 연속 웨이블릿 변환)가 바로 그것인데요. 진폭뿐 아니라 위상에 해당하는 디콤 포지션 트리를 대칭적으로 하나 더 가지고 있는 녀석입니다.

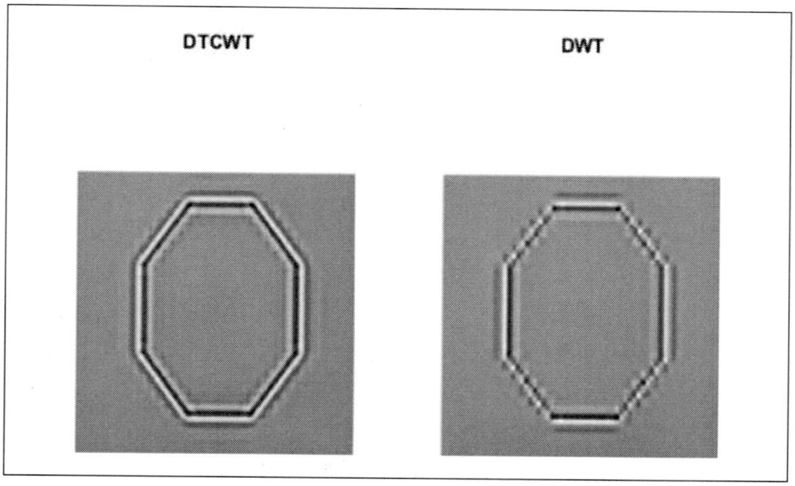

| DWT와 DT-CWT의 비교 |

이 DT-CWT를 활용하면 방향 성분의 묘사가 디테일해져서 디노이지 결과가 매우 좋아지고 Super Resolution 이미지 생성 성능도 좋아진다고 합니다.

다음 전달 함수를 만들고 나이퀴스트 응답을 플로팅합니다.

$$H(s) = \frac{2s^2 + 5s + 1}{s^2 + 2s + 3}$$

```
H=tf([2 5 1], [1 2 3]);
nyquist(H)
```

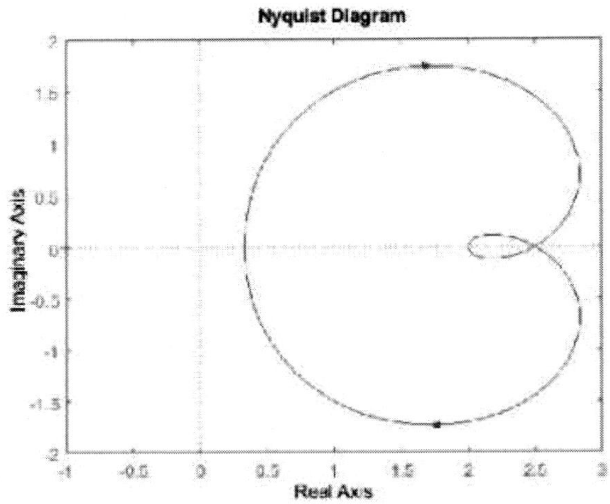

| 전달함수와 나이퀴스트 다이어그램 |

Complex 웨이블렛 변환은 그 밖에도 라플라스 변환을 흉내내어 남의 영역을 넘보는 능력을 보여주기도 한답니다. 아마도 복소 변환이면서 웨이블릿에 주파수 외에 스케일적 특성이 들어있어서 그런 거 같습니다.
LTI시스템(선형 전달 함수 시스템) 같은 자동제어나 신호처리 시스템에서 입출력 신호로부터 전달 함수를 파악하는 Transfer Function Estimation이 Complex 웨이블릿 변환을 쓰면 가능하다고 하네요.
안테나나 필터 같은 시스템의 교류 임피던스 특성 파악 등에도 웨이블릿 변환이 쓰일 수 있는 거죠.

이렇게 웨이블릿 변환은 푸리에 변환의 여러 가지 장점들을 그대로 가지면서 더 추가된 특성으로 인해 푸리에 변환보다 더 어렵고 새로운 응용들이 가능해지게 됩니다. 하지만 웨이블릿 변환에도 단점은 있죠. 바로 계산이 복잡하고 구현이 어려우며 속도가 느리다는 점인데요. 계산이야 요즘 오픈소스 라이브러리들이 워낙 잘 공개돼 있어서 가져다 쓰면 되고, 과거엔 느린 속도로 인해 웨이블릿의 활용에 큰 장벽이 됐지만 최근엔 컴퓨터의 성능이 좋아지고 GPU가 적극 활용되면서 웨이블릿 변환의 사용이 늘고 있는 거 같습니다.

추가로 …

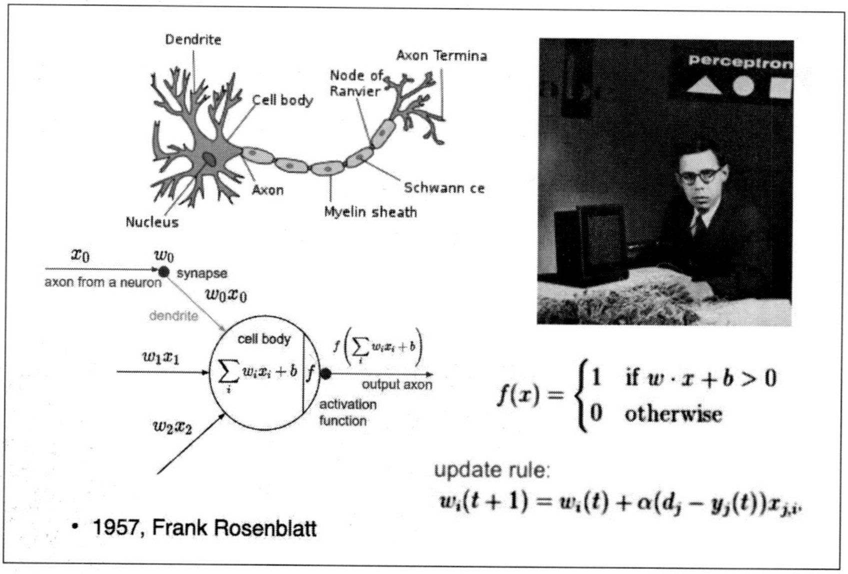

1957년, 로젠블라트Rosenblatt는 화살꼴뚜기의 거대 단일신경을 연구해 최초의 인공 신경망인 퍼셉트론Perceptron을 만들어 냅니다. 그는 고차 푸리에 스펙트럼HOS 같은 걸 연구하던 신호처리의 대가였다고 합니다.

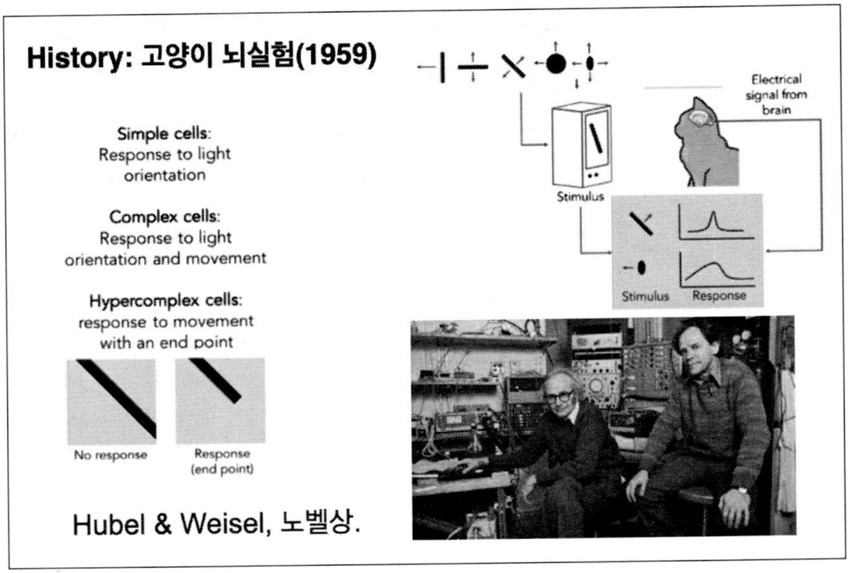

1959년, 허벨과 위젤은 고양이 뇌실험을 통해 고등동물의 시각중추 뉴런의 메커니즘을 규명하여 노벨생리의학상을 받습니다. 고양이는 인간만큼이나 시각적 센싱과 운동능력이 아주 뛰어난 고등 동물이어서 고양이가 선택된 거 같습니다.

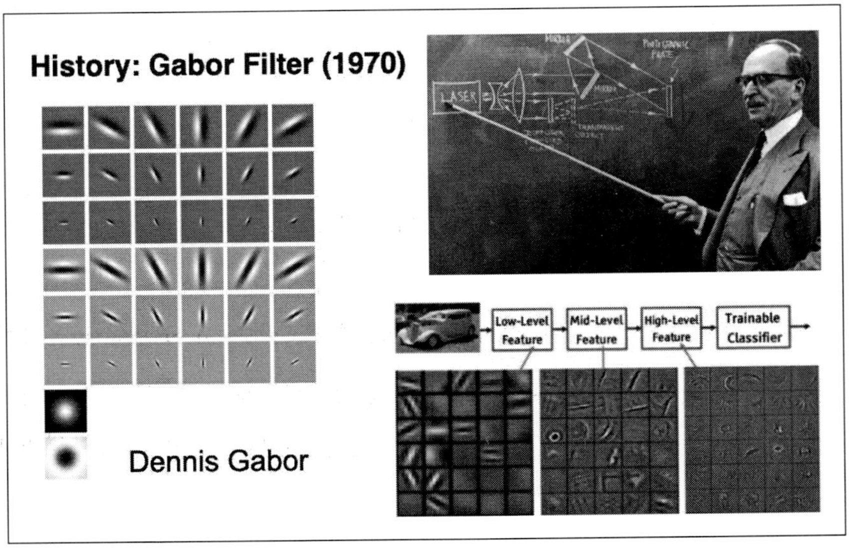

1970년, 홀로그램의 발명자 이자 영상처리의 아버지(?)인 데니스 가보Dennis Gabor는 고양이 뇌실험에 자극받아 가보 웨이블릿Gabor Wavelet을 이용한 영상인식용 가보필터 뱅크를 만들어 냅니다.

가보필터는 요즘도 홍체인식이나 지문인식 등에 많이 쓰이는 필터죠. 그림에서 좌상단이 가보 웨이블릿 뱅크고 우하단은 CNN의 레이어별 필터링된 피쳐맵들 입니다.

가보필터 뱅크를 입력 이미지에 따라 자동으로 학습되게 만들고, 필터링을 계층적으로 다층으로 쌓아서 고차원적인 인식이 가능하게 만든게 바로 CNNConvnet, 콘볼루셔널 딥 신경망의 피쳐추출기라고 볼 수 있습니다.

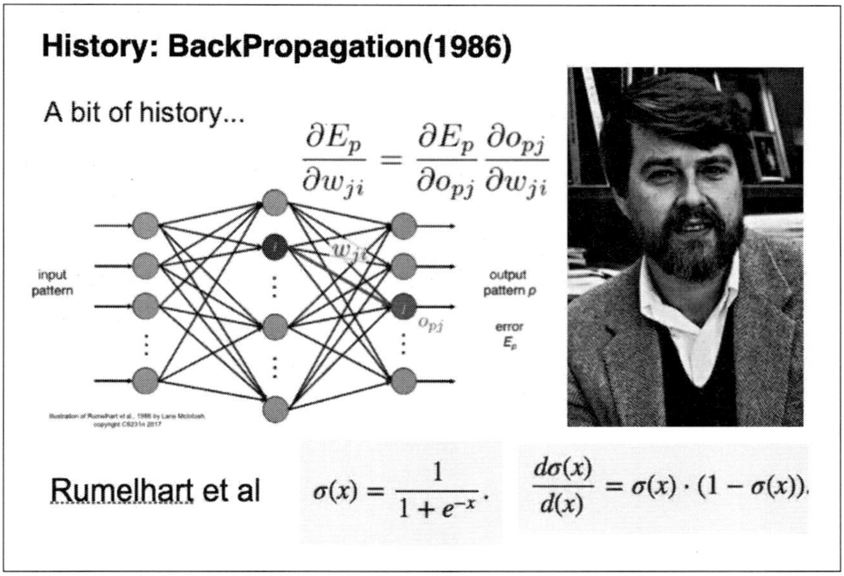

1986년 럼멜하르트 등은 헤비안 러닝에 미분방정식 개념을 도입해 오류역전파back-propagation 알고리즘을 발명합니다. 비로소 다층 퍼셉트론MLP, FC-Net의 학습이 가능해진 거죠. 시그모이드 함수의 미분은 시그모이드 자체로 표현 가능한 성질을 이용합니다.

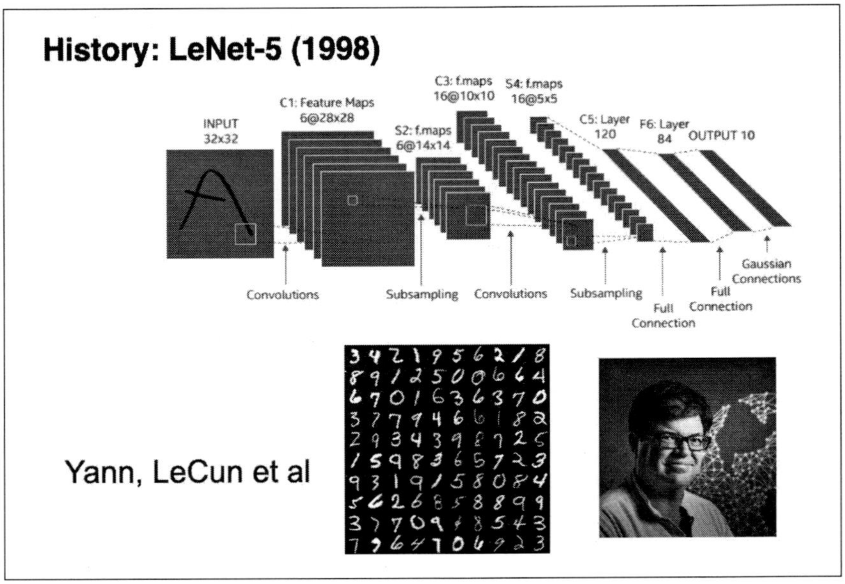

1998년에 최초의 CNN인 르넷LeeNt-5이 등장합니다. 콘볼루션을 써서 피쳐추출까지 신경망으로 해낸 CNN이 처음 필기체 문자인식 문제에서 그 성능을 입증한 것이죠.

딥러닝의 꽃은 CNN이고, 여러분들이 매일 돌리는 딥러닝이야 말로 웨이블릿 변환(푸리에 변환) 기반 피쳐추출기일 지도 모르겠습니다!

20

스펙트럴 엔트로피

"목소리를 찾는다, 스펙트럴 엔트로피"

이번 장에서는 엔트로피에 대해서 이야기해 보겠습니다.

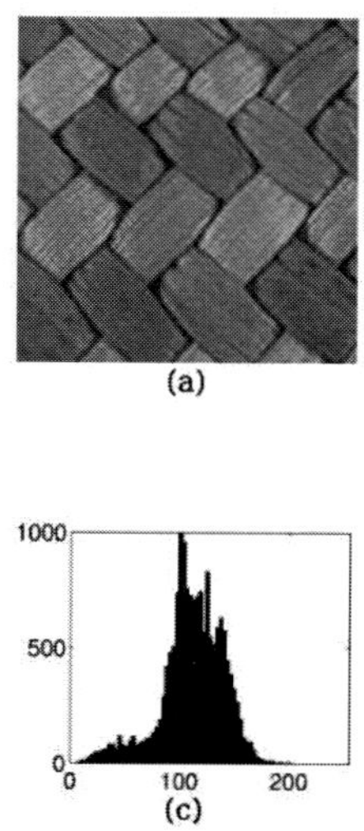

Feature	(a)	(b)
Mean	0.0156	0.0156
Variance	$0.306 \cdot 10^{-3}$	$0.252 \cdot 10^{-3}$
Skewness	1.018	0.832
Kurtosis	−0.306	−0.438
Energy	0.0349	0.0315
Entropy	3.281	3.324

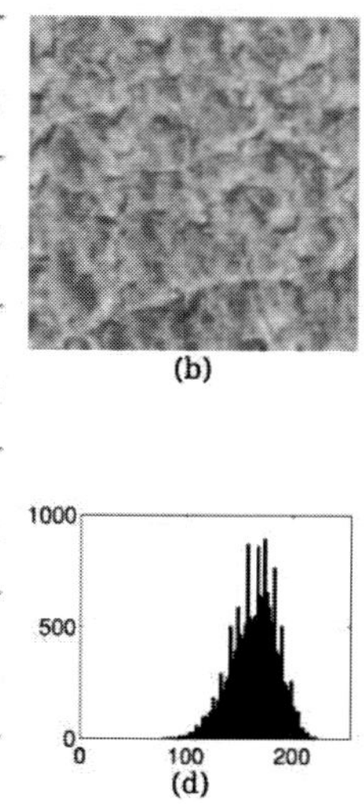

| 이미지의 히스토그램(histogram) 피쳐들(features) |

이미지의 픽셀들의 밝기값을 빈도분포에 따라 통계를 낸 것을 히스토그램이라고 부릅니다. 모든 픽셀들의 밝기값의 빈도 분포인 셈이죠. 위 그림은 두 가지 다른 이미지에 대해서 히스토그램 features(특징)들을

계산해서 비교하는 장면입니다. 대표적인 이미지에 대한 히스토그램 피쳐에는 평균[Mean], 분산[Variance], 기울어짐[Skewness], 첨도[Kurtosis], 에너지[Energy], 엔트로피[Entropy] 등이 있습니다. 평균은 이미지의 평균밝기를 나타내는 피쳐이고, 분산은 이미지 콘트라스트를 대표하는 피쳐이며, 에너지는 이미지의 Peakness를, 기울어짐은 히스토그램의 대칭을, 첨도는 히스토그램의 평평도를, 엔트로피는 히스토그램의 균일도(또는 복잡도)를 각각 의미하는 피쳐들입니다. 엔트로피는 또한 신호에 포함된 정보량을 표현하는 피쳐이기도 하죠.

Mean:
$$\mu = \sum_{i=0}^{G-1} i \cdot p(i)$$

Skewness:
$$\mu_3 = \sigma^{-3} \sum_{i=0}^{G-1} (i-\mu)^3 p(i)$$

Energy:
$$E = \sum_{i=0}^{G-1} [p(i)]^2$$

Variance:
$$\sigma^2 = \sum_{i=0}^{G-1} (i-\mu)^2 p(i)$$

Kurtosis:
$$\mu_4 = \sigma^{-4} \sum_{i=0}^{G-1} (i-\mu)^4 p(i) - 3$$

Entropy:
$$H = -\sum_{i=0}^{G-1} p(i) \log [p(i)]$$

| 히스토그램 피쳐들의 계산식 |

각 피쳐들의 계산식들은 위와 같습니다. 여기서 i는 0~255의 픽셀 밝기값이고 $p(i)$는 그 픽셀에서의 히스토그램값을 의미합니다. 통계학에선 평균과 같은 계산식을 1차 모멘트[moments], 분산과 같은 식을 2차 모멘트[moments], skewness 같은 식을 3차 모멘트, kurtosis와 같은 식을 4차 모멘트라고 부릅니다.

특히 분산, 스큐니스, 커토시스처럼 평균으로 빼주는 수식이 들어있는 걸 센트럴 모멘트[central]라고 부르는데 이런 센트럴 모멘트들은 shift-invariant한 특성을 보이기 때문에 위치왜곡-불변 영상인식 같은 걸 할 때 많이들 썼었죠.

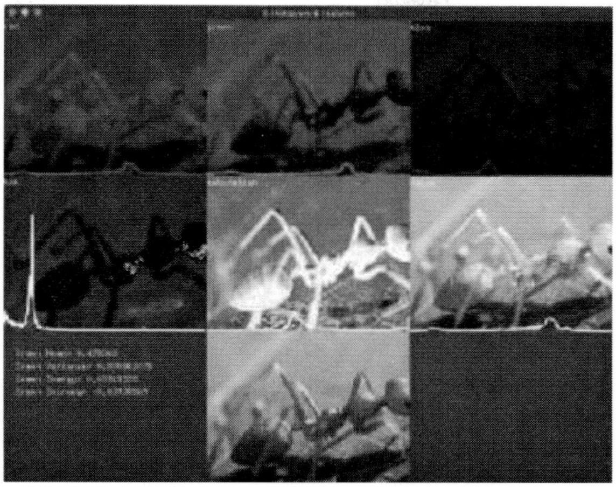

| 컬러 이미지(개미)의 RGB 채널과 HSV 채널별 히스토그램 피쳐들 |

이 그림의 첫 라인은 아래에 보이는 컬러 개미 이미지를 RGB 채널로 분리한 후 각 채널별 히스토그램을 그래프로 그려본 것이고, 두 번째 라인은 컬러 이미지를 HSV 채널로 분리한 후 역시 각 채널별 히스토그램을 그려본 것입니다. 마지막 라인의 좌측엔 Green 채널의 히스토그램으로 평균, 분산, 에너지, 그리고 엔트로피 값을 구해 표시한 결과입니다. 채널들 중에서 Saturation(채도) 채널은 특히, 컬러 정보만으로 물체영역을 검출할 때 높은 정확도를 보여줍니다. 이런 히스토그램 피쳐들은 오디오나 이미지처럼 시공간도메인에서 뿐만 아니라, 주파수 도메인에서도 구할 수 있습니다.

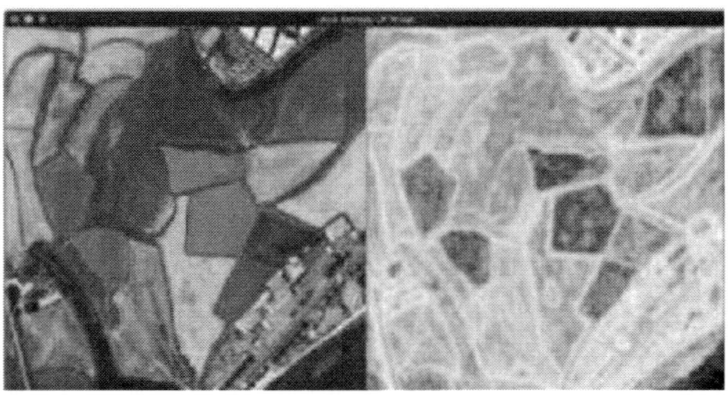

| 이미지의 엔트로피 맵 |

앞에서 구했던 건 1차원 히스토그램의 엔트로피였습니다. 하지만 2차원 이미지에 대해서도 엔트로피를 구할 수 있습니다. 이미지 전체에 대해 하나의 엔트로피 값을 구할 수도 있고, 이미지 영역을 작게 나누어서 위 그림처럼 엔트로피 맵을 구할 수도 있습니다.

엔트로피Entropy는 원래 물리학에서 나온 개념으로, 닫힌 시스템의 무질서 정도를 나타내는 열역학적 물리량이었죠. 그런데 이미지에선 이 무질서도가 공간적인 복잡도를 표현하는 피쳐로 활용될 수 있습니다.

위 좌측 이미지는 항공촬영 이미지입니다. 논과 길이 있고 숲이 있고 주택지가 보이죠. 오른쪽 엔트로피 맵을 보면 이미지에서 좀더 복잡한 부분이 밝게 표시되고 단조로운 부분은 어둡게 표시되고 있음을 알 수 있습니다. 이런걸 로컬 엔트로피맵이라고 부르며, 코드는 제 깃허브 소스에 있습니다.

https://github.com/bemoregt/gromitLocalEntropyFilter.git

드디어 스펙트럴 엔트로피Spectral Entropy가 등장할 차례군요.

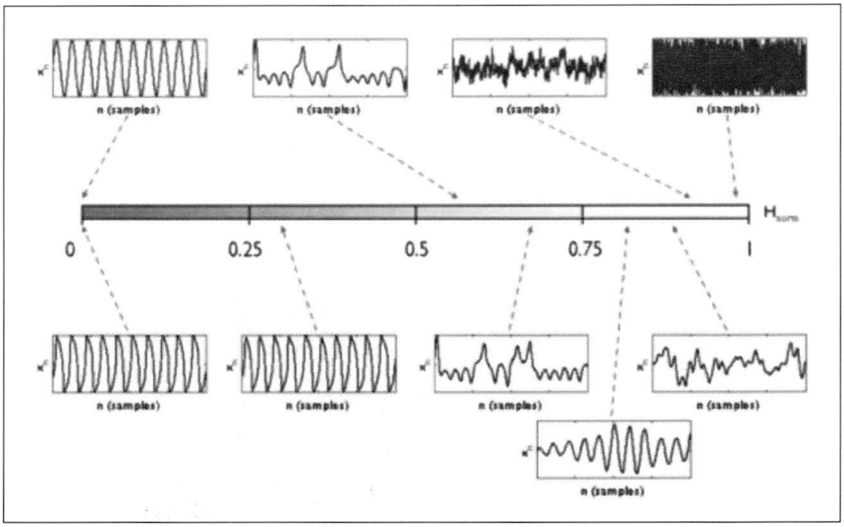

| 1차원 신호에 대한 스펙트럴 엔트로피(spectral entropy) 개념도 |

이제, 1차원이던 2차원이던 간에 공간적인(또는 시간적인) 엔트로피는 신호의 공간적인 복잡성을 나타낸다는 걸 알았습니다. 그런데 주파수 도메인에도 엔트로피가 존재하는데, 그걸 스펙트럴 엔트로피spectral entropy 라고 부릅니다.

스펙트럴 엔트로피는 "공간주파수적인 복잡도"를 표현해주며 주기적인 영역과 복합-주기적인 영역을 분리해 낼 수 있습니다. 스펙트럴 엔트로피 수식도 엔트로피 수식과 똑같습니다. 다만 신호 히스토그램이 아니라 신호의 푸리에 스펙트럼을 가지고 엔트로피를 계산한다는 점이 다를 뿐입니다.

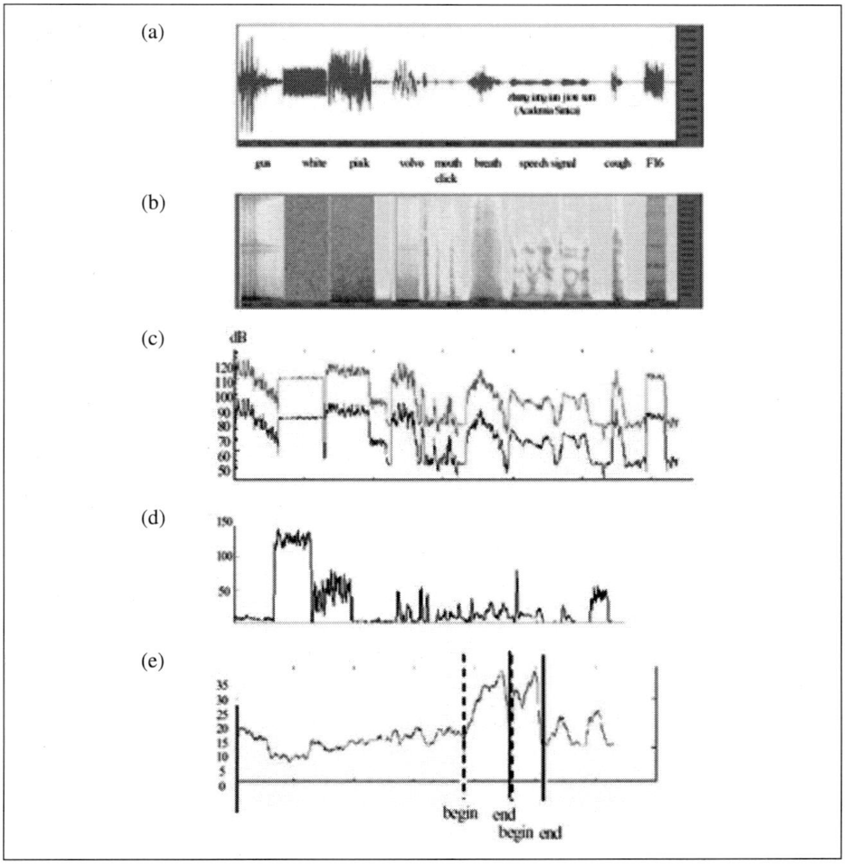

| 오디오 스펙트로그램에서 목소리 영역 찾기 |

그림에서 (a)는 오디오 신호의 파형을 나타냅니다. 여러 가지 소리가 섞여있죠. 그 중 사람의 목소리가 있는 부분은 작은 글씨가 적혀있는 구간뿐입니다. (b)는 음성인식에서 많이 쓰는 스펙트로그램[spectrogram]입니다. 1차원 오디오신호를 일정간격으로 잘라서 푸리에 변환한 파워스펙트럼을 세로로 배치해 하나씩 이어붙인 것이죠. 스펙트로그램은 1차원 신호를 2차원 이미지로 만드는 독특한 변환 중 한 종류입니다. 스펙트로그램에서 가로축은 시간이고 세로축은 주파수가 됩니다. (c)는 스펙트로그램으로 구한 에너지이고 (d)는 제로-크로씽 율 그래프입니다. 그 어떤 그래프도 목소리 영역을 추출하기엔 역부족이죠. (e) 그림은 스펙트럴 엔트로피 그래프입니다. 목소리에 해당하는 부분을 크게 강조해주는 걸 알 수 있습니다. 사실 스펙트로그램(b)에서도 목소리부분 영역은 다른 소리에 비해 아주 복잡하게 나타남을 알 수 있습니다. 엔트로피는 바로 그런 특성을 이용해 목소리만을 감지해내는 겁니다.

지난번에 배운 켑스트럼과는 약간은 비슷한 듯하면서도 또 다른 수학적 특성이죠? 켑스트럼이 어떤 목소리인지를 구별하는데 더 적합하다면, 스펙트럴 엔트로피는 목소리인지 아닌지 여부를 구별하는데 더 적합하다는 차이라고나 할까요? 얼굴인식에서도 얼굴이 누구인지 분류하는 문제와 얼굴영역을 찾는 문제는 전혀 다른 알고리즘이 사용됩니다. 때로는 얼굴영역을 찾는게 분류하는 것보다 더 어려울 때도 있죠.
이렇게 스펙트럴 엔트로피는 여러 소리가 순차적으로 들어있는 오디오 신호에서 음성이 들어있는 구간을 검출[segmentation]하는데 이용될 수 있습니다. 이 밖에도 스펙트럴 엔트로피는 EEG(뇌파 신호) 분석 진동분석 등에도 쓰인다고 합니다.

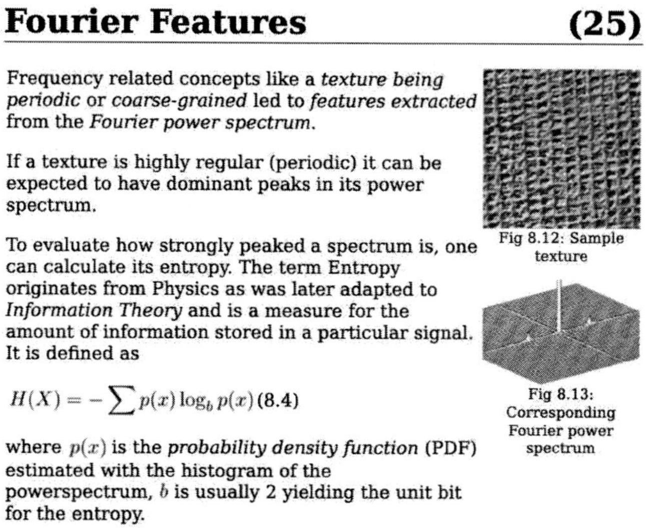

| 텍스쳐 이미지의 스펙트럴 엔트로피 |

우리는 이제까지 오디오에서 스펙트럴 엔트로피가 목소리 구간을 찾아낼 수 있음을 배웠습니다. 자, 그렇다면 이미지에서의 스펙트럴 엔트로피는 어떤 의미를 가질까요?

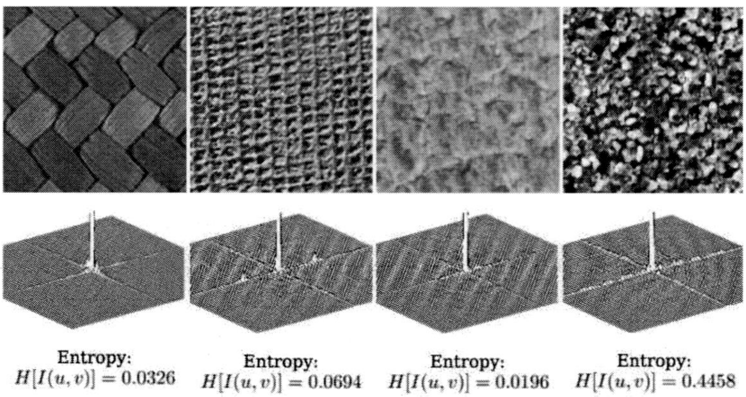

| 다양한 텍스쳐 별 스펙트럴 엔트로피 비교 |

위 그림처럼 스펙트럴 엔트로피는 이미지에서 텍스쳐[texture]의 질감을 표현하는 피쳐 추출기로 쓰일 수 있습니다.

21

로그로그 스펙트럼

"위조를 탐지한다, 로그-로그 스펙트럼Log-log spectrum"

이미지가 인위적으로 합성 또는 위조되었는지 어떻게 알아낼 수 있을까요? 그런걸 하는 기술을 Image Forensics이라고 부르는데요.

밴포드Benford의 법칙

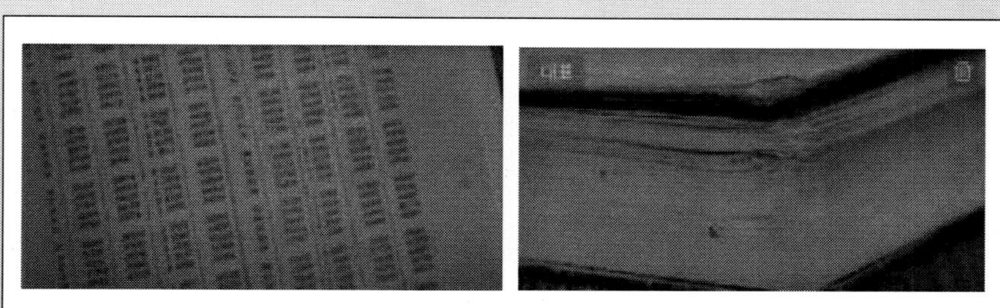

| 큰 자리수의 숫자계산용 로그책(Log Book) |

위 그림은 1881년 천문학자, 사이먼 뉴컴이 밴포드 법칙을 만들어냈다는 로그책의 모습입니다. 천문학자들이 큰 자릿수의 숫자곱셈을 쉽게 계산하기 위해 만들어진 책이 바로 로그책인데요. 그런데 책의 앞부분에만 손때가 더 많이 묻어있음을 이상하게 여긴 뉴컴은 그로부터 자신만의 자연법칙을 발견하게 됩니다. 그러나 이후 약 백년간 주목을 받지 못하다가 백년 후에 경제학자 밴포드에 의해 재발견되고 세상에 알려졌죠.

밴포드의 법칙은 자연스럽게 증가하는 숫자의 첫자리 숫자가 1이 가장 많고 숫자가 2, 3, 4로 갈수록 로그-스케일[log-scale]로 그 빈도가 줄어든다는 법칙입니다.
양적으로 증감하는 자연계의 수치는 자릿수가 커질 때 거기에 들어가는 비용이 점점 더 증가한다는 원리로 설명되는 법칙이죠. 즉, 산의 높이가 1000미터가 되는 것보다 2000미터가 되기가 훨씬 더 힘들단 이야기입니다.

$$P(d) = \log_{10}\left(1 + \frac{1}{d}\right)$$

| 밴포드 법칙을 따르는 십진수 숫자 d의 빈도 분포식 |

예를 들어 아이폰 비밀번호도 밴포드의 법칙을 따른다고 하구요, 은하간 거리나 강의 폭이나 마을들의 고도분포도 밴포드 법칙을 따르며, 선거 부정을 밝혀낼 때도 밴포드의 법칙이 사용된다고 합니다. 투표 숫자가 늘어나는 패턴이 밴포드 분포를 따르는 것이죠. 또한 회계 숫자 상에서도 나타나 회계부정을 잡아내는 도구로 사용된다고 하며 SNS계정의 팔로워 숫자 분포도 밴포드의 법칙을 따르는데 그 법칙을 따르지 않는 계정은 인간이 아닌 로봇 계정일 가능성이 높다고 합니다.
이렇게 자연스럽게 증가하거나 분포하는 많은 것들이 놀랍게도 대부분 그 히스토그램이 밴포드의 법칙을 따른다고 알려져 있습니다.
하지만, 역시나 우리에게 중요한건 이미지죠.

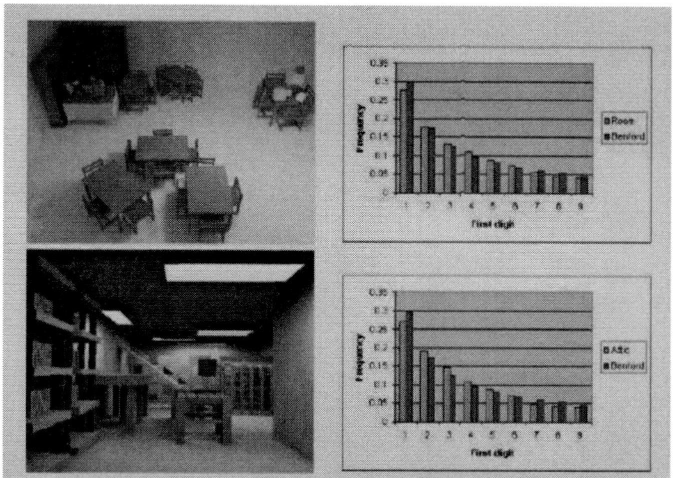

Figure 2: physically realistic group

| 실사 이미지에서의 밴포드 법칙 |

그림처럼 실제로 좌측의 실사 이미지의 2D DCT 계수는 대체로 밴포드의 곡선과 유사하게 나타남을 알 수 있습니다.

이렇게 자연스런 이미지를 푸리에 변환DCT, 이산 코싸인 변환한 DCT계수의 히스토그램이 밴포드 법칙을 따른다고 합니다.

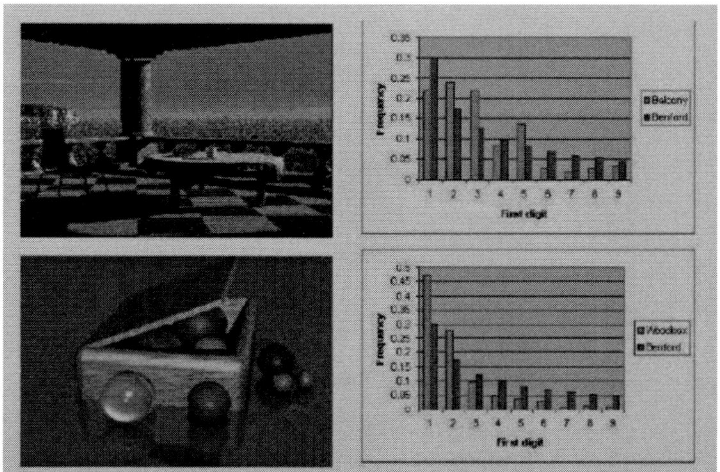

Figure 3: physically non-realistic group

| CG이미지에서의 밴포드 법칙 |

반면에 좌측의 CG이미지의 DCT 계수는 밴포드의 곡선과 어긋나게 나타남을 알수 있습니다. 이는 위조한 이미지의 검출에 사용될 수 있음을 의미합니다. 즉, 육안으론 알아차릴수 없지만 위조된 부분이 있다면 이런 푸리에 스펙트럼 통계 방식으로 밴포드의 곡선과의 편차를 정량적으로 분석해 위조 여부를 판단하기도 합니다.
이미지를 통으로 2D DCT변환한 것보다, JPEG 압축할 때처럼 8×8 블록단위로 쪼개서 2D DCT하면 계수분포가 좀더 밴포드의 분포에 더 근사하게 나타나게 됩니다. 블럭단위 연산이 속도도 더 빠르죠.
그러나 자연스런 이미지도 안에 담긴 물체나 기하학적 정보에 따라 편차가 심한 문제가 있습니다.

결국 수많은 이미지를 통계내면 거의 완벽하게 밴포드의 법칙을 따르지만 한 장의 이미지만으로 위조여부를 판단하기엔 좀 약한 방법 같습니다. 이건 모집단의 크기 문제일 수도 있습니다. 그런 면에서 비디오는 이미지보단 유리할 수도 있겠네요. 1초 분량의 비디오에도 60프레임이나 들어있으니 말이죠. DFT계수가 아니고 DCT계수인 이유도 아마 모집단의 크기 때문인 듯해요.

친절하게도 DCT를 이용한 밴포드 분포 비교 소스코드가 깃허브에 있네요. 한번 돌려보시죠?
깃허브 소스: https://github.com/sangwonl/labs.git
실제로 해보니…

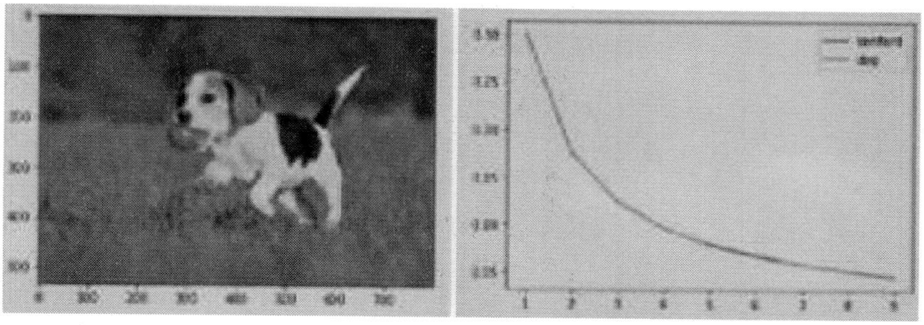

| 자연스런 이미지의 DCT 계수분포 |

밴포드의 분포(진한 실선)에 자연스런 댕댕이 이미지의 계수분포(연한 실선)가 거의 일치하는군요.

반면에..

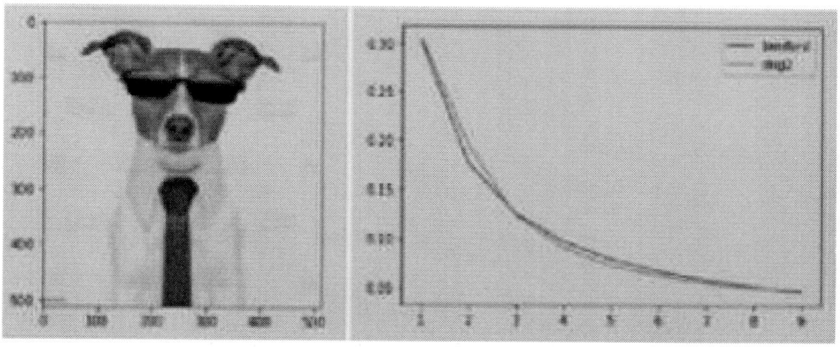

| 인위적으로 짜깁기한 이미지의 DCT 계수분포 |

밴포드의 분포(진한 실선)와 인위적으로 조작한 댕댕이 이미지의 계수분포(연한 실선)가 정말로 약간은 차이를 보이네요.
그나저나 로또 숫자도 밴포드의 법칙을 따를까요? ㅎㅎ.
또 다른 방법으로는 누적 로그로그 스펙트럼이 있습니다.

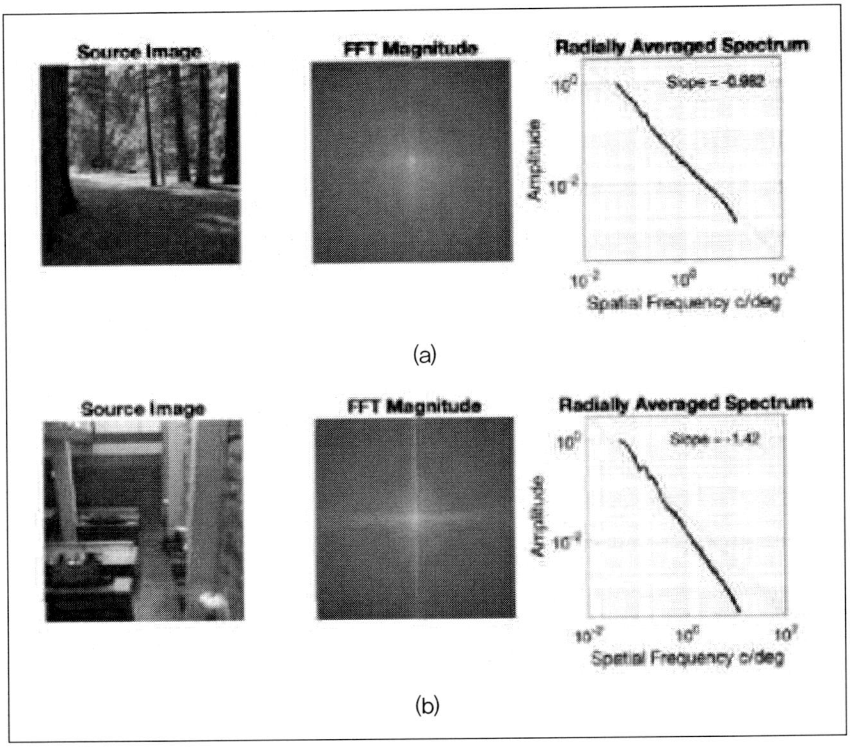

| 이미지(좌)의 스펙트럼(가운데)과 회전누적 Log-Log 스펙트럼(우) |

이미지를 2차원 푸리에 변환하면 가운데 그림처럼 2차원 스펙트럼이 만들어지죠. 그걸 원점을 중심으로 회전하며 직선 profile성분을 평균하면 1차원 스펙트럼이 얻어질 겁니다.

그렇게 얻어진 1차원 스펙트럼의 가로축과 세로축을 로그스케일log scale로 변경시키면 오른쪽처럼 log-log 스펙트럼이 만들어집니다. 자연스런 이미지의 경우 로그로그 스펙트럼은 −1의 기울기를 갖는 직선분포를 따른다고 알려져 있습니다.

수많은 이미지를 합산해 계산할수록 점점 더 직선에 가까워진다고 하네요. 즉 자연스런 이미지의 경우 공간주파수 변동의 대수적 크기와 변동의 대수적 발생빈도 간에는 선형적 역비례 관계가 있다는 것이죠. 이런 스펙트럼은 1/f 잡음이라고 부르는 Pink NoiseFlicker noise, Fractal Noise와 유사한 분포입니다. 핑크노이즈도 자연스러운 물리적 시스템에서 많이 발생한다고 하는데요. 핑크노이즈는 스피커 테스트에 많이 쓴다고 합니다. 반면에 화이트노이즈는 자연스런 노이즈는 아니란 이야기죠.

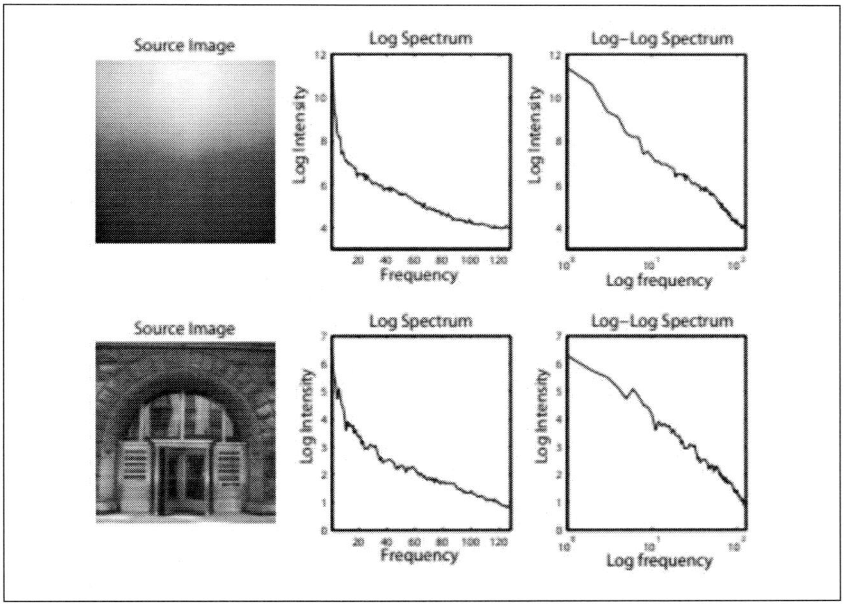

| 이미지의 로그로그 스펙트럼들 |

또 다른 이미지의 예입니다.
자연스러운 이미지는 그림처럼 지수곡선을 따르는 로그 스펙트럼을 보이고, 직선적인 로그로그 스펙트럼을 보이며 스펙트럼 중간의 거치른 부분들이 이미지 속 물체에 대한 정보를 담고 있다고 합니다.
사실은 우리가 전에 다루었던 Spectral Residual Saliency 맵도 저 스펙트럼의 원리를 이용한 것이었습니다. 스펙트럼을 스무딩해 빼고 나머지만 남긴 후 푸리에 역변환하면 물체영역 샐리언시맵이 구해졌던 거 기억나시죠?
이렇게 로그 스펙트럼과 로그로그 스펙트럼을 이용하면 이미지나 신호의 자연스러움을 감지하는 알고리즘으로 활용이 가능할 수도 있게 됩니다.

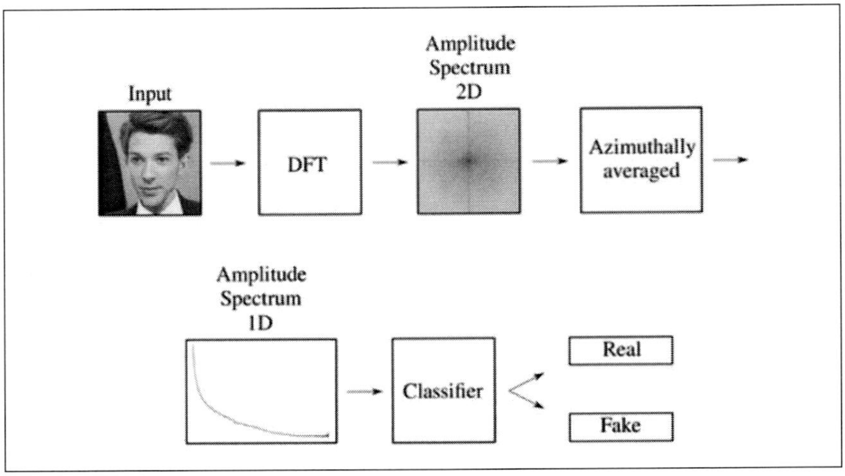

| 푸리에변환으로 이미지의 페이크 여부 판별 절차

이게 바로 그런 시도를 하는 논문의 그림입니다.

저 그림은 유명 걸그룹 얼굴을 엉뚱한 영상에 붙이기도 하는 딥페이크Deep Fake 범죄를 예방하기 위한 딥페이크 영상 판별 방법 중 하나인데요. 이 경우엔 최종적으로 얻어진 1차원 로그 스펙트럼(로그로그까진 아닌 거 같군요)을 콘브넷으로 학습해 페이크다/아니다로 분류하는 방식을 택한 것입니다.

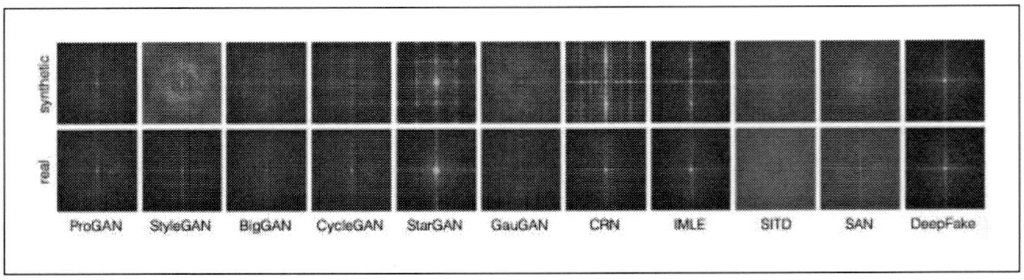

| 여러 가지 생성갠으로 생성해낸 합성이미지들의 2차원 스펙트럼 |

그리고 위 그림처럼 2차원 스펙트럼 분포 차이로 합성해낸 이미지들의 부자연스러움을 검출하려는 논문들도 보입니다.

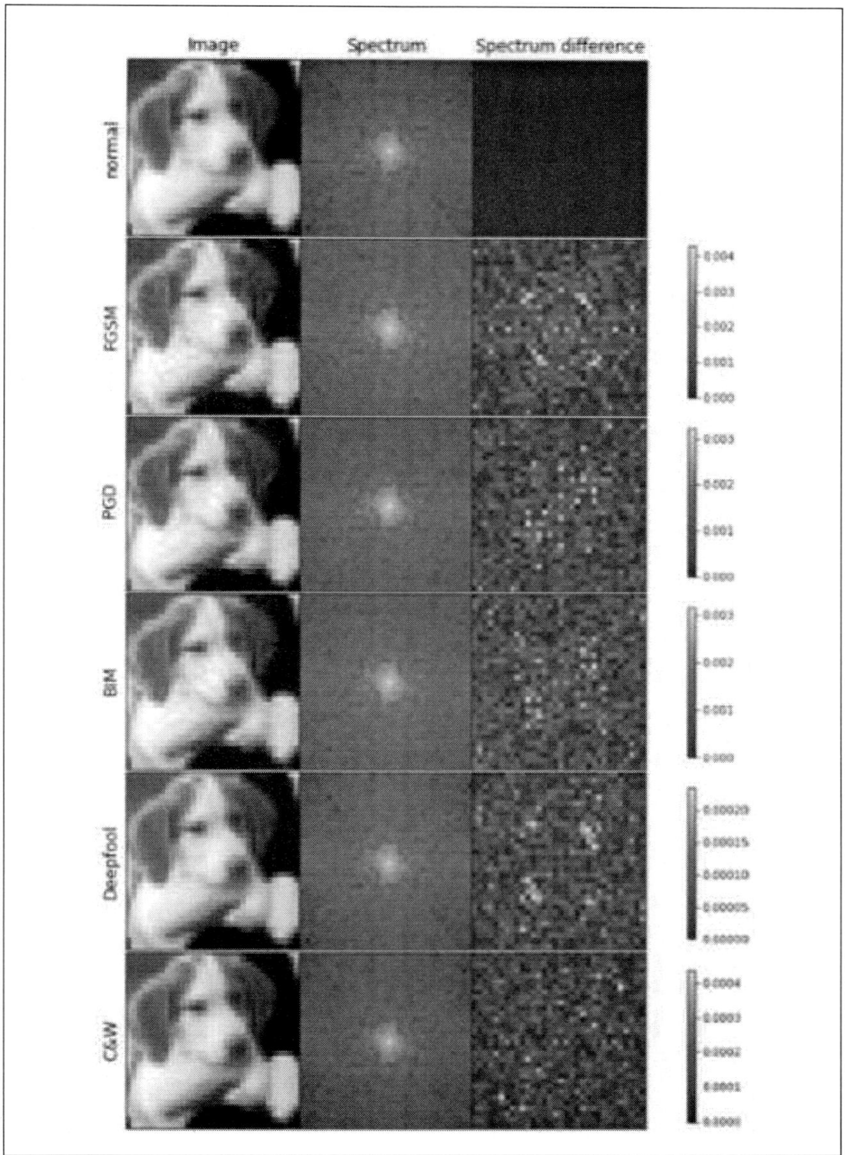

| 신경망에대한 적대적 어택을 감지하는 모습 |

이건 기준이 되는 정상 스펙트럼과 입력 이미지의 스펙트럼의 차영상을 이용해 적대적 어택Adversarial Attack을 감지하는 시도입니다. 정상 이미지와 어택이미지의 차영상으로는 알아낼 수 없는 정보가 스펙트럼 차이로

는 그림처럼 드러난다고 하는군요.
참고로 Adversarial Attack은 잡음과도 같은 미미한 적대적 정보를 콘브넷의 입력 이미지에 섞어서 콘브넷에 오분류를 일으켜 다양한 위험 상황에 노출시키게 만드는 사이버 공격을 말합니다.
대표적인 예가 자율주행 인공신경망의 교통표지판 오분류 공격 같은거죠. 이는 결과적으로 큰 사고로 이어질 수 있으니까요.

아직은 수학적으론 완벽하게 이미지의 자연스러움이나 위조여부를 가려내는 기법 연구는 진행 중이지만 역시나 푸리에 스펙트럼에 이미지의 자연스러움을 판별할 수 있는 정보가 들어있다는 게 중요한 거 같습니다.

22

사원수

"컬러 이미지를 단번에 필터링 한다, 사원수Quaternion"

이번 장은 컬러Color 이야기입니다.

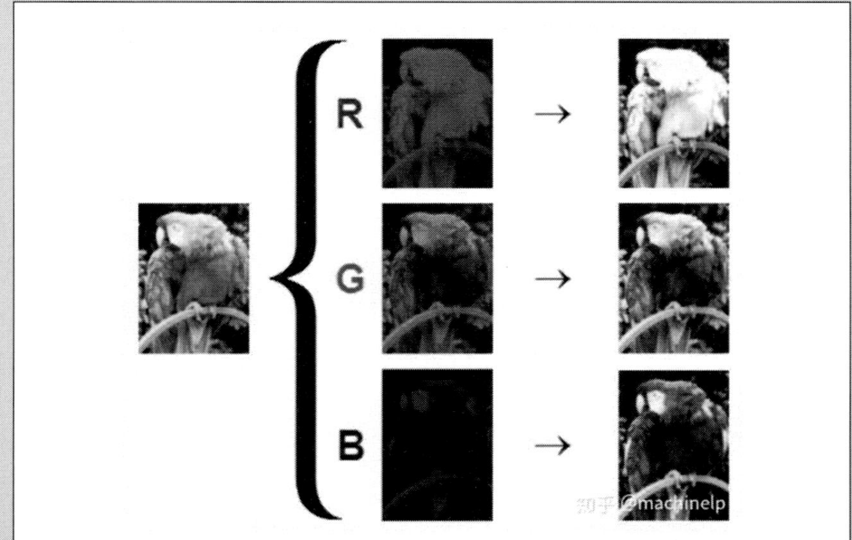

| 컬러 Image의 RGB Color 모델 |

아시다시피 컬러이미지는 RGB 3개의 채널이 합쳐져서 만들어집니다. 각각의 채널은 그레이스케일 픽셀값들을 가집니다. 그림에서 가운데 줄의 컬러 이미지들은 채널별 컬러를 입힌거고 실제는 오른쪽 줄처럼 회색 이미지Grayscale로 채널 데이터가 얻어지게 됩니다.

Luminance

We will use this formula to go from RGB to luminance (gray scale)

red * 0.3 + green * 0.59 + blue * 0.11

| RGB to 그레이스케일 병합 공식 |

RGB 컬러채널로 그레이스케일[Grayscale] 이미지(단일 채널)를 만들 때는 위 공식을 사용합니다. 컬러모델로부터 나온 수식인거죠.
이미지의 컬러모델은 RGB 외에도 HSV, CMYK, Lab, YUV 등 용도에 따라 다양합니다.

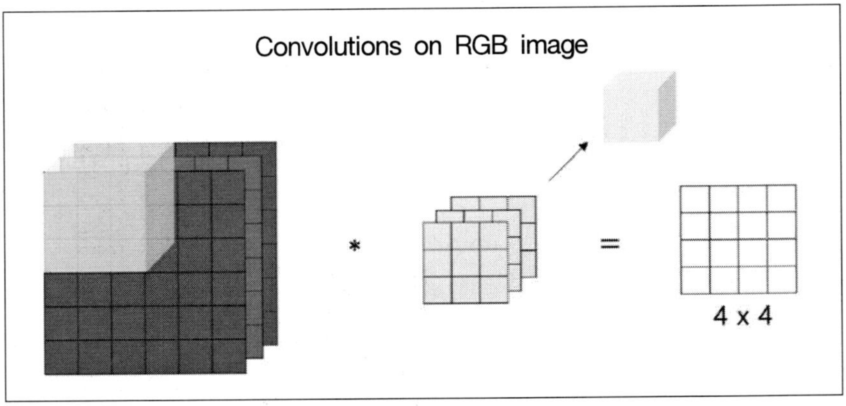

| RGB 컬러이미지의 콘볼루션 |

RGB 컬러이미지의 콘볼루션은 그림처럼 채널(그레이스케일)에 따라 콘볼루션한 후 합치는 방식을 사용합니다.
컬러이미지가 입력되는 딥러닝의 콘브넷[CNN]의 앞단에서도 비슷하게 연산합니다. 채널별로 정규화를 한뒤 합치느냐 안하냐의 차이만 있을 뿐.
그런데 이런 콘볼루션 방식은 간단하고 편하긴 하지만 약간의 문제가 있습니다.
그것은 컬러이미지의 픽셀들이 (x, y)방향으로만 연결된 게 아니고 z방향(컬러방향)으로도 느슨하지만 연결되어 있기 때문입니다. 따라서 컬러방향과 별개로 콘볼루션한 후 합쳐버리면 미세하게라도 오류가 발생하는 것이죠.

푸리에 변환에서도 마찬가지 현상이 발생합니다. 따라서 컬러이미지를 2차원 3개 채널 대신 3차원 자체로 놓고 콘볼루션(또는 푸리에 변환)하려는 새로운 방법이 필요한 데, 그게 바로 사원수[Quaternion] 푸리에 변환입니다. QFT(쿼터니언 푸리에 변환, 또는 QDFT)라고 부르죠.

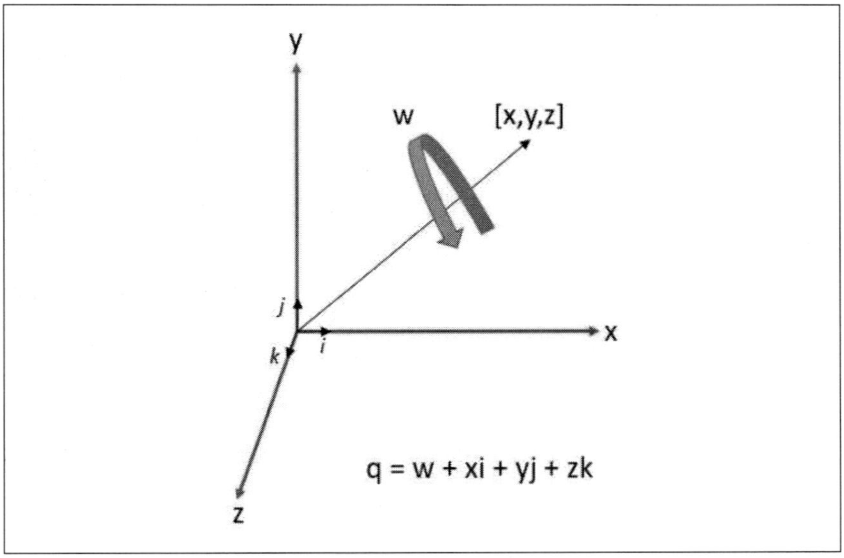

| 사원수(Qauternion) 좌표계 |

일반적인 푸리에 변환은 $z=x+jy$의 2차원 복소평면을 사용하지만 사원수 푸리에 변환은 그림처럼 3차원 공간을 사용합니다. 복소수[Complex Number]는 말 그대로 2개의 원소가 들어있다는 뜻이지만, 사원수는 $q=w+xi+yj+zk$처럼 4개의 원소가 들어있다는 말입니다. 이 처럼 하나의 수에 여러 개의 실수가 들어있는 수를 다원수라고 부릅니다. 다원수에는 복소수[Complex Number], 사원수[Quaternion] 외에 팔원수[Octonion]도 있습니다. 더 이상은 없죠.

그림에서 i, j, k는 모두 독립적인 허수들입니다. 각각 90도를 이루는

축 하나씩을 담당하고 있죠. 따라서 $i^2=j^2=k^2=-1$입니다.
또한 $ij=k$, $jk=i$, $ki=j$라는 90도 회전관계를 가집니다. 특이하게도 $ijk=-1$이랍니다. 왜 그런지 한 번 생각해 보시기 바랍니다.

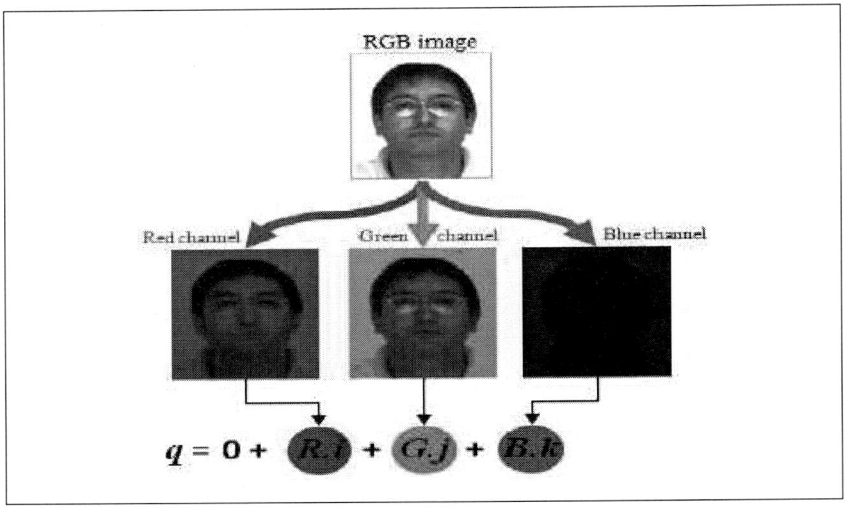

| Pure Quaternion |

푸리에 변환에 사용하는 쿼터니언은 그중에서도 $w=0$으로 논 순수사원수[pure quaternion]를 사용합니다.
그러면 $q=Ri+Gj+Bk$로 컬러값이 하나씩 꼭 맞게 대응되게 됩니다.
이제 $q(x,y)=r(x,y)i+g(x,y)j+b(x,y)k$를 가지고 푸리에 변환을 해주면 되는거죠. 나머지는 기존의 푸리에 변환과 대부분 똑같습니다.
쿼터니언 푸리에 변환도 마찬가지로 가역적 변환이고 스펙트럼과 위상이 존재하며 필터링도 가능하고 대역폭이 존재합니다.
쿼터니언 푸리에 변환으로도 샐리언시맵을 구할 수 있고 위상합동 에지를 구할 수도 있습니다. QFT용 FFT도 존재하구요. 그레이스케일 이미지를 컬러이미지로 확장했다고 생각하면 됩니다.

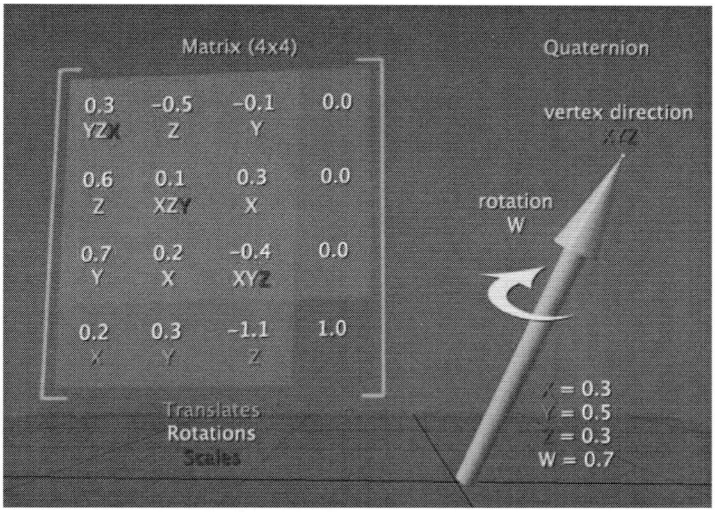

| 사원수를 이용한 3차원 물체의 회전 |

그런데 대부분 여러분들은 사원수 하면 푸리에 변환보다는 그림과 같이 3차원 물체의 회전 분야에서 먼저 들어보았을 겁니다. 3차원 게임 개발 도구인 Unity에도 쿼터니언 회전 라이브러리가 들어있으니까요. 쿼터니언 회전을 이용하면 기존의 오일러Euler회전 방식에서 나타나던 짐벌락Zymbal Lock 문제를 극복할 수가 있죠. 옛날에 게임하다가 회전축이 겹쳐버리면 회복이 안돼 제어가 불능이 되고 비행기가 무한회전하던 현상 말입니다. 써 넣고 보니, 아재 인증인가요?

| 쿼터니언을 이용한 컬러이미지 저주파 필터링 결과 |

이 그림은 컬러이미지를 쿼터니언 푸리에 변환을 이용해 저주파 필터링[LPF]한 결과입니다. 사원수답게 여러 채널의 스펙트럼들이 보입니다.

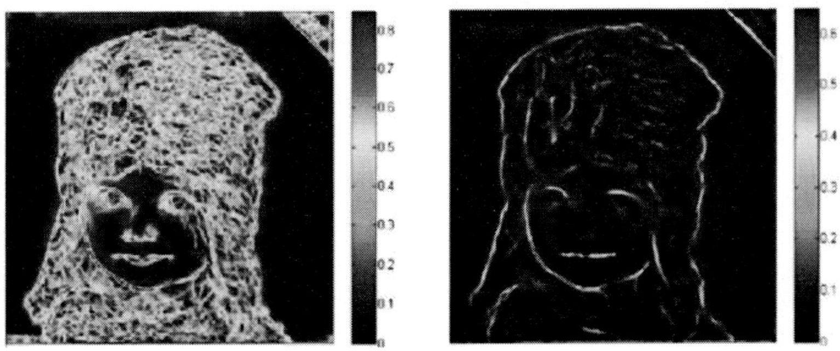

(a) Complex PC Map (b) Quaternion PC Map

| 복소수 위상합동 에지맵 vs 사원수 위상합동 에지맵 |

이건 RGB 채널별로 개별 푸리에 변환해 합친 위상합동 에지맵(a)과 QFT로 구한 위상합동 에지맵(B)의 차이랍니다. 생각보다 많이 다른 것을 알 수 있습니다. Super resolution 이미지를 만드는 딥러닝 네트워크에서 전처리로 쓰인다고 하네요.

RGB채널 별로 푸리에 변환한 후 합친 것보다 좀더 정확하게 필터링된 게 느껴지시나요? ^^

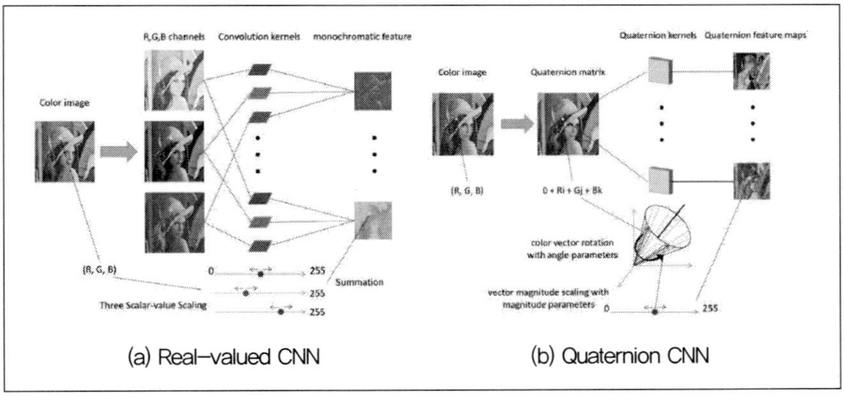

(a) Real-valued CNN (b) Quaternion CNN

| 일반 콘브넷과 사원수 콘브넷 |

앞에서 컬러이미지가 입력되는 딥러닝의 콘브넷[CNN]의 앞단에서도 채널 별로 콘볼루션 연산해서 합친다고 언급했죠? 위 그림은 그 문제를 개선해 보고자 딥러닝에서도 쿼터니언을 이용한 콘브넷을 구현한 예입니다. 그리고 이미 깃허브에 가면 Pytorch, Keras, Tensorflow 등 다양한 QCNN(쿼터니언 CNN) 소스들이 공개되어 있습니다.

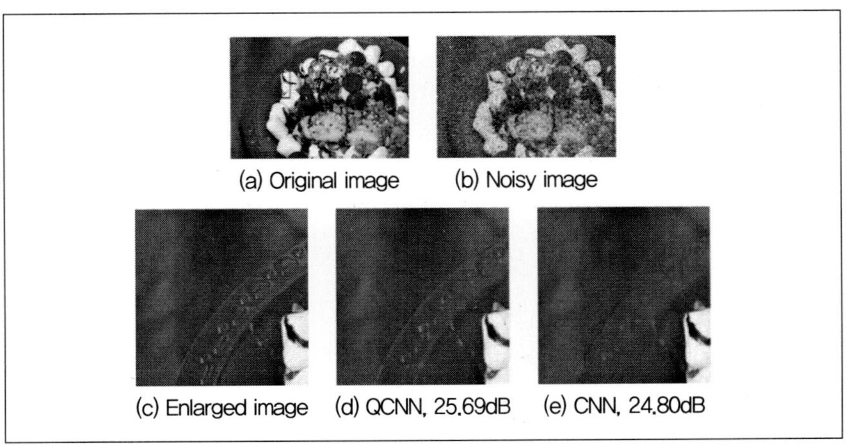

(a) Original image (b) Noisy image

(c) Enlarged image (d) QCNN, 25.69dB (e) CNN, 24.80dB

| 사원수 콘브넷으로 잡음을 제거한 결과 |

이 그림은 QCNN을 이용해 이미지에 섞인 잡음을 제거해본 결과라고 합니다.
일반 CNN의 결과보다 QCNN의 디노이징 결과가 디테일이 좀더 우수한 것을 알 수 있습니다.

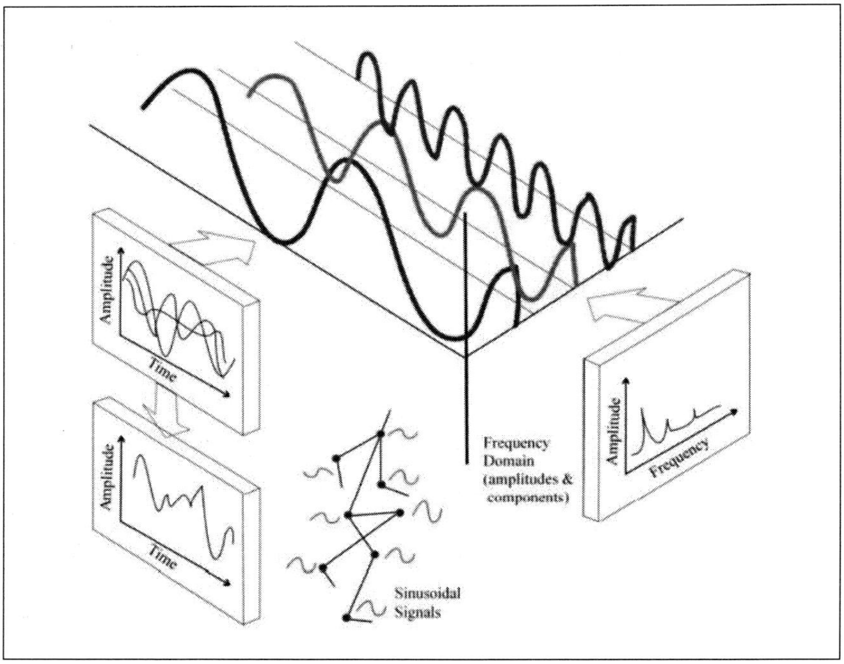

| 모션분석을 위한 사원수 푸리에 변환 스펙트럼 |

이건 QFT를 이용한 모션의 스펙트럼을 나타내는 개념도입니다. 이미지 픽셀처럼 인체의 관절의 각도센서도 x, y, z 축별로 시간에 따라 1차원 신호들을 만들어 내는데… 그걸 개별적 신호로 푸리에 필터링 하는 대신 쿼터니언으로 묶어서 한번에 푸리에 변환하고 필터링하면 결과가 더 정확해진다고 하네요.
모션의 움직임도 이미지의 컬러채널처럼 각축마다 서로 약간씩은 영향을 받고 있기 때문인 걸까요?

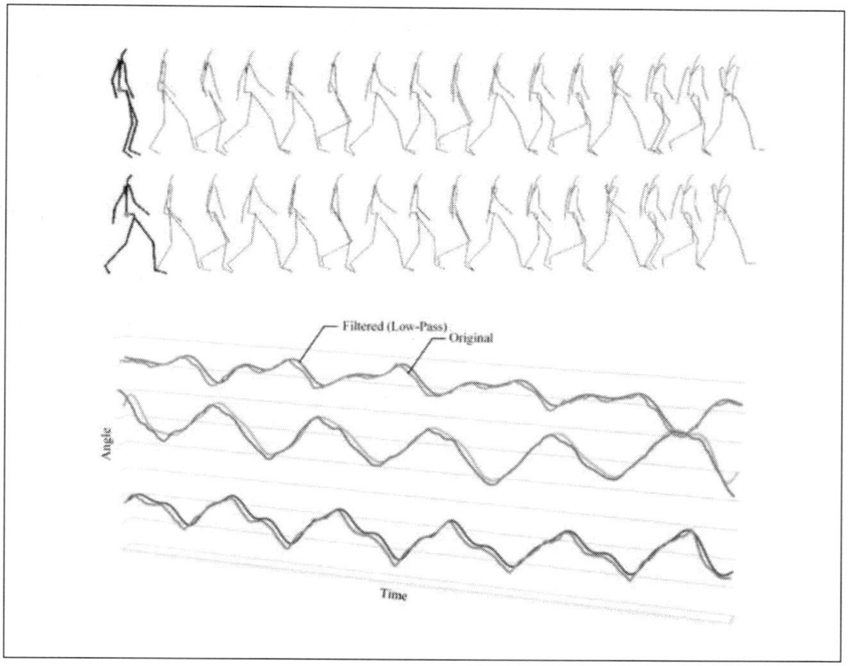

| 사원수 푸리에 변환으로 필터링한 모션각도 신호 |

이것이 QFT로 필터링한 결과입니다. 인체모형에서 허리에만 점이 있는걸 보니 허리축의 3차원 각도신호 분석인건가 봅니다.

그리고 이건 덤으로 …

| 옥토니언과 끈이론 |

참고로 사원수를 확장한 팔원수[Octonion]는 물리학에서 끈이론과도 관계있다고 알려져 있다고 합니다. 끈이론에서 말하는 수많은 차원들이 바로 팔원수의 차원과 관련이 있다고도 하구요.

사실 색공간과 컬러모델은 깊게 들어가면 꽤 어려운 공학분야 입니다. 컬러라는게 사실은 사람 눈의 시각센서가 전달해 주는 전기신호를 토대로 인간의 뇌가 만들어내는 허상이기 때문이죠. 그래서 그런지 컬러이론은 통계학 수식이 많더군요.

23

압축센싱

"랜덤의 재발견, 압축센싱 Compressed Sensing"

압축센싱은 영어로 Compressed Sensing 또는 Compressive Sensing 이라고도 부릅니다. 압축센싱이란 무엇일까요?

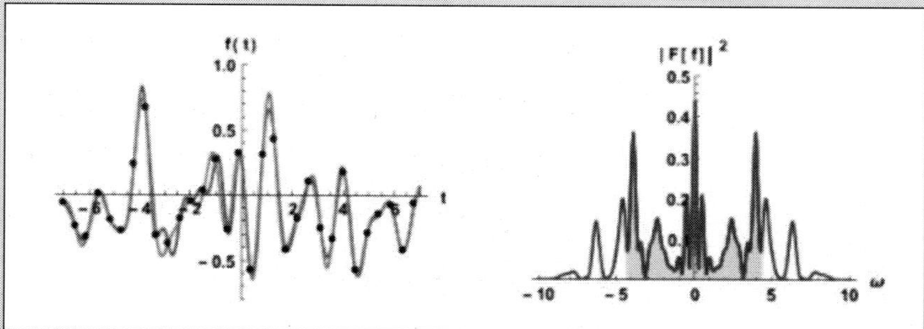

| 나이퀴스트 샘플링 예시 |

위 그림은 Nyquist Sampling 정리를 표현하고 있습니다. 좌측은 시간 도메인의 신호이고 우측은 그 신호에 대한 스펙트럼입니다. 좌측 검정색 그래프와 같은, 표현하고자 하는 신호의 대역폭(우측 빨간 스펙트럼의 폭)의 2배되는 샘플링 rate로 원 신호를 샘플링 해야 그 신호를 제대로 표현할 수 있다는 정리 입니다. 나이퀴스트-새논 샘플링 정리라고도 부르죠. 1915년에 정립된 정리로 신호처리에서 가장 중요한 정리중 하나인데요.

우측 그림처럼 회색 영역이 이동하면서 샘플링 대역폭이 점점 늘어나면서 좌측의 샘플링이 점점 조밀해지는 걸 움짤로 표현하고 있습니다. 중요한건 나이퀴스트 샘플링에선 항상 샘플링 간격이 균일하다는 점입니다. 샘플링 갯수만 변하는 것이죠.

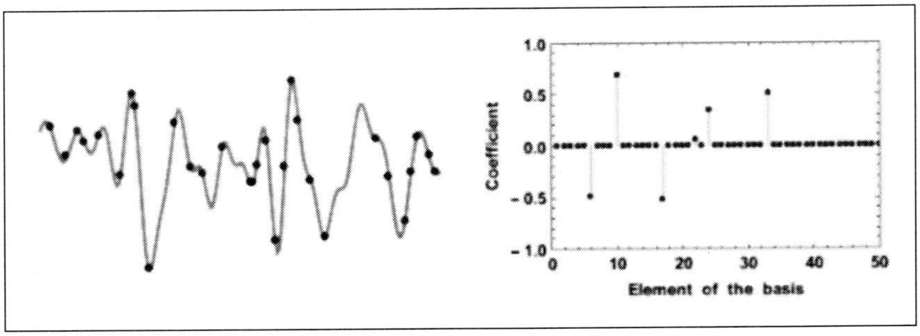

| 압축센싱 샘플링 예시 |

그에 비해, 압축센싱은 균일하지 않은 간격으로 신호를 샘플링합니다. 위 그림은 압축센싱의 샘플링 방식을 표현한 그림입니다.
랜덤 샘플링과 유사하게 Sparse한 형태로 샘플링을 하고 그 샘플포인트들을 보간interpolation할 수 있는 최소한의 푸리에계수들을 수치해석적인 방법으로 수학적 방식으로 찾아냅니다.
압축센싱은 따라서 나이퀴스트 샘플링 레이트보다 훨씬 적은 샘플링 만으로도 원 신호를 복원 해 낼수 있습니다.
스파스한 샘플링+푸리에 변환(역변환)+최소제곱법 같은 수치해석의 만남이라고나 할까요? 참고로 압축센싱은 2000년대 초반에 정립된 신호처리 알고리즘입니다.

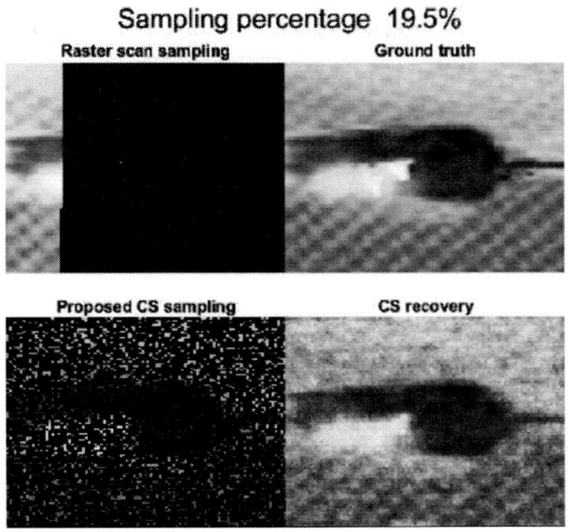

| 나이퀴스트 샘플링과 압축센싱 샘플링의 비교 |

이 그림은 이미지를 샘플링하여 원 영상을 복원하는 그림입니다. 위에 것은 래스터스캔 샘플링이고 아래 것이 압축센싱 방식입니다.

압축센싱 방식은 샘플링율이 10% 정도만 되어도 원 영상을 어느정도 복원해 내는 반면, 래스터스캔 방식은 같은 샘플링율 사용 시 원영상의 1/5도 복원해 내지 못하는걸 알 수 있죠. 이걸 이용하면 태부족한 데이터나 최소한의 센싱만으로도 원하는 신호를 측정하는 게 가능해진다는 이야기가 됩니다.

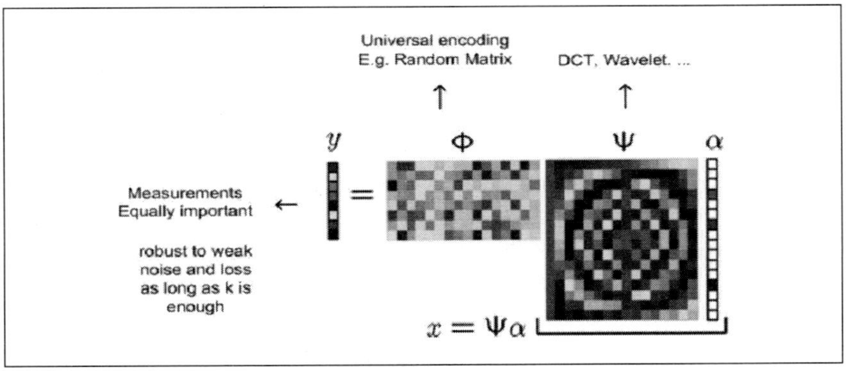

| 압축센싱 수식 |

압축센싱을 행렬식으로 표현한 그림입니다. y벡터가 센싱 측정치를 나타내고, x벡터가 복원된 신호값입니다. 가운데 중자처럼 생긴 ϕ행렬은 랜덤샘플링과 같은 샘플링정책을 표현한 행렬이며 화초처럼 생긴 (psi) ψ행렬은 푸리에 변환에 해당하는 행렬입니다. 행렬식으로 어렵게 표현한 것일뿐, 위에서 설명한 원리와 동일합니다.

과거의 전파망원경은 커다란 접시들이 같은 간격으로 줄을 맞춰 있었습니다. 영화 컨택트(1997)의 포스터에도 나와 있으니 한번 찾아보시기 바랍니다.

하지만 현대의 전파망원경 단지에 가보면 수많은 작은 접시 안테나들이 랜덤하게(?) 흩어져 있습니다. 압축센싱 방식을 이용하는 것이라고 생각됩니다. 제작년의 블랙홀 이미지도 이런 방식으로 센싱했겠죠?

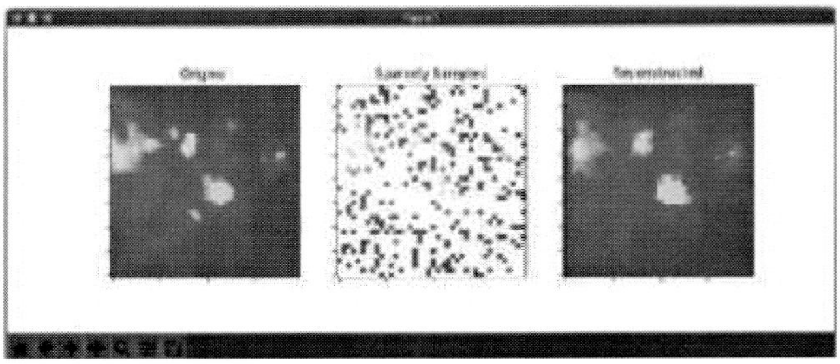

| CS 오그먼테이션 예시 |

압축센싱은 또한 딥러닝에서 데이터 오그먼테이션 기술로도 활용이 가능할 거 같습니다. 스파스한 샘플링을 어떻게 해 주냐에 따라 오리지널 이미지의 큰 형태는 유지하면서 디테일만 달라지는 새로운 이미지를 얻을 수 있기 때문이죠.

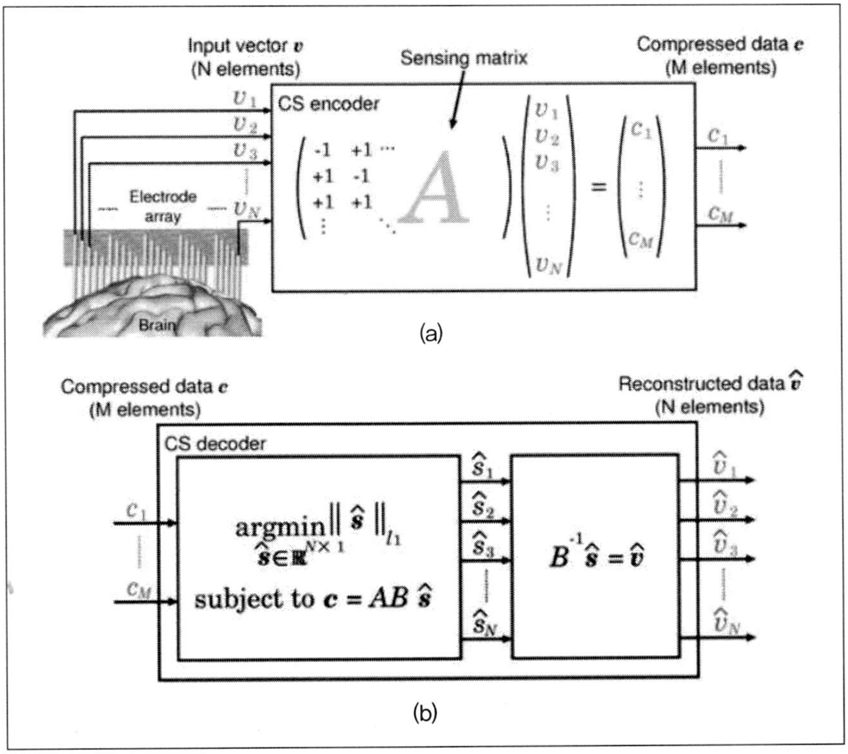

| MRI 신호처리 개념도 |

위 그림은 MRI신호를 신호처리하는 모습이랍니다. 여기에도 압축센싱이 사용되고 있죠.

먼저번 단층촬영 강좌에서 처럼 센서를 회전시키지 않고도 뇌의 단층을 계산해내는 핵심원리에 압축센싱이 들어있었던 것입니다.

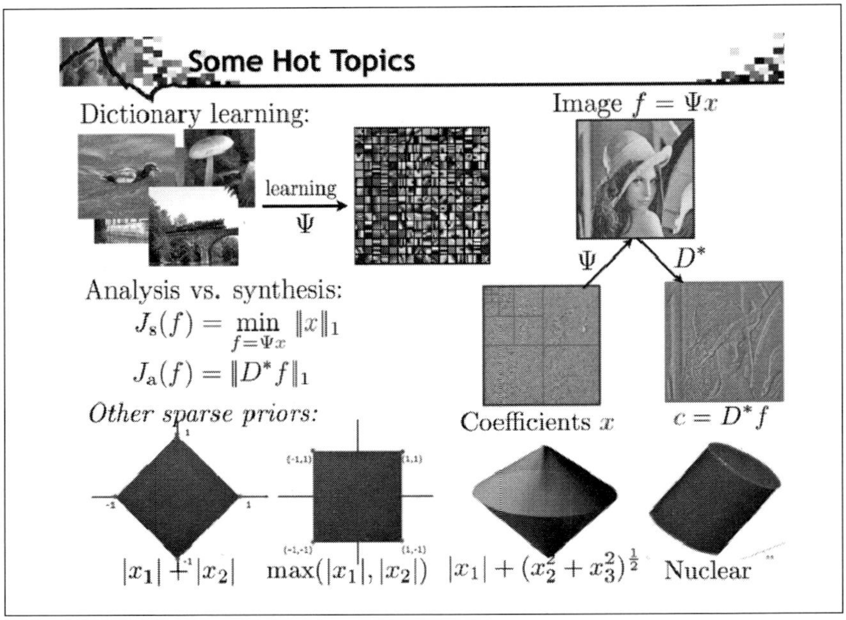

| 압축센싱과 딥러닝의 만남 |

또한 최근에는 압축센싱[CS]에 딥러닝 기술이 활발하게 접목되고 있다고 합니다.

데이터 드리븐[Data-Driven] 방식으로 DCT나 Wavelet 같은 푸리에 변환 부분을 딥러닝[CNN]으로 대체 시키려는 것인데요.

그러면 의료 빅데이터에 더 최적화되고 다층화로 더 고성능화된 푸리에 변환이 가능해지게 됩니다.

24

무라를 검출한다, DCT

DCT(Discrete Cosine Transform)는 기저함수로 Cosine만을 사용하는, 푸리에 변환의 한 종류를 말합니다.

그런 DCT는 다음과 같은 특징을 가지고 있습니다.

- 푸리에 변환 결과엔 위상이 있지만 DCT 결과엔 위상이 없습니다. 복소수가 아닌 실수만 이용해 변환하기 때문이죠.
- 푸리에 변환은 서로 직교하는 cos()과 sin() 기저함수로 스펙트럼 계수를 표현하므로 복소평면이 필요하고 4개의 사분면이 필요하지만 DCT에선 가로방향 cos()과 세로방향 cos() 기저함수를 사용하므로 1개의 사분면 만이 사용됩니다.
- 위상이 없는 대신 DCT는 스펙트럼에 음수값이 존재합니다.
- 또한 DCT(이산 코사인 변환) 스펙트럼도 기하학적 정보가 저주파를 중심으로 한점에 모입니다. 원점에 가까울수록 저주파, 멀수록 고주파 인거죠.
- DCT 또한 푸리에 변환처럼 가역적 변환입니다. 즉 이 세상(공간 도메인)에 대해 저 세상(공간주파수 도메인)이 존재합니다. 따라서 필터링도 가능하죠. 푸리에 변환과 마찬가지로 저 세상에 가서 특정 공간주파수 대역을 막은 후 역변환하면 됩니다.

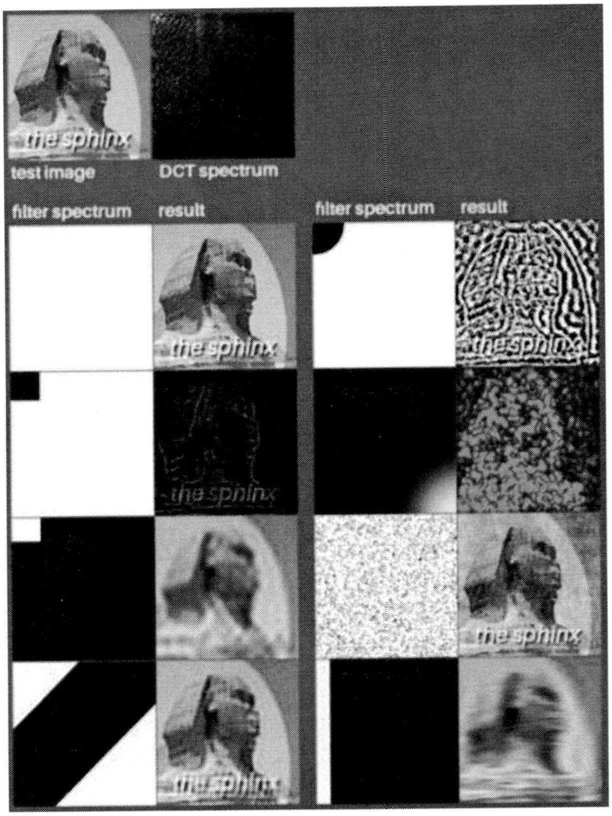

| 2차원 DCT를 이용한 이미지 필터링 |

DCT(이산 코사인 변환)

푸리에 변환은 복소수 연산이 필요하지만, 이산 코사인 변환은 실수 만으로 연산이 가능합니다.

- 위 그림은 상단의 스핑크스 이미지(그레이스케일)에 대한 다양한 대역 필터링 결과들을 보여주고 있습니다.
- 왼쪽 위에서 아래로 1) 필터링이 없는 경우, 2) Low Stop Filtering, 3) Low Pass Filtering, 4) Band Stop Filtering.
- 오른쪽 위에서 아래로 5) 원형 Low Stop Filtering, 6) 가우시안 High Pass Filtering, 7) Sparse 랜덤 Filtering, 8) 수평 Low Pass 필터링. 결과들입니다.
- 특히 7번과 8번의 필터링은 눈여겨 보세요.

  8번은 비전검사에서 무라패턴 제거에 사용되고, 7번 필터링은 나중에 압축센싱(Compressed Sensing)에서 등장합니다.

> **DCT(이산 코사인 변환)**
>
> 이산 코사인 변환 뿐 아니라 이산 사인 변환(DST)도 존재합니다.

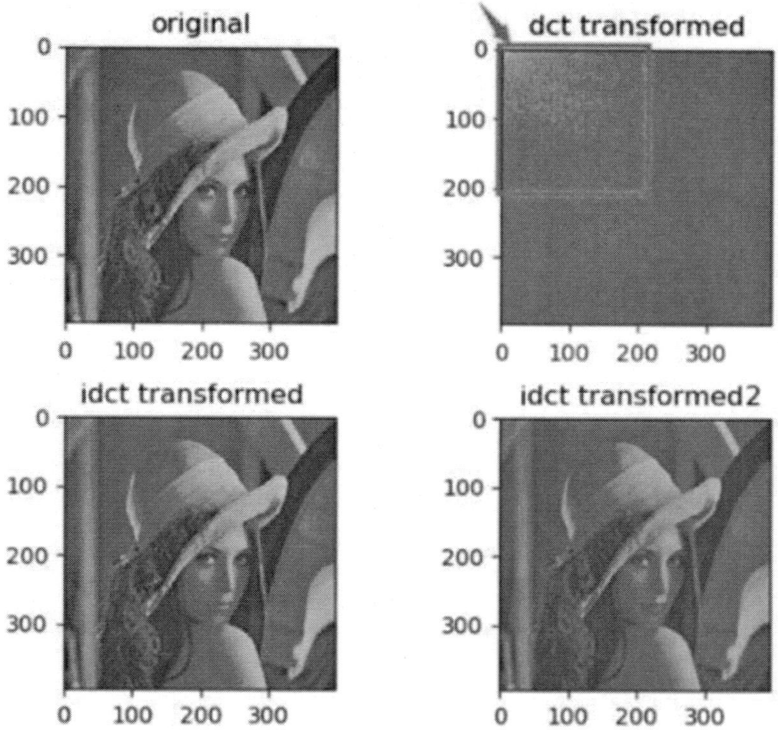

| DCT 압축 |

왼쪽 위) 오리지널 이미지, 오른쪽 위) 2차원 DCT 스펙트럼, 왼쪽 아래) 스펙트럼으로부터 역DCT변환한 이미지, 오른쪽 아래) 스펙트럼의 빨간색 일부영역만으로 역DCT변환한 결과.

이 그림들은 고주파 데이터를 날려버렸음에도 원본과 유사하게 복원이 되는 압축원리입니다.

게다가 Cosine 기저함수만을 사용하기 때문에 저주파영역 정보를 낮은 대역폭 만으로도 표현이 가능한 장점이 있습니다.

물론 복소수를 안쓰고 실수만 이용하는 점에서 계산비용 면에서도 장점이 있죠.

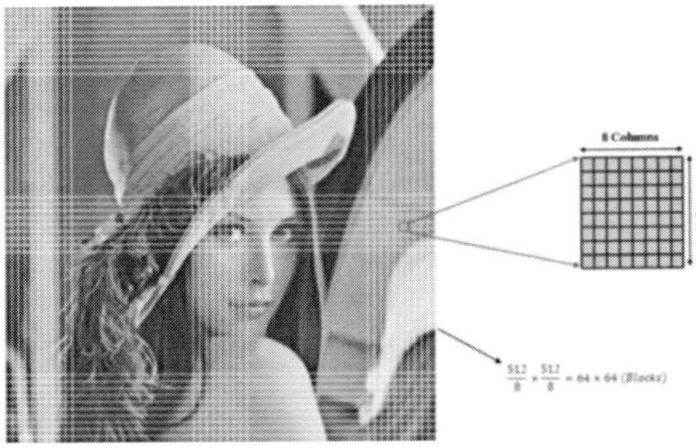

| JPEG 압축에 사용되는 블럭단위 2차원 DCT변환 개념도 |

512×512 크기의 그레이스케일을 통째로 DCT변환하지 않고 그림처럼 블럭을 잘게 쪼개서 블럭단위로 DCT변환하면 계산 속도도 빨라지고 압축율도 좋아집니다.

8×8 블럭의 2차원 DCT변환용 기저함수의 모습은 아래 그림과 같습니다. 마치 OpenCV에 들어있는 얼굴영역 인식에 사용되는 하르 웨이블릿Haar Wavelet처럼 생겼죠?

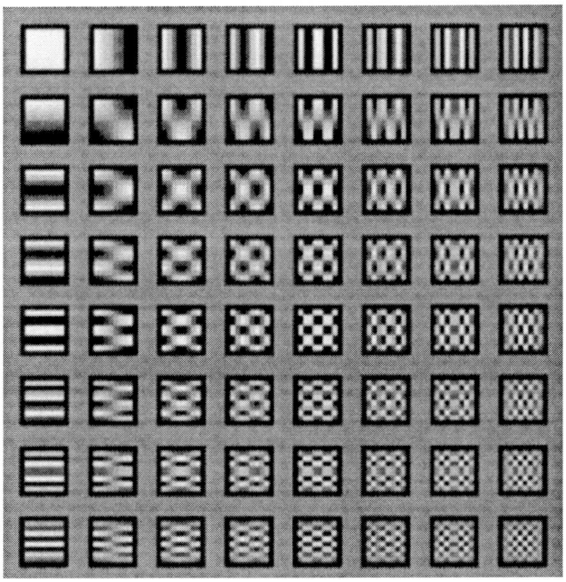

| 이미지 DCT 스펙트럼의 가로 세로축 기저함수 표현 |

가로축은 가로방향 코사인파, 세로축은 세로방향 코사인파 기저함수를 표현합니다.
대각선 방향으로 갈수록 그 두 가지가 결합된 형태의 기저함수가 되는 셈입니다.

DCT(이산 코사인 변환)

이산 코사인 변환은 속도가 빠르기 때문에 이미지나 비디오 압축에도 많이 씁니다.

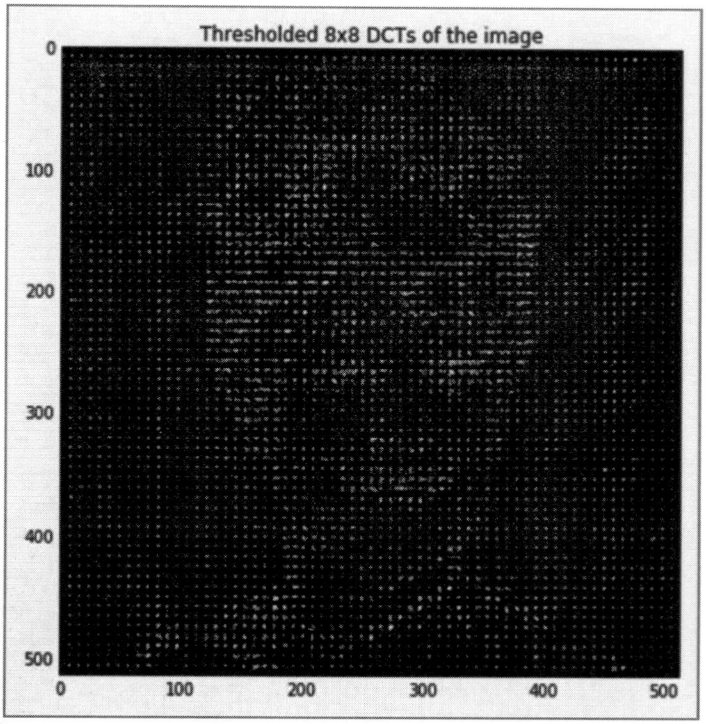

| 얼굴 이미지를 8x8블럭 DCT변환한 스펙트럼 |

이 그림은 얼굴 이미지를 8x8블럭 DCT변환한 스펙트럼의 모습입니다.

이 그림에서 검은색의 빈 공간들만 보아도 엄청난 압축의 가능성이 보이죠?
물론 JPEG압축에는 DCT말고도 컬러채널 변환, 지그재그 스캔, 엔트로피 부호화 등등 다른 복잡한 알고리즘들도 많이 포함되어 있지만, 자세한 언급은 생략하도록 하겠습니다.

DCT(이산 코사인 변환)

이산 코사인 변환은 속도가 빠르기 때문에 이미지나 비디오 압축에도 많이 씁니다.

```
A = im2double(imread('rice.png'));

D = dctmtx(size(A,1));
dct = D*A*D';

imshow(dct)
```

| DCT Matrix를 이용한 변환의 고속화(매트랩 코드) |

이것은 1D dct로 2d dct를 하는 방법 중 하나입니다.
JPEG 알고리즘처럼 작은 ROI에서 여러번 DCT를 할 경우엔 dct matrix 방식을 사용합니다.
한번 계산한 D값이 여러번 재활용되기 때문에 빨라집니다. 마치 FFT의 연산값 재활용처럼 말이죠.

따라서 ROI를 매번 dct2하는 것보다 이 방식이 훨씬 빠릅니다.

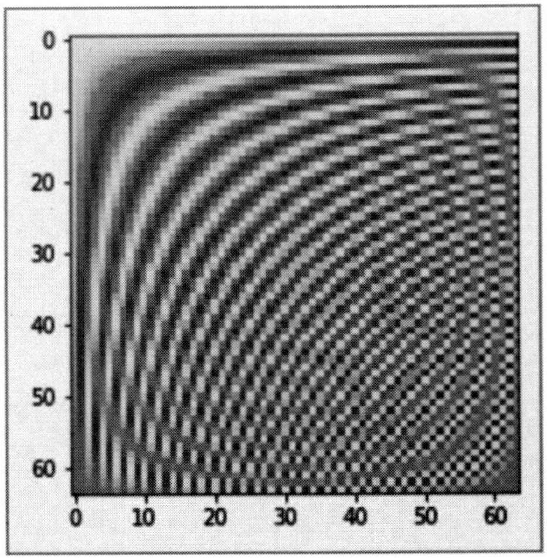

DCT(이산 코사인 변환)

이산 코사인 변환은 속도가 빠르기 때문에 이미지나 비디오 압축에도 많이 씁니다.

이 그림은 DCT매트릭스인 2차원 D 매트릭스를 정규화하여 시각화한 모습입니다.

DCT 뿐 아니라 DFT도 이런 행렬곱 매트릭스가 존재하죠. 물론 다르게 생겼지만 말이죠~

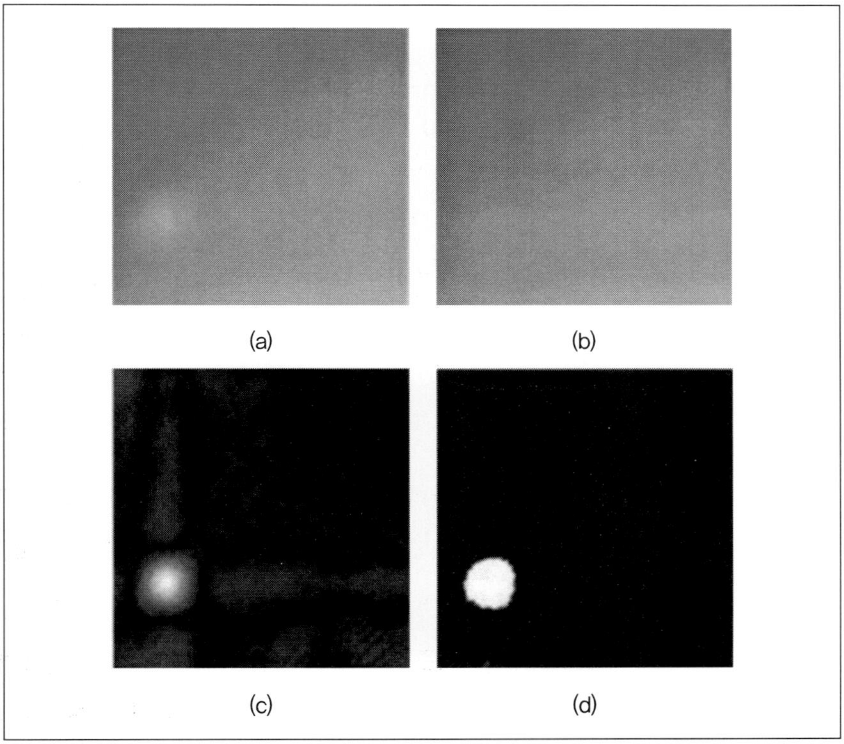

| DCT를 이용한 무라(Mura) 결함 검출 |

LCD나 LED 등의 디스플레이 제작단계에서 발생되는 무라 패턴 Mura Pattern은 디스플레이의 골치아픈 결함의 한 종류입니다.

무라Mura라는 이름은 발음상, 아마도 일본사람들이 붙힌 이름이라고 생각됩니다.

무라 검출이 어려운 이유는 무라패턴이 아주 다양하면서 그 경계가 모호하고 미약하다는 점 일겁니다.

자동 비전검사AOI에서는 무라패턴을 검출하기 위해서 DCT변환이 종종 사용됩니다. 그 절차는 대략 다음과 같죠.
오리지널 디스플레이 이미지(a)를 DCT변환으로 필터링해 무라패턴만 제거한 배경영상(b)을 구하고 오리지널에서 배경을 뺀 차영상(c)을 이진화하여 무라 영역을 검출하게 됩니다.

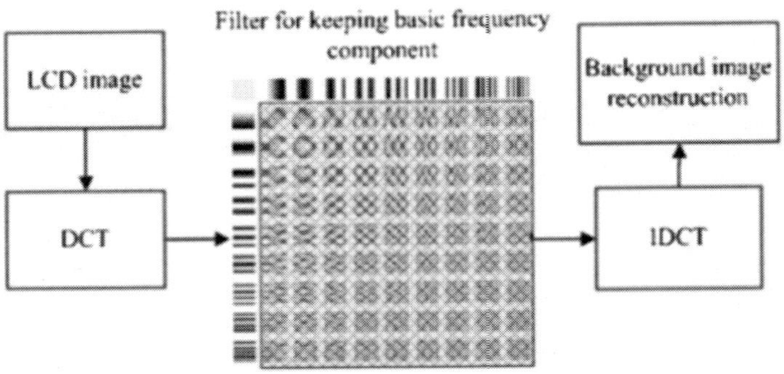

| DCT 로우패쓰 필터링 개념도 |

LCD디스플레이 이미지를 2차원 DCT변환한 스펙트럼에 대해 가운데 그림처럼 2차원 Low Pass 필터링을 한 후 역DCT 변환하여 무라패턴이 제거된 배경이미지를 산출하는 과정입니다.
필터에서 보듯이 가로방향 저주파성분과 세로방향 저주파성분을 제거한 나머지 계수들만 가지고 역변환하면 배경이미지만 나옵니다. 즉, 노란색으로 빗금친 부분에 무라패턴이 숨어있다는 이야기가 됩니다.
그런데 왜 하필 DCT가 무라 배경영상 취득에 효과적인 걸까요?

그것은 DCT 변환이 특히 저주파 성분의 표현을 더 잘하기 때문입니다. DFT보다 말이죠.

| 공간도메인의 CutOut 오그먼테이션 |

컷아웃 오그먼테이션은 딥러닝에서 부족한 데이터를 뻥튀기Augmentation시킬 때 많이 사용하는 기법 중 하나입니다.

저렇게 랜덤하게 작은 영역을 가려도 냥이는 여전히 냥이이기 때문에 딥러닝 네트웍을 보다 호되게 가르칠 수(학습)있게 되어 일반화 성능을 키워주는 원리인거죠.

DCT(이산 코사인 변환)

DST 변환은 고속으로 라플라스 방정식을 시뮬레이션할 때 사용된다.

저는 저런 컷아웃 오그먼테이션을 공간도메인이 아닌 주파수도메인에서 시도해 보았습니다.

즉, 이미지를 DCT변환 후 주파수도메인에서 작은 영역을 가리고 역 DCT변환해 이미지를 오그먼테이션 시키는 겁니다.

그 결과가 다음 그림입니다. 오그먼테이션 전과 후를 비교해보았습니다.

저런 오그먼테이션 기법을 저는 DCT-CutOut 오그먼테이션이라고 부릅니다. 실제로 약간의 일반화 성능개선 효과를 보이더군요.

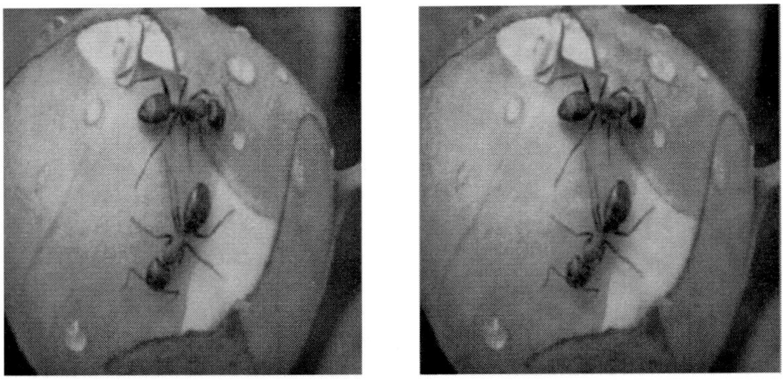

| DCT CutOut 오그먼테이션 전후 비교 |

이 밖에도 DCT는 앞강에서 다루었듯이 이미지 포렌식에도 사용되고 카메라 오토포커싱 등에도 사용되며 DST(디스크릿 싸인 변환)과 함께 미분방정식의 고속계산에도 사용됩니다.

DCT 변환 방식도 세월에 따라 진화를 거쳤는데, 진화 단계별로 타입이 나뉘어져 있습니다.
일반적인 DCT는 DCT 타입2를 말합니다. 그리고 연속데이터의 압축에 유리하도록 마지막 블록을 겹치도록 만든 MDCT라는 녀석도 존재합니다.

25

파도를 시뮬레이션 한다, OceanFFT

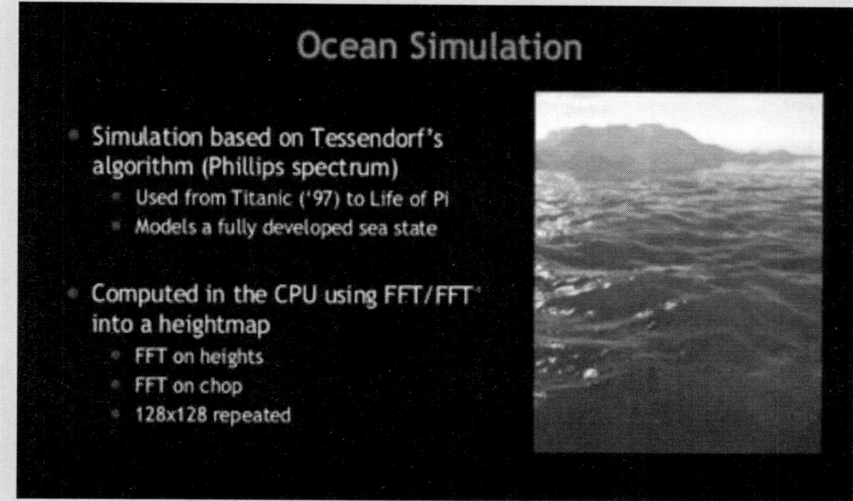

Ocean FFT는 해수면의 높이를 주파수에서 역 푸리에 변환하여 만들려는 시도입니다. 즉, 주파수 스펙트럼이 중요한 거죠.
물론 지형지물에 영향을 받는 해안가나 얕은 바닷물의 시뮬레이션은 아니고요. 바람에만 영향을 받는 깊은 바다의 표면 시뮬레이션입니다. 선박 같은 장애물도 없구요.

Ocean FFT

파도를 시뮬레이션 한다.

중요한 건, FFT로 물속은 시뮬레이션할 수 없다는 점입니다. 즉 물표면의 곡면 특성만 푸리에 파동의 성질을 이용해 시뮬레이션하는 거죠. 물속 입자의 흐름 같은 건 다른 물리적인 시뮬레이션을 거쳐야 합니다. 하지만, 물밖에서 보면 똑같으므로 문제는 없습니다.

아시다시피 음성신호 등의 파형은 푸리에 변환하여 주파수를 얻을 수 있습니다. 그 반대로 주파수 정보에서 파형을 만들 수가 있는데, 역 푸리에 변환을 이용하는 겁니다.

지난번에 이 세상(공간 도메인) 물결은 저세상(주파수 도메인)의 뾰족 봉오리(임펄스)때문이라고 했던 거 기억나시나요?

그 봉오리를 조금 복잡하게 만들면 복잡한 물결이 만들어지게 됩니다.

즉 파도를 모델링할 수 있는 스펙트럼만 잘 만들면 그걸 역 푸리에 변환 해 파도를 시뮬레이션할 수 있는 거라는…

그 스펙트럼을 바로 Phillips Spectrum(또는 Tessendorf 알고리즘)이라고 부릅니다.

테센도르프 알고리즘은 일부 게임이나 영화 타이타닉 등 여러 곳에서 여전히 쓰이고 있는 유명한 알고리즘이라고 하며 엔비댜의 CUDA 데모 예제 안에도 들어있죠.

Ocean FFT

파도를 시뮬레이션 한다.

재밌는 건 테센도르프 알고리즘 속 필립스 스펙트럼은 이론적으로 도출됐다기보다는 테센도르프가 필사적으로 바다를 관찰해 도출한 "경험적" 공식이라는 점입니다.

$$P_h(\vec{k}) = A\frac{\exp(-1/(kL)^2}{k^4}|\vec{k}\cdot\vec{w}|^2$$

| 중력, 풍향, 풍속 등의 상수와 2차원 랜덤 변수들이 들어있는 필립스 스펙트럼 |

위 수식에서 k라는 공간벡터 변수에 풍향과 풍속이 들어가고, L파라미터에 중력상수가 들어갑니다. 그리고 w벡터에 시간 변수가 들어가더군요. 그래서 수식에 대한 이론적인 전개는 찾기 어렵고 그 의미에 대한 분석들만 잔뜩 있네요. 이 동영상처럼 말이죠.
https://youtu.be/kGEqaX4 Y4 bQ

어쨌든 그렇게 만든 특수한 스펙트럼을 2차원 랜덤 복소수 어레이에 곱해서 복소 주파수 공간을 만든 후 역변환하면 물결치는 파도 곡면이 만들어지고…
아래 그림 중간식처럼 시간에 따른 Shift 요소 exp(jwt)를 곱해주면 파도치며 한쪽 방향으로 진행하는 Ocean Animation이 만들어진다고 합니다. 지난번 언급한 푸리에 쉬프트 정리 기억나시죠?

Ocean FFT

파도를 시뮬레이션 한다.

그런데 복소 공액 항목을 추가한 이유는 주파수 스펙트럼이 항상 원점 대칭으로 쌍으로 나타나기 때문입니다.

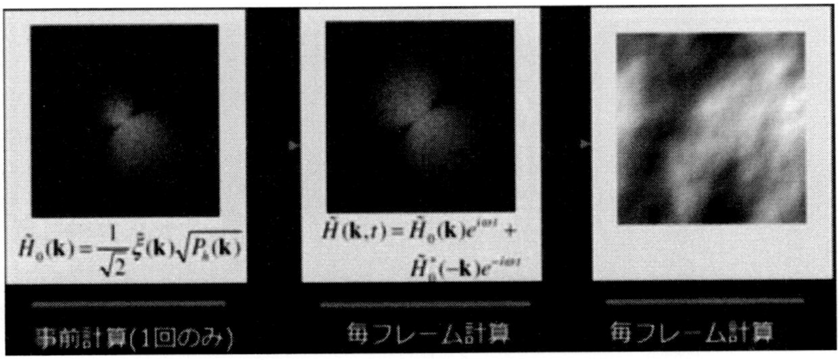

| 필립스 스펙트럼을 iFFT 해 모델링한 파도 시뮬레이션 절차 |

그래도 저런 단순한 단일 스펙트럼과 그 푸리에 역변환 만으로 저렇게 복잡한 파도 모형이 만들어진다는 게 놀랍지 않나요?
풍향, 풍속, 중력 등의 파라미터를 바꾸면 다양한 느낌의 파도 시뮬레

이션이 가능한 거 같습니다.

물론 디테일한 파도 영상을 얻으려면 GPU 기반의 그래픽 랜더링이 필수이고요.

Octave에서도 돌아가는 간단한 파도 시뮬레이션 매트랩 코드는 쉽게 구할 순 있지만, 멋지진 않습니다.

https://www.beechwood.eu/ocean-fft-in-matlab/

Ocean FFT

파도를 시뮬레이션 한다.

그래서 랜더링 컴퓨터 그래픽이 지원되는 Unity 기반 복잡한 코드는 여기 있습니다.

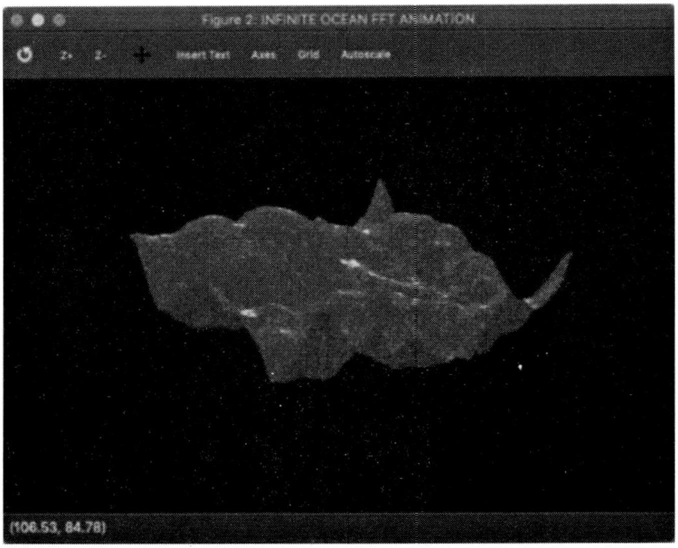

https://github.com/gasgiant/FFT-Ocean.git

추신: 해수면 시뮬레이션에 테쎈도르프 알고리즘이 있다면 산악지형 시뮬레이션엔 Perlin 노이즈라는 알고리즘이 있습니다.
꼭 푸리에 변환이 아니더라도 수학적인 영상의 합성은 딥러닝의 데이터 생성분야에서 점점 더 중요해지고 있습니다.

26

푸리에 불확정성 원리 Uncertainty Principle

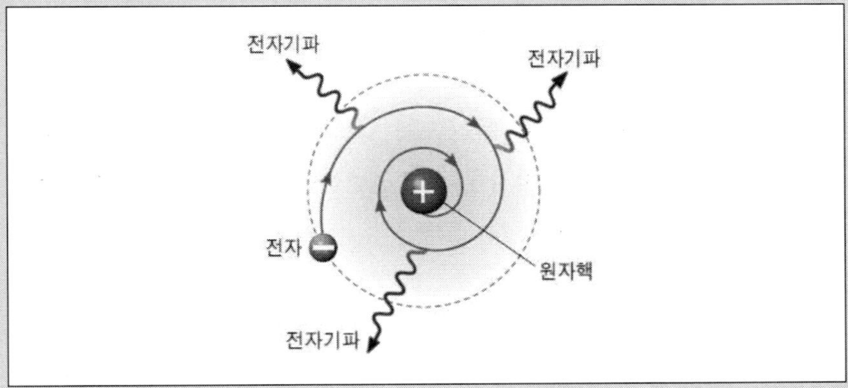

| 러더퍼드 원자 모형의 문제점 |

전자가 원자 주위를 원 궤도로 돌면 무슨 일이 발생할까요?

원운동은 가속도운동입니다. 매순간 방향이 바뀌는 운동은 곧 가속도 운동이기 때문이죠.

Fourier Uncertainty

푸리에 불확정성 원리

전자와 같은 전하가 가속도운동을 하면 전자파를 방출하게 되며 안테나에 교류전류를 흘리면 전자파가 나오는 것과 같은 원리죠. 전자파를 방출한다는 건 에너지를 내보낸다는 것이고 그러면 전자는 위치에너지를 잃어버려 원자쪽으로 점점 추락할 수 밖에 없습니다.

하지만 실제론 전자는 추락하지 않고 궤도를 유지합니다(엄밀하게 원궤도는 아니죠).

만약 추락한다면 모든 원자는(모든 물체는) 붕괴되고 우리몸도 존재할 수가 없을 테구요.

그럼 전자는 어떻게 궤도에 머물러 있는 것일까요?

과학자들은 고전역학으론 설명이 안되는 이 문제를 두고 깊은 고민에 빠지게 됩니다.

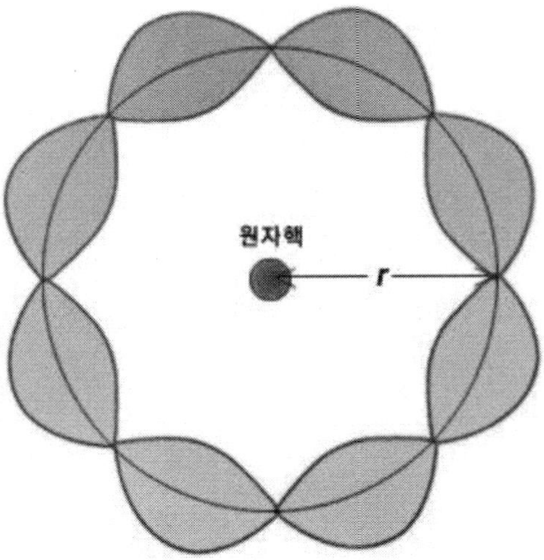

원자핵 둘레를 돌고 있는 전자는 원자핵 둘레를 파동치고 있다고 볼 수도 있다.

그 문제를 해결한 사람이 바로 네덜란드 물리학자인 닐스 보어라고 합니다(기러기 타고 날아가는 닐스의 대모험이란 동화책도 북유럽 동화죠).

그림처럼 전자가 물결처럼 춤을 추며 궤도를 돌고 그 파장이 맥놀이처럼 주기가 궤도와 딱맞아 떨어지면 전자가 추락하지 않고 궤도에 머물러있을 수 있다고 보어는 주장합니다.
드 브로이의 물질파이론에 따르면 입자이면서 파동이기도한 광자처럼 전자도 입자이면서 동시에 파동이어서 저렇게 움직이고 그 파동이 원둘레와 일치하면 안정한 정상상태[Standing wave](정상파)에 머무른다는 것이죠.
그런데, 이게 무슨 말일까요? 이해가 되는 분 있으신가요? 솔직히 저도 이해가 안 됩니다. 하지만 물리학계는 이 가설을 정설로 받아들입니다. 심지어 닐스 보어를 양자역학의 아버지로 추앙하기까지 하죠.

제가 하고싶은 이야기는 따로 있습니다.
저런 말도 안되는(?) 전자의 파동형 운동의 모양을 수학적으로 표현한 방정식이 바로 유명한 쉬뢰딩거방정식이란 녀석입니다. 미분방정식이죠.
그런데 놀라운 점은 원궤도를 펴서 무한직선이라고 가정하고 쉬뢰딩거방정식을 풀어서 해를 구하면 놀랍게도 푸리에 변환 수식과 같아진다는 겁니다.
수식 참고: https://depletionregion.tistory.com/98

푸리에 변환은 주기적이지 않은 신호를 주파수 요소로 재구성해서 보여주는 적분변환이죠. 푸리에 변환은 음성인식이나 영상처리에도 많이 쓰이는데요.
흥미로운 점은 푸리에 변환에도 불확정성원리가 나타난다는 것입니다.
즉, 푸리에 변환하기 전 신호와 한 후의 신호는 서로 불확정성관계를 가집니다.
하나가 뭉쳐있으면 변환한건 퍼져서 나타나고 퍼져있으면 그 반대로 뭉쳐서 나타나죠. 양자역한 세계의 핵심원리가 바로 하이젠베르그의 불확정성 원리입니다.

Fourier Uncertainty

푸리에 불확정성 원리

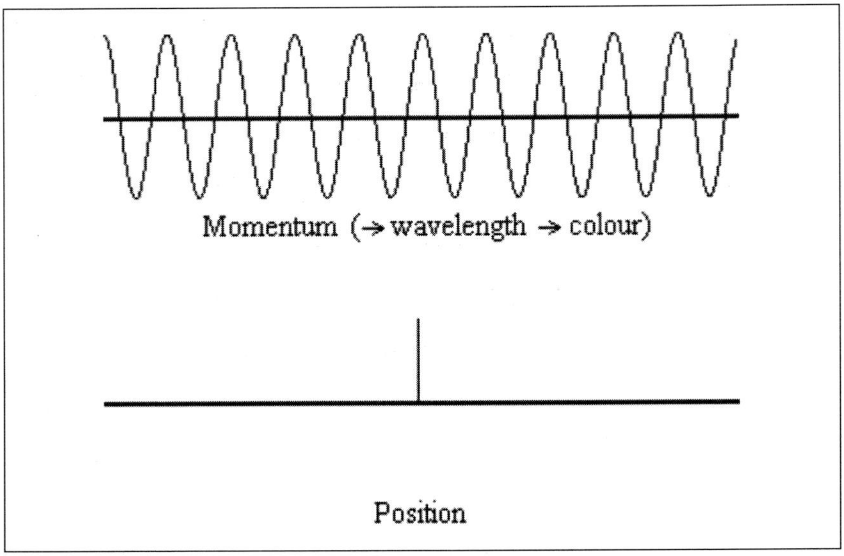

| 1차원 푸리에변환에 나타나는 불확정성 원리 |

위 그림처럼 시공간 도메인에서 임펄스 신호를 푸리에 변환하면 주파수 도메인에선 정현파가 되고, 반대로 시공간 도메인에서 정현파를 푸리에 변환하면 주파수도메인에선 임펄스가 됩니다.

즉, 시공간 도메인에서 작은 곳에 모여있는 신호파형은 주파수 도메인에선 널리 퍼져서 나타나고, 반대로 시공간 도메인에서 넓은 곳에 퍼져있는 신호파형은 주파수 도메인에선 좁게 모여서 나타나게 되는 것입니다. 알면 알수록 신비로움 덩어리인 푸리에 변환이지요?!

부록

푸리에 영상처리 소스코드

1

Phase Swap(python)

▷ 관련 CHAPTER 4. 위상의 중요성

Phase Swap(위상 교환)

주파수 도메인에서의 위상의 중요성을 알아보는 이미지 실험

```
# 패키지 로딩
import numpy as np
import cv2
from matplotlib import pyplot as plt

# 진폭스펙트럼 구하는 함수
def get_magnitude_spectrum(img):
    #
    f = np.fft.fft2(img)
    fshift = np.fft.fftshift(f)
    magnitude_spectrum = np.log(np.abs(fshift))
    return magnitude_spectrum

# 위상스펙트럼 구하는 함수
def get_phase_spectrum(img):
    # 2차원 푸리에 변환
    f = np.fft.fft2(img)
    fshift = np.fft.fftshift(f)
    #angle함수로 위상 스펙트럼 구하기
    phase_spectrum = np.angle(fshift)
    return phase_spectrum

# 역 푸리에 변환 구하는 함수
def get_ifft2(img):
    # 2차원 역 푸리에 변환
    f = np.fft.ifft2(img)
    #shift = np.fft.ifftshift(f)
    # 진폭 스펙트럼 구하기
    magnitude_spectrum = np.log(np.abs(f))
    return magnitude_spectrum
```

```
# 그레이스케일 모드로 레나 이미지 로딩
img = cv2.imread('lena.jpg',0)

# 함수 호출로 진폭 및 위상 스펙트럼 구하기
ms= get_magnitude_spectrum(img)
ps= get_phase_spectrum(img)

# 결과 디스플레이
plt.figure(figsize=(19, 19))
plt.subplot(131),plt.imshow(img, cmap = 'gray')
plt.title('Input Image'),
plt.subplot(132),plt.imshow(ms, cmap = 'gray')
plt.title('Magnitude Spectrum')
plt.subplot(133),plt.imshow(ps, cmap = 'gray')
plt.title('Phase Spectrum')
plt.show()
```

Phase Swap(위상 교환)

주파수 도메인에서의 위상의 중요성을 알아보는 이미지 실험

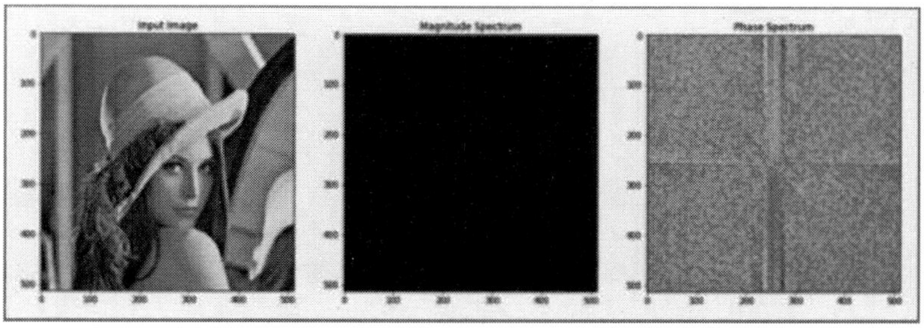


```
# 두 번째 이미지 로딩
img2 = cv2.imread('cman.png',0)

# 두 번째 이미지에 대해서도 진폭 및 위상 스펙트럼 구하기
ms2= get_magnitude_spectrum(img2)
ps2= get_phase_spectrum(img2)
# 두 번째 결과 디스플레이
plt.figure(figsize=(19, 19))
plt.subplot(131),plt.imshow(img2, cmap = 'gray')
plt.title('Input Image'),
plt.subplot(132),plt.imshow(ms2, cmap = 'gray')
plt.title('Magnitude Spectrum')
```

```
plt.subplot(133),plt.imshow(ps2, cmap = 'gray')
plt.title('Phase Spectrum')
plt.show()
```

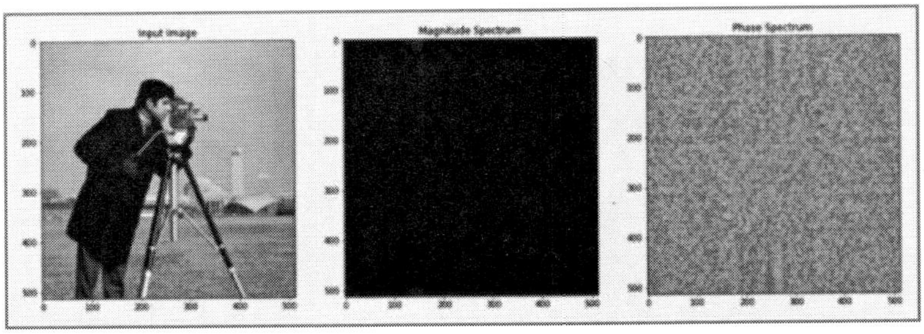

```
# 서로 위상 스펙트럼만을 교환
fshift1= ms * np.exp(1j * ps2)
fshift2= ms2 * np.exp(1j * ps)

# 역 푸리에 변환
mag1= get_ifft2(fshift1)
mag2= get_ifft2(fshift2)

# 역 푸리에 변환 결과 디스플레이
plt.figure(figsize=(19, 19))
plt.subplot(121),plt.imshow(mag1, cmap = 'gray')
plt.title('Magnitude Spectrum'),
plt.subplot(122),plt.imshow(mag2, cmap = 'gray')
plt.title('Magnitude Spectrum')
plt.show()
```

Phase Swap(위상 교환)

주파수 도메인에서의 위상의 중요성을 알아보는 이미지 실험

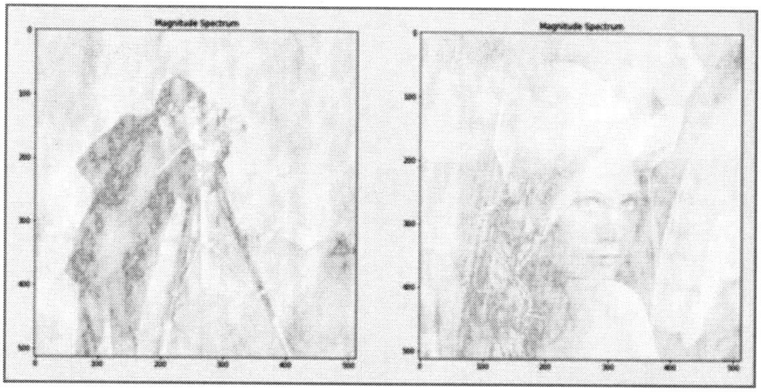

좌측: 카메라맨으로 위상을 바꾼 레나 이미지는 카메라맨 처럼 보이고, 우측: 레나로 위상을 바꾼 카매라맨 이미지는 레나처럼 보입니다.
결국 진폭 보다 위상에 더 많은 기하학적 정보가 들어있는 셈이죠.

2

푸리에 LPF 필터링

▷ 관련 CHAPTER 5. 푸리에콘볼루션 정리

LPF(저주파 통과 필터링)

고주파는 억제하고 저주파 성분만 통과시키는 필터를 LPF(Low Pass Filter)라고 부른다.
공간 도메인에서의 스무딩 필터와 유사하다.

```
# 패키지 로딩
import cv2
import numpy as np
import matplotlib.pyplot as plt

# 그레이스케일 모드로 이미지 로딩
img = cv2.imread('ein.png', 0)

# 2차원 fft(고속 푸리에 변환)
f = np.fft.fft2(img)

# FFT알고리즘에 따른 사분면 재정렬
fshift = np.fft.fftshift(f)

# 진폭스펙트럼 구하고 로그함수로 비선형 강조
magnitude_spectrum = 20*np.log(np.abs(fshift))

# 저주파 필터링용 마스크 중심점
rows, cols = img.shape
crow, ccol = int(rows/2.0), int(cols/2.0)
# 내부는 1, 외부는 0인 정사각형 마스크
mask = np.zeros((rows, cols), np.uint8)
mask[crow-20:crow+20, ccol-20:ccol+20] = 1

# 마스크 적용(콘볼루션 정리)
fshift = fshift*mask

# 역 푸리에 변환
f_ishift = np.fft.ifftshift(fshift)
img_back = np.fft.ifft2(f_ishift)
```

```
# 진폭스펙트럼 구하기
img_back = np.abs(img_back)

# 필터링 결과 디스플레이
plt.figure(figsize=(19, 19))
plt.subplot(131),
plt.imshow(img, cmap='gray')
plt.title('Input Image')
plt.subplot(132),
plt.imshow(np.log(np.abs(fshift)),
cmap='gray')
plt.title('Magnitude Spectrum')
plt.subplot(133),plt.imshow(img_back,
cmap = 'gray')
plt.title('Image after LPF') plt.show()
```

LPF(저주파 통과 필터링)

콘볼루션 필터링 보다 FFT를 이용한 주파수도메인 필터링이 이미지가 클수록, 그리고 커널 사이즈가 클수록 필터링 속도가 더 빠르다고 한다.

따라서 딥러닝의 콘볼루션도 FFT로 고속화하기도 한다.

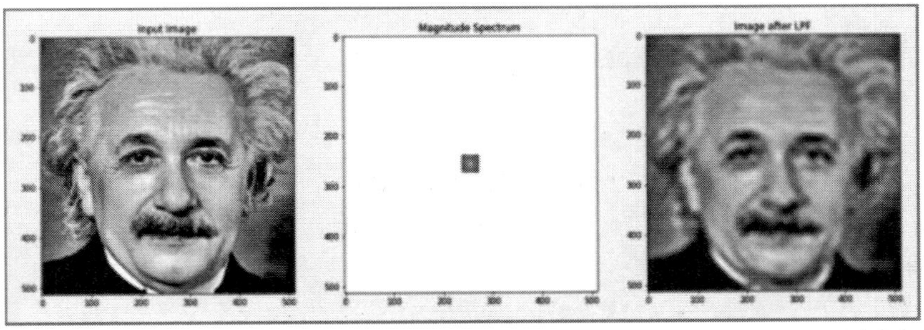

3

푸리에 HPF 필터링

▷ 관련 CHAPTER 5. 푸리에콘볼루션 정리

```
# 패키지 로딩
import cv2
import numpy as np
import matplotlib.pyplot as plt

# 그레이스케일 모드로 이미지 로딩
img = cv2.imread('ein.png', 0)

# 2차원 fft(고속 푸리에 변환)
f = np.fft.fft2(img)

# FFT알고리즘에 따른 사분면 재정렬
fshift = np.fft.fftshift(f)

# 진폭스펙트럼 구하고 로그함수로 비선형 강조
magnitude_spectrum =
20*np.log(np.abs(fshift))

# 저주파 필터링용 마스크 중심점
rows, cols = img.shape
crow, ccol = int(rows/2.0), int(cols/2.0)
# 마스크 적용(콘볼루션 정리)
fshift[crow-20:crow+20, ccol-20:ccol+20] = 0

# 역 푸리에 변환
f_ishift = np.fft.ifftshift(fshift)
img_back = np.fft.ifft2(f_ishift)

# 진폭스펙트럼 구하기
img_back = np.abs(img_back)
```

HPF(고주파 통과 필터링)

저주파는 억제하고 고주파 성분만 통과시키는 필터를 HPF(High Pass Filter)라고 부른다.
공간 도메인에서의 에지 검출 필터와 유사하다.

HPF(고주파 통과 필터링)

콘볼루션 필터링 보다 FFT를 이용한 주파수도메인 필터링이 이미지가 클수록, 그리고 커널 사이즈가 클수록 필터링 속도가 더 빠르다고 한다.
따라서 딥러닝의 콘볼루션도 FFT로 고속화하기도 한다.

```
# 필터링 결과 디스플레이
plt.figure(figsize=(19, 19))
plt.subplot(131),
plt.imshow(img, cmap='gray')
plt.title('Input Image')
plt.subplot(132),
plt.imshow(np.log(np.abs(fshift)),
cmap='gray')
plt.title('Magnitude Spectrum')
plt.subplot(133),plt.imshow(img_back,
cmap = 'gray')
plt.title('Image after LPF') plt.show()
```

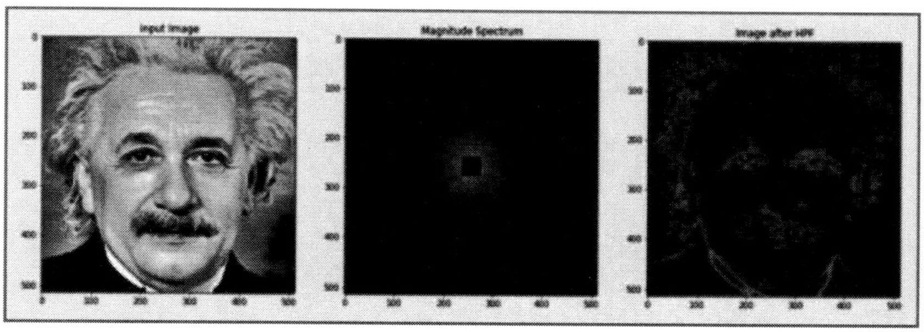

4

푸리에 Laplacian 필터링

▷ 관련 CHAPTER 5. 푸리에콘볼루션 정리

```
# 패키지 로딩
import cv2
import numpy as np
from matplotlib import pyplot as plt

# 3x3 laplacian 콘볼루션 커널
laplacian=np.array([[0, 1, 0], [1,-4, 1],
[0, 1, 0]])

# 커널의 2차원 푸리에 변환 및 사분면 교환
fft_filter = np.fft.fft2(laplacian)
fft_shift = np.fft.fftshift(fft_filter)

# 진폭스펙트럼 계산
mag_spect = np.log1p(np.abs(fft_shift))

# 512x512 로 리사이즈
mag_spect= cv2.resize(mag_spect, (512, 512))

# 필터링할 이미지 그레이스케일 모드로 로드
image= cv2.imread("astro.jpg", 0)

# 이미지 크기 동기화
image= cv2.resize(image, (512, 512))

# 이미지 푸리에 변환
fft_image= np.fft.fftshift(np.fft.fft2(image))
#mag_image= np.abs(fft_image)

## 푸리에 콘볼루션 정리
# 엘리먼트 곱
producted= fft_image*mag_spect
```

Fourier Laplacian Filtering (푸리에 라플라시안 필터링)

라플라시안 필터링은 일종의 HPF 필터링으로, 공간도메인에서 콘볼루션으로도 가능하지만 이 예제에서처럼 주파수도메인에서도 가능하다. 그 비결은 푸리에 콘볼루션 정리.

```
# 푸리에 역변환
filtered= np.fft.ifft2(producted)
# 역변환 결과의 진폭 계산
mag_filtered = np.log1p(np.abs(filtered))

# 필터링 결과 디스플레이하기
plt.figure(figsize=(15, 15))
plt.subplot(2,2,1)
plt.imshow(image ,cmap = 'gray')
plt.title('Input')
plt.subplot(2,2,2)
plt.imshow(mag_spect ,cmap = 'gray')
plt.title('Laplacian Filter')
plt.subplot(2,2,3)
plt.imshow(mag_filtered ,cmap = 'gray')
plt.title('Filtered') plt.show()
```

Fourier Laplacian Filtering (푸리에 라플라시안 필터링)

라플라시안 필터링 외에도 Sobel, Scharr, Roberts, Log, Emboss, Dog 필터링 등도 주파수 도메인에서 필터링이 가능하다.

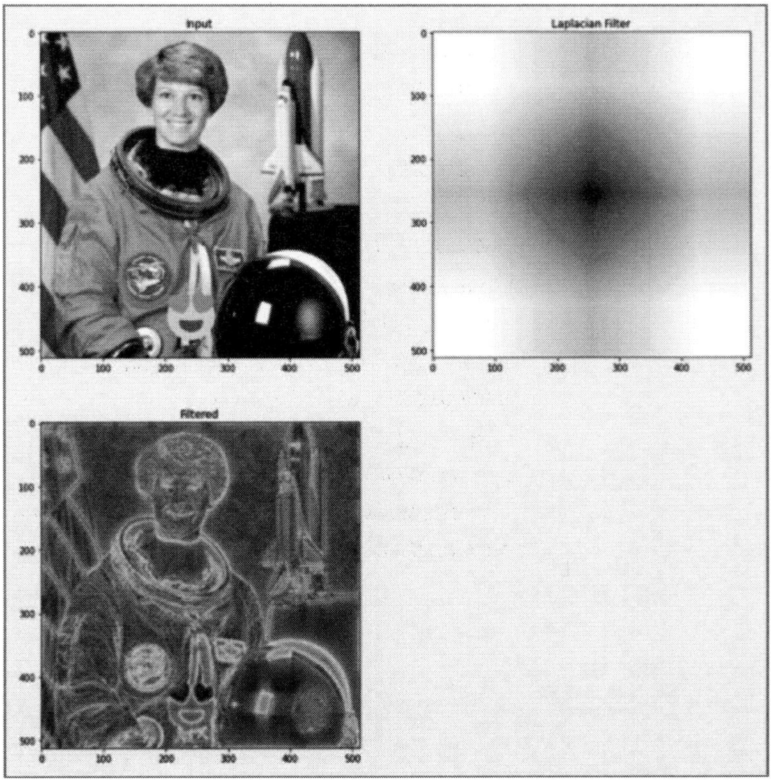

5

Homo-morphic Filter(python)

▷ 관련 CHAPTER 9. 준동형 필터

Homomorphic Filter(준동형 필터)

준동형 필터는 그림자나 조명의 영향을 줄여준다.

```
import cv2
import numpy as np

# 그레이스케일 모드로 이미지 로딩
img = cv2.imread('file path', 0)
# 세로, 가로
rows = img.shape[0]
cols = img.shape[1]

# 조명 요소와 반사 요소를 분리하기 위해 log를 취함
imgLog = np.log1p(np.array(y, dtype='float') / 255)
# y값을 0~1사이로 조정한 뒤 log(x+1)

# frequency를 이미지로 나타내면 4분면에 대칭적으로 나타나므로
# 4분면 중 하나에 이미지를 대응시키기 위해 row와 column을 2배씩 늘려줌
M = 2*rows + 1
N = 2*cols + 1

# gaussian mask 생성 sigma = 10
sigma = 10
# 0~N-1(and M-1) 까지 1단위로 space를 만듬
(X, Y) = np.meshgrid(np.linspace(0, N-1, N),
np.linspace(0, M-1, M))
# 올림 연산
Xc = np.ceil(N/2)
Yc = np.ceil(M/2)
gaussianNumerator = (X - Xc)**2 + (Y - Yc)**2 # 가우시안 분자 생성
```

```
# low pass filter와 high pass filter 생성
LPF = np.exp(-gaussianNumerator /
(2*sigma*sigma))
HPF = 1 - LPF

# LPF랑 HPF를 0이 가운데로 오도록 iFFT함.

# 각 귀퉁이로 모아 줌
LPF_shift = np.fft.ifftshift(LPF.copy())
HPF_shift = np.fft.ifftshift(HPF.copy())

# Log를 씌운 이미지를 FFT해서 LPF와 HPF를 곱해 LF성분과 HF성분을 나눔
img_FFT = np.fft.fft2(imgLog.copy(), (M, N))
# low frequency 성분
img_LF = np.real(np.fft.ifft2(img_FFT.copy() * LPF_shift, (M, N))
# high frequency 성분
img_HighF = np.real(np.fft.ifft2(img_FFT.copy() * HPF_shift, (M, N))

# 각 LF, HF 성분에 scaling factor를 곱해주어 조명값과 반사값을 조절함
gamma1 = 0.3
gamma2 = 1.5
img_adjusting = gamma1*img_LF[0:rows, 0:cols] +
gamma2*img_HF[0:rows, 0:cols]

# 조정된 데이터를 이제 exp 연산을 통해 이미지로 만들어줌
img_exp = np.expm1(img_adjusting) # exp(x) + 1
# 0~1사이로 정규화
img_exp = (img_exp - np.min(img_exp)) / (np.max(img_exp) - np.min(img_exp))
# 255를 곱해서 intensity값을 만들어
img_out = np.array(255*img_exp, dtype = 'uint8')
# Grayscale2RGB
img_G = img_out
result = cv2.cvtColor(img_G, cv2.COLOR_Gray2BGR)
cv2.imshow('homomorphic', result)
```

Homomorphic Filter(준동형 필터)

준동형 필터는 달리 말하면 이미지의 초저주파 잡음을 일부분 제거해 주는 셈이다.

Homomorphic Filter(준동형 필터)

준동형 필터는 이미지 뿐 아니라 오디오나 센서신호 같은 1차원 신호를 저주파 필터링 할때도 종종 사용한다고 한다.

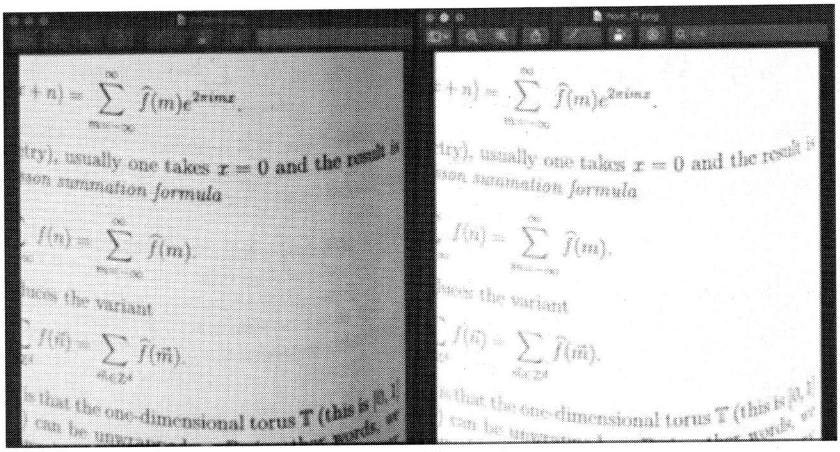

6

Spectral Residual Saliency Map(matlab)

▷ 관련 CHAPTER 10. 스펙트럴 샐리언시맵

SRSM(스펙트럴 레지듀얼 샐리언시맵)

SRSM은 주기적이고 글로벌한 배경속에 숨어있는 비 주기적이고 로컬한 물체를 찾아내는데 탁월한 성능을 보인다.

```
% 매트랩 코드이지만 Octave(오픈소스 매트랩 clone)에서도 잘 돌아갑니다.
% 변수 및 그래픽 초기화
clc;
clear all;
close all;

% 영상처리 패키지 로드
pkg load image

% 이미지 로드 및 확인
inImg = imread('defect36.png');
figure(1); imshow(inImg)
```

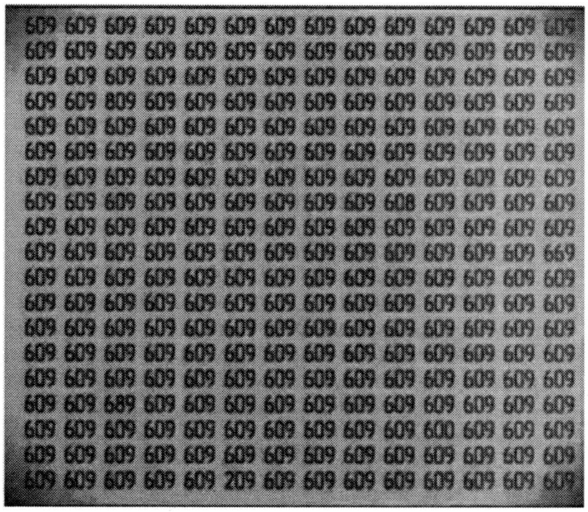

```
% 이미지 스무딩
inImg2= conv2(inImg(:,:,2),
ones(5, 5)/25.0, "same");
% 이미지 리사이즈
inImg = imresize(inImg2, [128 128]);
```

```
% 2차원 푸리에 변환 후 Log Amplitude 구하기
myFFT = fft2(inImg);
myLogAmplitude = log(abs(fftshift(myFFT)).+1);

% 복소 어레이로부터 Phase 구하기
myPhase = angle(myFFT);
% get Residual of Spectral
mySpectralResidual =
myLogAmplitude - imfilter(myLogAmplitude,
fspecial('average', 3), 'replicate');
figure(2); imshow(mySpectralResidual)

% Saliency Map 구하기
saliencyMap = abs(ifft2(exp(mySpectralResidual + i*myPhase))).^2;

% 샐리언시맵 후처리
% 가우시안 스무딩
saliencyMap = mat2gray(imfilter(saliencyMap, fspecial('gaussian', [10, 10],
2.5)));

% 결과 디스플레이
figure(3);imshow(saliencyMap);
```

SRSM(스펙트럴 레지듀얼 샐리언시맵)

SRSM은 또한 자연스러운 배경속에서 인공적인 물체를 찾아내는 데 에도 좋은 성능을 보이며, 반대로 인공적인 배경속에서 자연스러운 물체를 찾아내는 데에도 좋은 성능을 보인다고 한다.

SRSM(스펙트럴 레지듀얼 샐리언시맵)

샐리언시맵을 구현하는 방법은 참으로 여러 가지가 있지만 특히 주파수도메인 기법인 SRSM은 주기적인 이미지에서의 결함 검출에 특히 뛰어난 성능을 보인다.

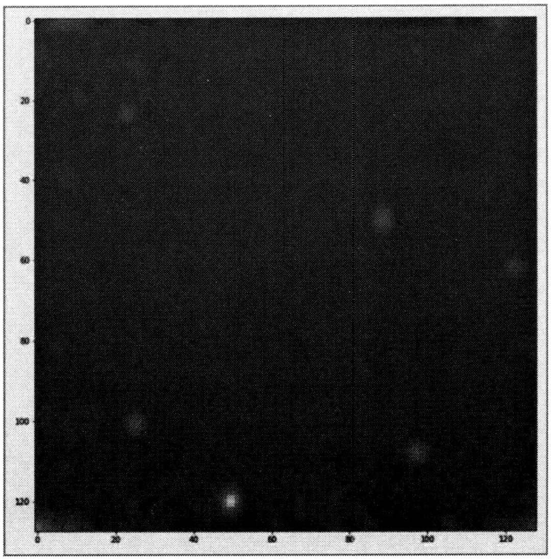

7

Phase discrepancy(python)

▷ 관련 CHAPTER 13. 위상편차

```
# 패키지 로딩
import cv2
import numpy as np
import matplotlib.pyplot as plt

# 실수부와 허수부로 복소수어레이 합성 함수
def complex_numpy(real, imag):
    #return real + imag * 1j
    return real * np.exp(1j * imag)
# 두 이미지 그레이스케일 모드로 로딩
img1 = cv2.imread('aa.jpg', 0)
img2 = cv2.imread('bb.jpg', 0)

# 2차원 푸리에 변환
d1 = np.fft.fft2(img1)
d2 = np.fft.fft2(img2)

# 위상 및 진폭스펙트럼 구하기
phase1 = np.angle(d1)
amp1   = np.abs(d1)
phase2 = np.angle(d2)
amp2   = np.abs(d2)

# 진폭차로 새로운 복소수 어레이들 생성
z1= complex_numpy((amp1-amp2), phase1)
z2= complex_numpy((amp2-amp1), phase2)

# 2차원 역 푸리에 변환
m1 = np.fft.ifft2(z1)
m2 = np.fft.ifft2(z2)
```

Phase Discrepancy(위상편차)

위상편차는 제가 처음 번역한 명칭입니다.
아직 한글로 번역된 이름을 찾지 못했기 때문이죠.
위상불일치, 위상편차 중에 어떤 명칭이 마음에 드시나요?

Phase Discrepancy(위상편차)

위상편차 산출식에서 진폭차가 아닌 위상차를 교차시켜 역변환하면 어떤 결과가 나올까요?

```
# 위상차 진폭
m11 = np.abs(m1)
m22 = np.abs(m2)

# 중간 결과 디스플레이
plt.figure(figsize=(15, 15))
plt.imshow(img1)
plt.imshow(img2)
plt.show()

# 엘리먼트곱
m12 = np.multiply(m11, m22)

# 위상편차 이미지 정규화
result = np.interp(m12, (m12.min(),
m12.max()), (0, 255))

# 최종 위상편차 디스플레이
plt.figure(figsize=(15, 15))
plt.imshow(result)
plt.show()
```

Phase Discrepancy(위상편차)

위상편차는 차량감시나 CCTV, 제조업 등에서 여전히 중요하게 쓰이는 차영상의 품질을 한차원 높여주는데 크게 활용이 기대됩니다.

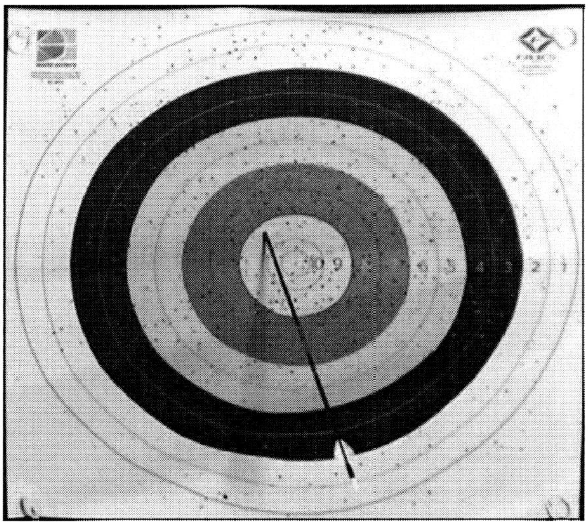

aa.jpg

Phase Discrepancy(위상편차)

만약, 위상편차를 딥러닝 네트워크의 loss 함수로 사용한다면 어떤 일이 벌어질까요?

bb.jpg

산출된 위상편차 이미지

8

POC(python)

▷ 관련 CHAPTER 11. 위상한정 상관

```
# 패키지 로딩
import numpy as np
from scipy import misc

# a and b are numpy arrays
# 두 이미지 a, b에 대한 위상한정상관 계산 함수
def phase_correlation(a, b):
    # 2차원 푸리에 변환
    G_a = np.fft.fft2(a)
    G_b = np.fft.fft2(b)
    # G_b의 켤레복소수 계산
    conj_b = np.ma.conjugate(G_b)
    # 주파수 도메인에서의 엘리먼트 곱
    R = G_a*conj_b
    # 위상만으로 코릴레이션 하기위해 절대값으로 나누어 정규화
    R /= np.absolute(R)
    # 푸리에 역변환 후 가시화를 위해 진폭 구하기
    r = np.abs(np.fft.ifft2(R))
    return r

# 메인 함수
def main():
    # 비교할 두 이미지 파일명
    infile1 = "before.jpg"
    infile2 = "after.jpg"
    # 출력 이미지 파일명
    outfile = "result.jpg"
    # 두 이미지 로드
    road1 = misc.imread(infile1)
    road2 = misc.imread(infile2)
    # 위상한정상관 함수 호출
    result = phase_correlation(road1, road2)
```

Phase Only Correlation (위상한정 상관)

공간 도메인에서의 픽셀기반 코릴레이션 보다 잡음, 회전, 왜곡 등에 강건하게 매칭이 가능해 적외선-가시광 이미지 정합(registration)이나 의료분야 등에서 초음파-CT 이미지 처럼 센싱 방식이 전혀다른 두 이미지를 정합할 때 많이 사용된다.

```
    # 결과 이미지 저장
    misc.imsave(outfile, result)

# 메인 함수
if __name__=="__main__":
  main()
```

Phase Only Correlation (위상한정 상관)

위상한정 상관은 위치 매칭 외에도 유사도 측정용으로도 사용가능하다.
또한 위상한정 상관도 딥러닝 네트웍의 loss 함수로 활용이 가능하다. SiameseNetwork이나 VAE 같은 곳에서...

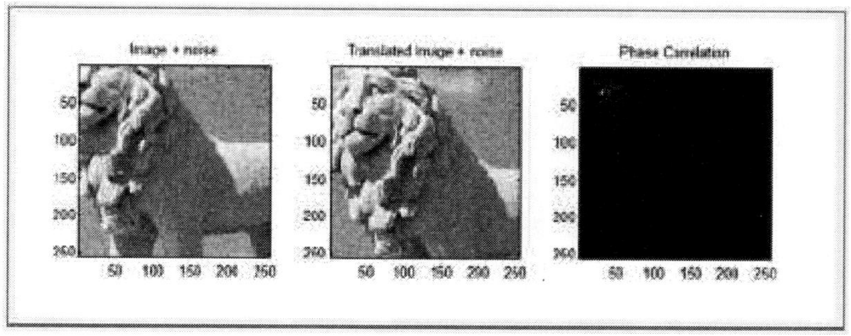

위상한정 상관으로 구해진 코릴레이션 스페이스
코릴레이션 스페이스를 median filtering 등으로 후처리 하면 더 나은 매칭 피크를 얻을수도 있다.
OpenCV 함수에도 POC함수가 있지만 아쉽게도 이 예제의 출력물과 같은 코릴레이션 스페이스를 제공하지 않는다. 하지만 복잡한 응용에선 저런 코릴레이션 스페이스를 직접 계산해 후처리후 직접 피크를 검출하여 매칭의 성능을 최적화하는 것을 추천한다.

9

DCT2 Mura Detect(matlab)

▷ 관련 CHAPTER 24. 이산 코사인 변환(DCT)

```
% Octave에서 잘 돌아갑니다.
% 변수 및 그래픽 초기화
clear all
close all
clc

% 영상처리 및 신호처리 패키지 로딩
pkg load image
pkg load signal     % for DCT2

a= imread("mura1.png"); % 테스트용 이미지 읽기
a2= rgb2gray(a);% 그레이스케일링
a3= imresize(a2, [512, 512]);% 이미지 리사이즈
a4= conv2(a3, ones(3, 3)/9.0, "same");% 스무딩
a5= uint8(mat2gray(a4));% byte 자료형으로

% 무라 이미지 디스플레이
% imagesc 는 자동 정규화해서 이미지를 보여주는 명령
figure(1);imagesc(a3); title("512x Mura Image")

b= dct2(a3);% 이산 코사인변환

% dct 스펙트럼 디스플레이
% imagesc 는 자동 정규화해서 이미지를 보여주는 명령.
figure(2); imagesc(b); title("2D DCT of Mura Image")

% dct 필터링용 커널 생성
% i=j=1 인 영역을 제외하고 모두 0으로 필터링
% 일종의 초저주파 High Pass Filter인 셈.
for i=1:512
    for j=1:512
        if (i>1) && (j>1)
```

Discrete Cosine Transform (이산 코사인 변환)

이산 코사인 변환은 저주파 정보의 표현에 유리하기 때문에 희미한 무라 검출에 종종 쓰인다고 한다.

```
            b(i, j) =0;
        endif
    endfor
endfor
% 역 디스크리트 코사인 변환, 2차원
c= idct2(b);

% 결과 어레이를 그레이스케일 이미지로 변경하기
c2= uint8(255 * mat2gray(c));
% 결과 디스플레이 하기
% imagesc 는 자동 정규화해서 이미지를 보여주는 명령
figure(4);imagesc(c2); title("Removed Background")

% 차영상 구하기 --------------
d= imabsdiff(aaaa, c);
% 결과 이미지 디스플레이 하기
figure(5);imagesc(d); title("Subtracted Mura Only")
```

Discrete Cosine Transform (이산 코사인 변환)

이산 코사인 변환은 실수만의 연산이고 속도가 빨라서 실시간 오토-포커싱 등에도 쓰인다고 한다.

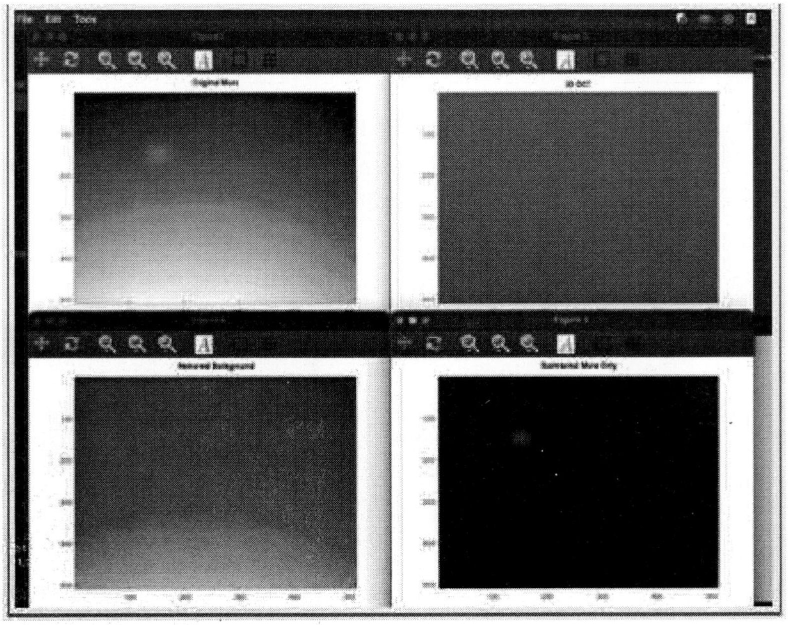

10

Phase Congruency(python)

▷ 관련 CHAPTER 12. 위상합동 에지

```
# 패키지 로딩
import phasepack  #
import imageio
import numpy as np
from PIL import Image
import matplotlib.pyplot as plt

# 그레이스케일 모드로 이미지 로딩
aa =
Image.open('/Users/irix/circle-detector/src/ball.jpg').convert('LA')
bb= np.asarray(aa)
# 패이즈팩으로 위상합동 에지 검출
pc, _,_,_= phasepack.phasecongmono(bb)
# 결과 어레이 정규화 및 이미지로 변경
pc1= Image.fromarray(255.*pc)

# 결과 에지맵 디스플레이
plt.figure(figsize=(10, 10))
plt.imshow(pc1)
plt.show()
```

Phase Congruency(위상합동)

위상합동 에지는 다른 에지들에 비해 조명이나 콘트라스트의 변화에 비교적 강건하다고 합니다. 특히 그림자에 강하다고해요.

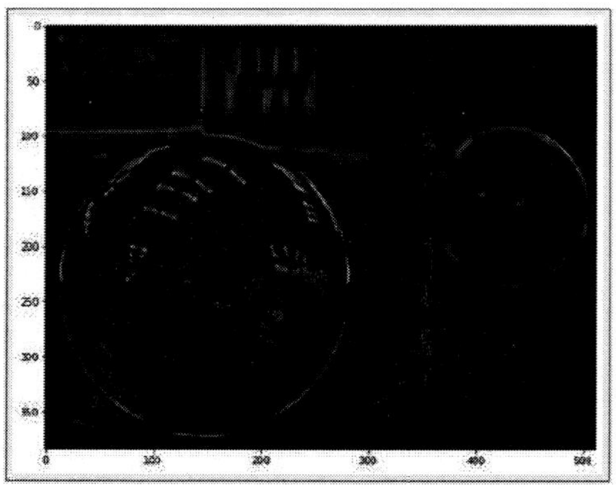

위상합동 에지 결과

11 Image Cepstrum(python)

▷ 관련 CHAPTER 16. 이미지 켑스트럼

```
"""
1. 함수 생성
"""
# 이미지 켑스트럼을 계산하는 함수
def calc_image_cepstrum(img):
    """
    Calculate the image cepstrum of an image.
    :param img: The image to calculate the cepstrum of.
    :return: The image cepstrum.
    ""“
    # 이미지를 2차원 푸리에 변환하기
    img_ft = np.fft.fft2(img)

    # 절대값 함수로 진폭스펙트럼 구하기
    # 로그 함수로 비선형 강조하기
        img_ft_log = np.log(np.abs(img_ft))

    # 로그 스펙트럼을 한번 더 푸리에 변환하기
        img_ft_log_ft = np.fft.fft2(img_ft_log)

    # 푸리에 역변환으로 이미지 켑스트럼 구하기
        img_cepstrum = np.real(np.fft.ifft2(img_ft_log_ft))
        return img_cepstrum

"""
2. 이미지로부터 함수 호출
"""
# 그레이스케일 모드로 레나 이미지 로딩하기
img = cv2.imread('images/lenna.png', cv2.IMREAD_GRAYSCALE)

# 이미지 켑스트럼 함수 호출
img_cepstrum = calc_image_cepstrum(img)
```

Image Cepstrum(이미지 켑스트럼)

켑스트럼은 주로 오디오와 같은 1차원 신호처리용으로 많이 쓰이므로 이미지의 경우엔 특별히 Image Cepstrum 이라고 부른다.

Image Cepstrum(이미지 켑스트럼)

켑스트럼은 주로 오디오와 같은 1차원 신호처리용으로 많이 쓰이므로 이미지의 경우엔 특별히 Image Cepstrum이라고 부른다.

```
# 결과 켑스트럼 디스플레이
plt.figure()
plt.imshow(img_cepstrum, cmap='gray')
plt.title('Image Cepstrum')
plt.show()

"""
3. 컬러 이미지로부터 이미지 켑스트럼 구하기
"""
# 레나 이미지를 컬러모드로 로딩
img = cv2.imread('images/lenna.png', cv2.IMREAD_COLOR)

# 그레이스케일러 변경
img = cv2.cvtColor(img, cv2.COLOR_BGR2GRAY)

# 이미지 켑스트럼 함수 호출
img_cepstrum = calc_image_cepstrum(img)

# 결과 디스플레이
plt.figure()
plt.imshow(img_cepstrum, cmap='gray')
plt.title('Image Cepstrum')
plt.show()
```

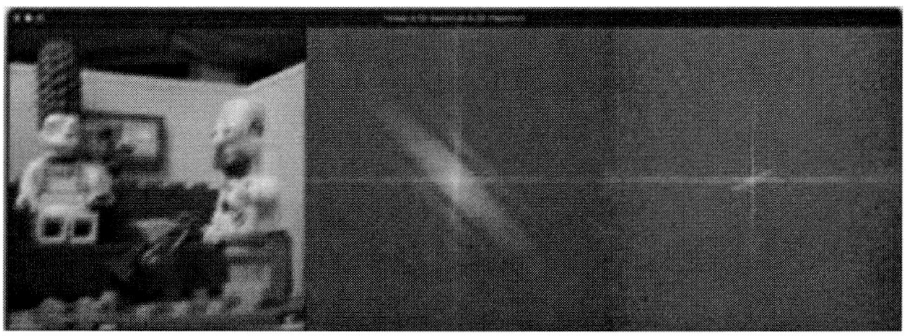

12

Pulse Phase Thermography(python)

▷ 관련 CHAPTER 14. 위상 써모그래피

Phase Thermography (위상 써모그래피)

위상 써모그래피는 열전달의 시간지연을 위상으로 분석해 내부정보를 재구성한다.

```
# 필요한 패키지 로딩
import cv2
import numpy as np
import scipy.io
import scipy
import numpy
import matplotlib.pyplot as plt

# thermogram video 로딩
cap = cv2.VideoCapture('thermoJigLight.mp4')
# 프레임 초기화
frames = []
t=0
# 전체 프레임 수
n=1024
# 써모그램을 한프레임씩 읽어서
while(cap.isOpened()):
    ret, frame = cap.read()
    # 3x3커널로 블러링 하기
    frame= cv2.blur(frame, (3, 3))
    frames.append(frame)
    t +=1
    if t>n:
        break
        cap.release()
thermogram = np.stack(frames, axis=0)
# 프레임 크기 추출
yLength = thermogram.shape[1];
xLength = thermogram.shape[2];
# 출력
print(xLength)
print(yLength)
```

Phase Thermography (위상 써모그래피)

위상 써모그래피는 물체를 파괴하지 않고도 안을 들여다볼 수 있으므로 비파괴검사 기술의 일종이다.

Phase Thermography (위상 써모그래피)

위상 써모그래피, GPR, CT-Scan과 같은 대부분의 비파괴검사 기술엔 반드시 푸리에 변환이 들어있다.

```
# 빈 페이즈그램 이미지 생성
print('Init phasemap ................')
# 빈 페이즈맵 복소수어레이 생성
phasemap = numpy.zeros([n, yLength, xLength],
  dtype = numpy.complex64)

# 빈 ampligram 맵 복소수어레이 생성
print('Init amplimap .....................')
ampligram = numpy.zeros([n, yLength, xLength],
  dtype = numpy.complex64)
print('Init phasemap Ended !')

print('Calc 1d FFT ..........................')
# 3차원 써모그램 데이터에 대해서 1차원 FFT 수행.
fftmap = scipy.fft(thermogram[0 : n, :, :, 2] , axis = 0)

print('Ended calc  1d ffts !')
print('Begin calc  angle ................')

# 위상함수를 사용해 페이즈맵 이미지 생성
phasemap[:, :, :] = np.squeeze(np.angle(fftmap[:, :, :]))
print('Ended calc  angle !')

# 절대함수를 사용해 앰플리그램 맵 이미지 생성
ampligram[:, :, :] = np.squeeze(np.abs(fftmap[:, :, :]))
print('Ended calc  angle !')

plt.figure(figsize=(9, 9))
f=2
plt.imshow(np.abs(phasemap[f, :, :]))
plt.title('Phasegram of f= '+str(f))
plt.show()

plt.figure(figsize=(9, 9))
f=2
plt.imshow(np.abs(ampligram[f, :, :]))
```

```
plt.title('Ampligram of f= '+str(f))
plt.show()

plt.figure(figsize=(9, 9))
plt.plot(thermogram[0 : n, 320, 240, 2])
plt.ylim([0, 255])
plt.title('Amplitude of 320,240 ')
plt.show()
```

Phase Thermography (위상 써모그래피)

Pulse Phase Thermograpy와 달리 Lockin Thermography는 물체의 깊이 정보도 정확이 측정이 가능하다고 한다.

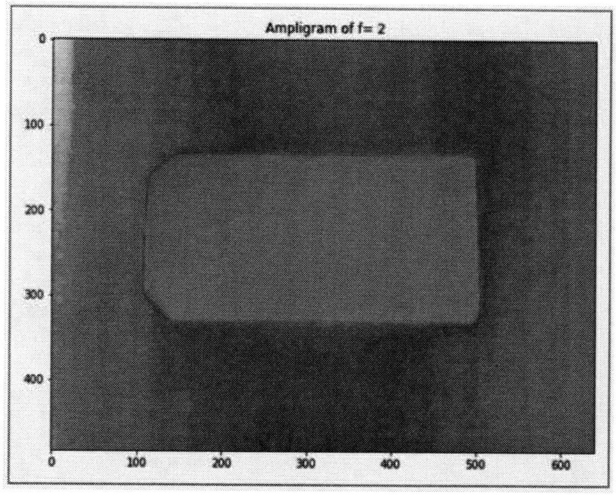

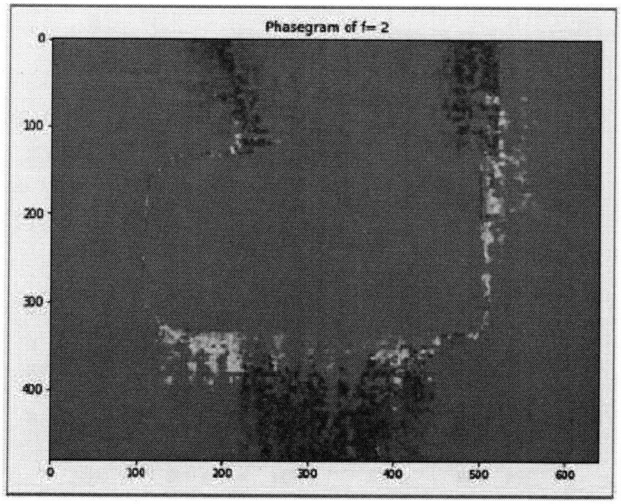

13

로그로그 스펙트럼

▷ 관련 CHAPTER 21. 로그로그 스펙트럼

```
# 패키지 로딩
import cv2
import numpy as np
from matplotlib import pyplot as plt
%matplotlib inline

# 이미지 로딩, 그레이스케일 모드.
img = cv2.imread('lena.jpg', cv2.IMREAD_GRAYSCALE)

# 2차원 푸리에 변환
f = np.fft.fft2(img)
fshift = np.fft.fftshift(f)

# 진폭스펙트럼 구하기
mags = 20 * np.log(np.abs(fshift))

# 이미지 중심점
ro,col=mags.shape
cent=(int(col/2),int(ro/2))
# 최대 반경 구하기
max_radius = int(np.sqrt(ro**2+col**2)/2)

# 진폭스펙트럼의 극좌표 변환
polar=cv2.linearPolar(mags,cent,max_radius,cv2.WARP_FILL_OUTLIERS)

# 수직방향으로 프로젝션 한후 정규화
vprojec = np.sum(polar, axis=0)
vprojec /= 512.0

# 결과 그래프 디스플레이
plt.figure(figsize=(15, 15))
plt.subplot(221), plt.imshow(img, cmap='gray')
```

log-log spectrum (로그로그 스펙트럼)

푸리에 변환 결과의 1차원 로그로그 스펙트럼이 −1의 기울기를 가지면 1/f 잡음이라고 부르며, 자연스러운 정보를 가질 가능성이 높다고 알려져 있다.

log–log spectrum (로그로그 스펙트럼)

푸리에 변환 결과의 1차원 로그로그 스펙트럼이 –1의 기울기를 가지면 1/f 잡음이라고 부르며, 자연스러운 정보를 가질 가능성이 높다고 알려져 있다.

```
plt.subplot(222), plt.imshow(mags, cmap='gray')
plt.subplot(223), plt.imshow(polar, cmap='jet', interpolation='bicubic')
plt.subplot(224), plt.plot(vprojec), plt.yscale('log'), plt.xscale('log')
```

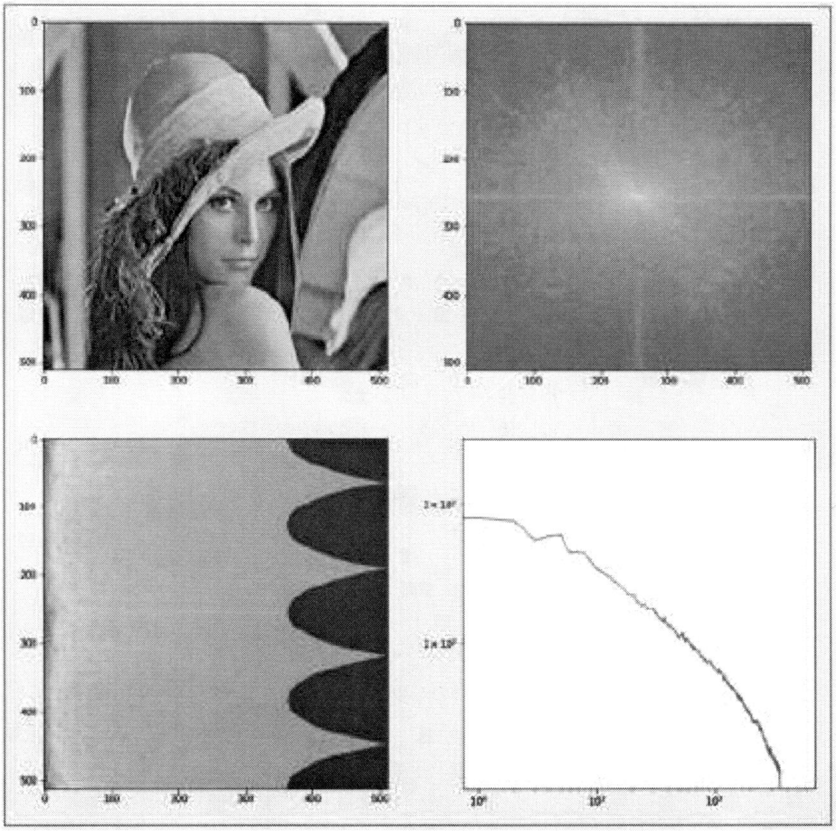

14

FFT를 이용한 이미지 shift

▷ 관련 CHAPTER 11. 위상한정상관

```
import numpy as np
from scipy import fftpack
from scipy import misc
import scipy
from skimage.color import rgb2gray

# spicy 패키지에 내장된 그레이스케일 이미지 로딩.
gray = scipy.misc.ascent()

# 2차원 푸리에변환
fourier_image = fftpack.fft2(gray)

# 가로 세로 쉬프트할 양.
dx = 150
dy = 90

# 공간주파수 도메인 공간에서 메시그리드 생성
fx, fy = np.meshgrid(np.arange(-gray.shape[0]//2, gray.shape[0]//2),
                     np.arange(-gray.shape[1]//2, gray.shape[1]//2))

# 주파수 이미지에 지수 펄스함수 곱하기
fourier_image *= np.exp(-2j * np.pi * dy * fy / gray.shape[1])
fourier_image *= np.exp(-2j * np.pi * dx * fx / gray.shape[0])
```

쉬프트된 이미지 결과
오리지널 이미지를 2차원 푸리에변환 한후에 쉬트할 변위정보를 담고있는 지수펄스함수를 곱하고 푸리에 역변환하면 쉬프트된 이미지가 만들어지게 됩니다.
물론 주파수도메인에서의 푸리에변환 방식이 아닌 공간도메인에서 이미지를 잘라붙여도 저런 쉬프트된 이미지를 얻을 수 있죠… 하지만 푸리에변환 방식을 사용하면 이미지가 클수록 컴퓨팅 메모리도 절약되고 계산도 간단합니다.
또한 푸리에변환은 3차원 이상의 고차원으로의 확장이 용이하기 때문에 비디오나 볼륨과 같은 3차원 이상의 데이타에 대한 공간 shifting 도 간단히 구현이 가능해집니다.

15

이미지에 Hamming 윈도우 씌워 푸리에변환

▷ 관련 CHAPTER 6. 윈도우 함수

```
import cv2
import numpy as np

# 너구리 이미지로딩
gray = scipy.misc.face()
#gray = rgb2gray(image)

# 2차원 해밍 윈도우 생성
window = np.hamming(gray.shape[0])[:, np.newaxis] *
np.hamming(gray.shape[1])

# 이미지에 해민 윈도우 곱하기(엘리먼트 곱)
gray_windowed = gray * window

# 이미지에 대한 2차원 푸리에변환
# 윈도잉 한 이미지
fourier = fft2(gray_windowed)
# 윈도잉 안한 이미지
fourier_no = fft2(gray)

# 복소평면 중심으로 사분면 교환
fourier_shift = fftshift(fourier)
fourier_shift_no = fftshift(fourier_no)

# 진폭 스펙트럼 계산하기
# 로그함수로 중심점의 피크를 죽이고 나머지를 비선형 강조함으로써 스펙트럼
가시성을 높여준다.
magnitude_spectrum = 20*np.log1p(np.abs(fourier_shift))
magnitude_spectrum_no = 20*np.log1p(np.abs(fourier_shift_no))

# 결과 이미지 디스플레이
import matplotlib.pyplot as plt
```

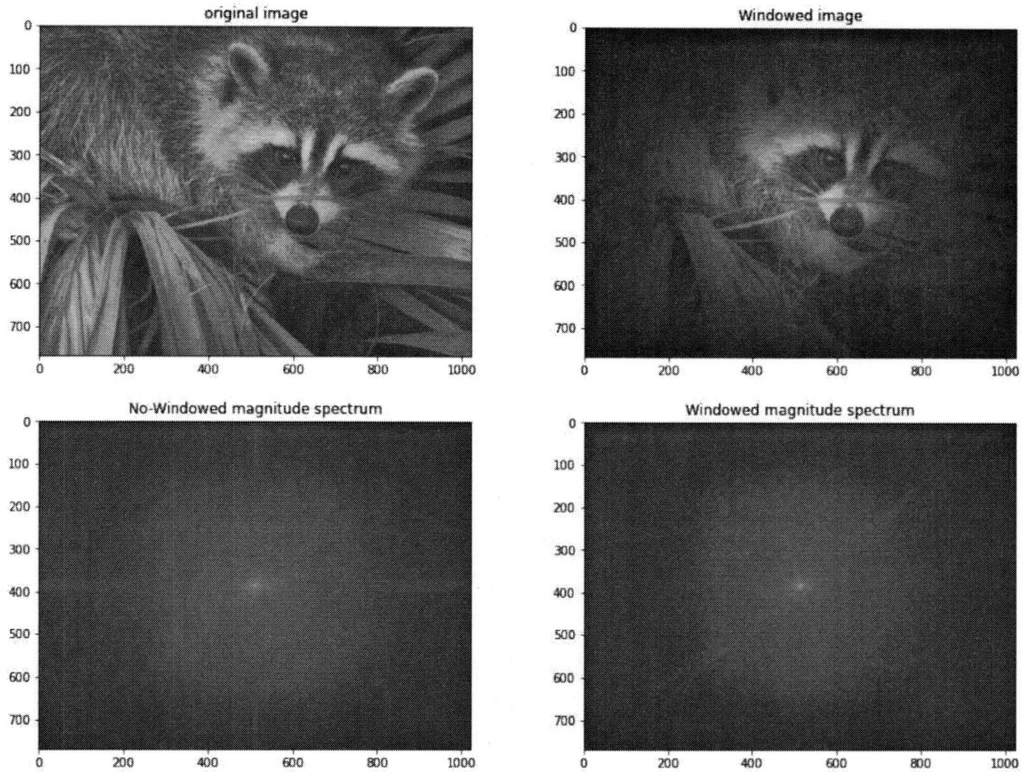

해밍윈도우를 씌워 구한 진폭스펙트럼 결과
윈도우를 안씌워 구한 진폭 스펙트럼에 비해 중앙의 십자선 같은 구조가 사라진걸 알수 있습니다. 즉, 이미지 가장자리의 수직 및 수평구조의 영향을 덜받게 되어 저주파영역에 모인 이미지에 대한 정보가 좀더 선명하게 스펙트럼에 표현되게 됨을 알수 있죠.
여기서도 딥러닝 콘볼루션에서의 제로패딩 과의 유사성이 보이죠?

16

1차원 FFT들 만으로 2차원 FFT 계산하기

▷ 관련 CHAPTER 6. 윈도우 함수

```
import numpy as np

# 2차원 푸리에변환 함수
def fft2d(data):
    rows, cols = data.shape
    # 복소수 어레이 생성
    fft_rows = np.empty(data.shape, dtype=np.complex)
    fft_cols = np.empty(data.shape, dtype=np.complex)

# 각 열마다 1차원 FFT 계산
    for i in range(rows):
        fft_rows[i] = np.fft.fft(data[i])

# 각 행마다 1차원 FFT 계산
    for j in range(cols):
        fft_cols[:, j] = np.fft.fft(fft_rows[:, j])

    return fft_cols

import scipy
from scipy import misc
import cv2

# 너구리 이미지 로딩
aa= scipy.misc.face()

# 그레이스케일
bb= cv2.cvtColor(aa, cv2.COLOR_BGR2GRAY)

# 2차원 FFT함수 호출
cc= np.fft.fftshift(fft2d(bb))
```

```
# 결과 디스플레이
import matplotlib.pyplot as plt

plt.figue(figsize=(9, 9)
plt.imshow(np.log1p(np.abs(cc)))
plt.show()
```

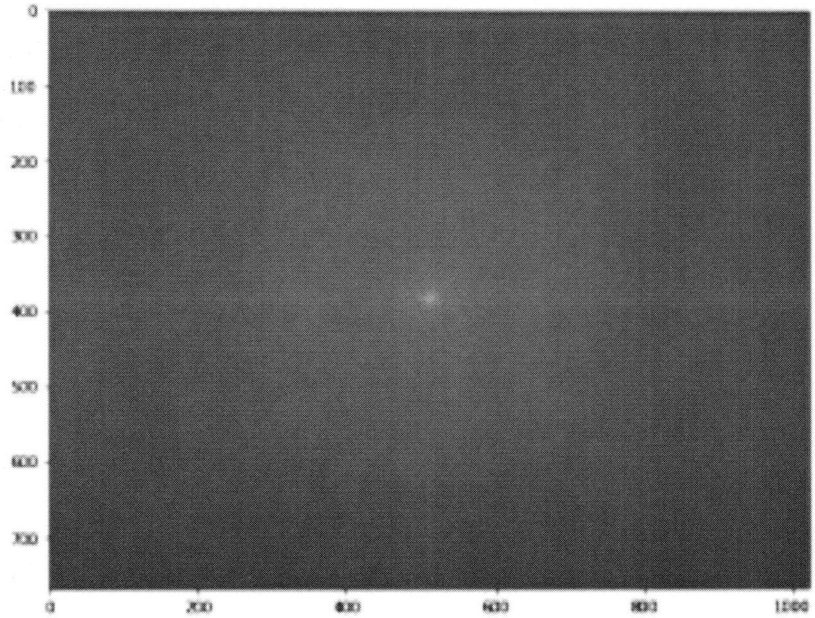

1차원 FFT만으로 구현된 2차원 FFT함수로 구한 이미지의 진폭스펙트럼.

17

Sinogram으로 ramp 필터링 하기

▷ 관련 CHAPTER 17. 푸리에 슬라이스 정리

코드 출처

https://github.com/IanB14/Sinogram-to-Image.git

```
## Imports
import numpy as np
import imutils
from skimage.transform import rotate ## Image rotation routine
import scipy.fftpack as fft             ## Fast Fourier Transform
import scipy.misc  ## Contains a package to save numpy arrays as .PNG

## Methods
"Radon transform method - turns an image into a sinogram (Not used for
reconstruction - this"
"is how the original sinogram was generated"
def radon(image, steps):
    #Build the Radon Transform using 'steps' projections of 'image'.
    projections = []          ## Accumulate projections in a list.
    dTheta = -180.0 / steps ## Angle increment for rotations.

    for i in range(steps):
        projections.append(rotate(image, i*dTheta).sum(axis=0))

    return np.vstack(projections) # Return the projections as a sinogram


"Translate the sinogram to the frequency domain using Fourier Transform"
##
def fft_translate(projs):
    #Build 1-d FFTs of an array of projections, each projection 1 row of
    the array.
    return fft.rfft(projs, axis=1)

## 램프 필터링 함수
def ramp_filter(ffts):
    #Ramp filter a 2-d array of 1-d FFTs (1-d FFTs along the rows).
```

```
    ramp = np.floor(np.arange(0.5, ffts.shape[1]//2 + 0.1, 0.5))
    return ffts * ramp

## 1차원 역푸리에변환 함수
def inverse_fft_translate(operator):
    return fft.irfft(operator, axis=1)

## 백프로젝션 함수
def back_project(operator):
    laminogram = np.zeros((operator.shape[1],operator.shape[1]))
    dTheta = 180.0 / operator.shape[0]
    for i in range(operator.shape[0]):
        temp = np.tile(operator[i],(operator.shape[1],1))
        temp = rotate(temp, dTheta*i)
        laminogram += temp
    return laminogram

## Main
## ==============================================================


import imageio

## 시노그램 이미지 로딩.
## 출처: https://github.com/IanB14/Sinogram-to-Image/blob/master/ \
## Images/originalSinogramImage.png?raw=true
sinogram = imageio.imread('sinog.png')

import matplotlib.pyplot as plt
plt.imshow(sinogram)
plt.title("Original Sinogram")
plt.show()

## 필터링 없는 백프로젝션 복원
unfiltered_reconstruction = back_project(sinogram)
plt.imshow(unfiltered_reconstruction)
plt.title("Reconstruction with no filtering")
```

```
plt.show()

## 시노그램의 1차원 진폭스펙트럼
frequency_domain_sinogram = fft_translate(sinogram)

plt.imshow(frequency_domain_sinogram)
plt.title("Frequency Domain representation of sinogram")
plt.show()

## 램프 필터링된 1차원 진폭 스펙트럼
filtered_frequency_domain_sinogram = ramp_filter(frequency_domain_sinogram)
plt.imshow(filtered_frequency_domain_sinogram)
plt.title("Frequency domain projections multipled with a ramp filter")
plt.show()

## 1차원 역푸리에변환
filtered_spatial_domain_sinogram = inverse_fft_translate(filtered_frequency_
domain_sinogram)

plt.imshow(filtered_spatial_domain_sinogram)
plt.title("Spatial domain representation of ramp filtered sinogram")
plt.show()

## 백프로젝션 복원.
reconstructed_image = back_project(filtered_spatial_domain_sinogram)
plt.imshow(reconstructed_image)
plt.title("Original, reconstructed image")
plt.show()

## 해밍윈도우를 씌워 램프 필터링
window = np.hamming(566)
hamming = reconstructed_image * window
plt.imshow(hamming)
plt.title("Hamming-Windowed reconstructed image")
plt.show()
```

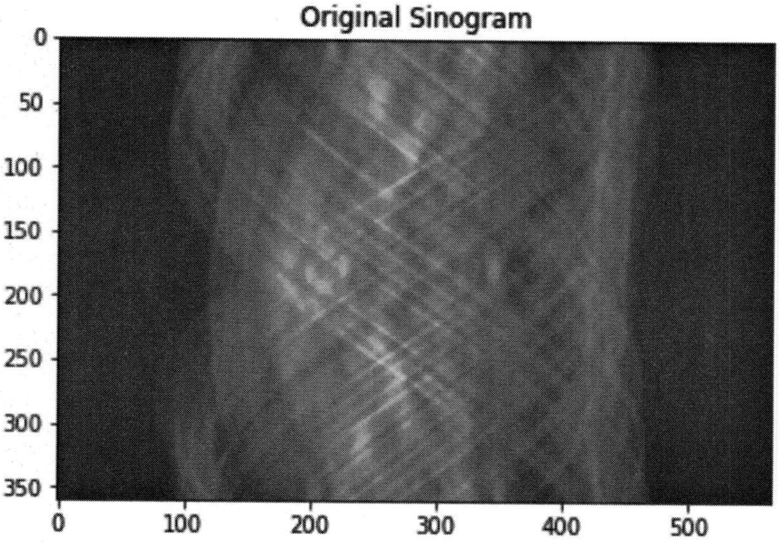

입력할 시노그램

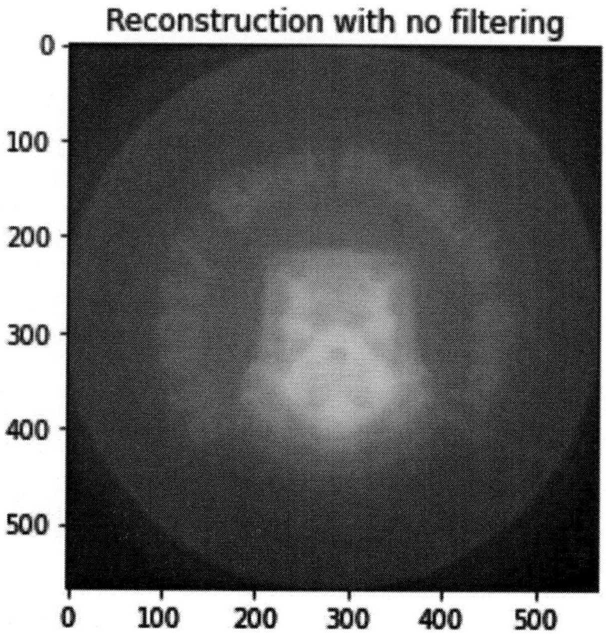

필터링 없이 복원된 이미지

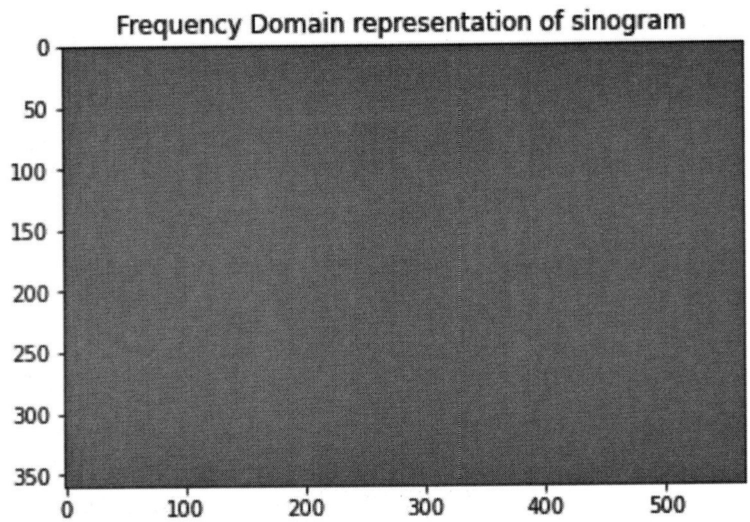

시노그램의 주파수 도메인

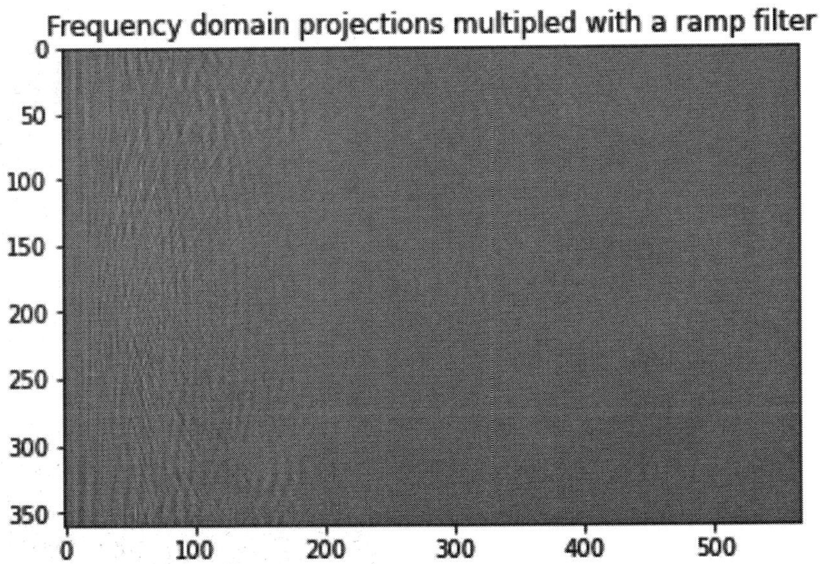

램프 필터링된 주파수 도메인

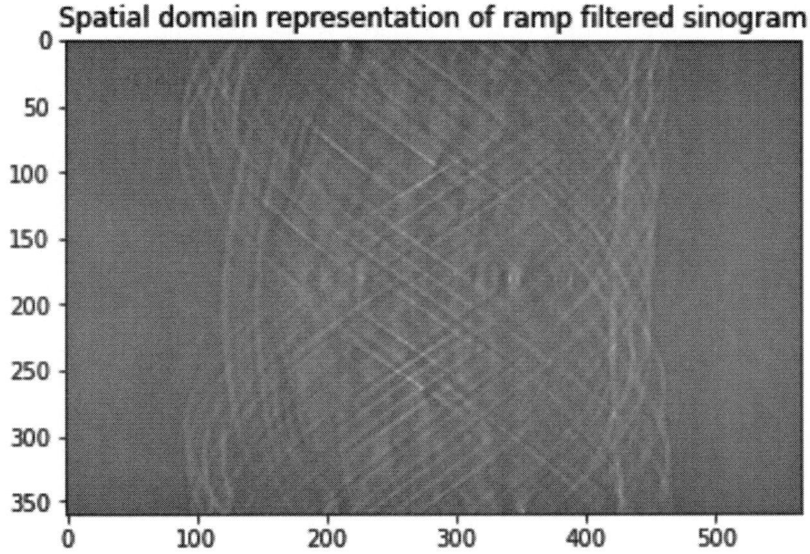

필터링된 시노그램(공간 도메인)

푸리에 슬라이스 정리에 따라 주파수도메인에서 램프 필터링으로 시노그램을 고주파 위주로 필터링하면 회전에 의해 정보가 중첩된 시노그램이 잉여정보 없이 필터링됩니다.

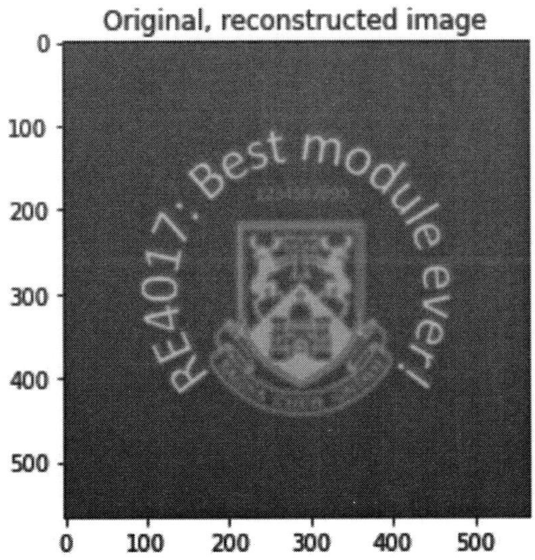

램프 필터링으로 복원된 이미지

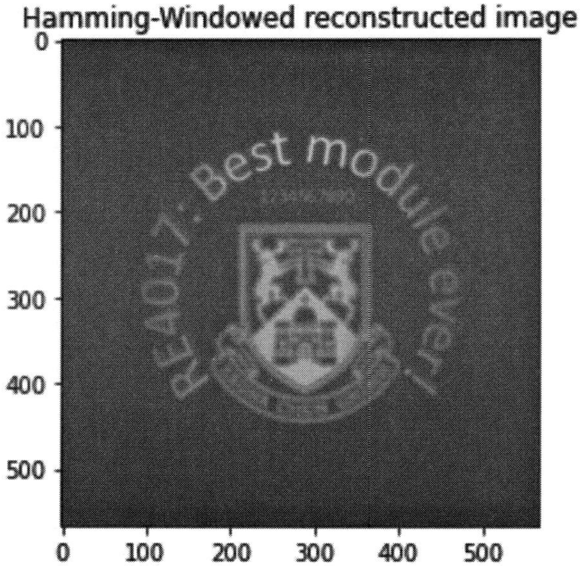

해밍 윈도우 까지 적용한 복원 이미지

18

이미지에 대한 Local Spectral Entropy Map

▷ 관련 CHAPTER 20. 스펙트럴 엔트로피

```
import numpy as np
from scipy.fftpack import fft2, fftshift
from skimage.color import rgb2gray
from skimage.util import view_as_blocks

# 스펙트럴 엔트로피 함수
def local_spectral_entropy_map(image, block_size=(8, 8)):
    # 그레이스케일링
    if image.ndim == 3:
        image = rgb2gray(image)

# 이미지를 블럭들로 분할
blocks = view_as_blocks(image, block_size)
num_blocks = blocks.shape[0] * blocks.shape[1]
spectral_entropy_map = np.zeros(image.shape)

# 각 블럭에 대한 spectral entropy 계산
for i in range(blocks.shape[0]):
  for j in range(blocks.shape[1]):
    block = blocks[i, j]
    # 2차원 푸리에변환
    fft = fft2(block)
    # 진폭 스펙트럼
    magnitude_spectrum = np.abs(fft)
    # 정규화
    magnitude_spectrum /= np.sum(magnitude_spectrum)
    # spectral entropy 계산
    spectral_entropy = -np.sum(magnitude_spectrum * np.log1p(magnitude_
    spectrum))
    # 각 spectral entropy 를 map에 저장
    spectral_entropy_map[i*block_size[0]:(i+1)*block_size[0], j*block_size[1]:
(j+1)*block_size[1]] = spectral_entropy
```

```
    return spectral_entropy_map


from skimage import io
import scipy
from scipy import misc

# 이미지 로딩
##image = io.imread('image.jpg')
image= scipy.misc.face()

# local 2D spectral entropy map 함수 호출
spectral_entropy_map = local_spectral_entropy_map(image)

# 디스플레이
import matplotlib.pyplot as plt

plt.figure(figsize=(6, 6))
plt.imshow(spectral_entropy_map)
plt.title("Local Spectral Entropy Map")
plt.show()
```

입력 이미지

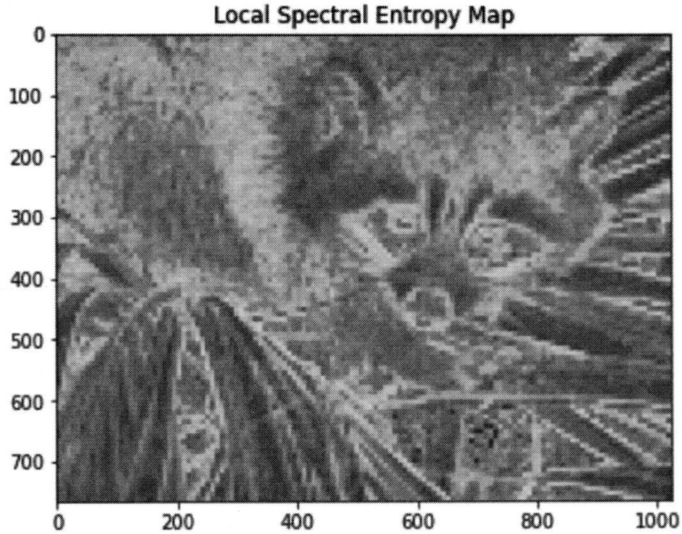

이미지에 대한 로컬 스펙트럴 엔트로피 맵

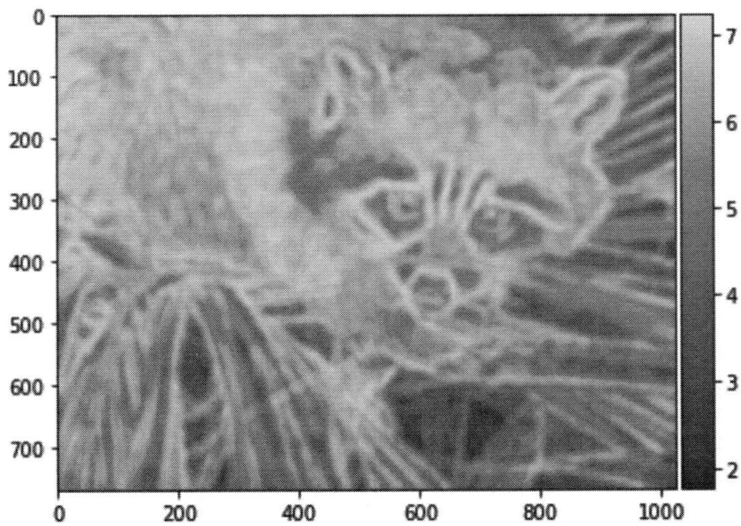

로컬 엔트로피 맵

스펙트럴 엔트로피맵은 일반적인 엔트로피맵과는 다른 정보를 추출할 수 있으며, 이는 이미지에서도 마찬가지 입니다. 그래서 이미지에 대한 엔트로피맵과의 비교를 위해 두 결과를 비교해보았습니다.

19

Fourier Descriptor로 윤곽선 유사도 매칭하기

▷ 관련 CHAPTER 18. 푸리에 디스크립터

```
import cv2
import numpy as np

# 2개의 윤곽선 생성
contour1 = np.array([[110,100], [200,110], [210,200], [90,200]], dtype=np.float32)
contour2 = np.array([[60,50], [140,50], [120,150], [40,150]], dtype=np.float32)

import matplotlib.pyplot as plt

# 윤곽선 디스플레이
plt.plot(contour1[:,0], contour1[:,1], 'r-', label='Contour 1')
plt.plot(contour2[:,0], contour2[:,1], 'b-', label='Contour 2')

# 레전드
plt.xlabel('X')
plt.ylabel('Y')
plt.legend()

# 디스플레이
plt.show()

# 푸리에 디스크립터 함수
def fourier_descriptor(contour):
  # 윤곽선에 대한 푸리에변환
  dft = np.fft.fft(contour)

  # 쉬프트
  dft = np.fft.fftshift(dft)

  # 주파수 도메인 복소수 어레이 리턴
  return dft
```

```
# Fourier descriptors 계산
fd1 = fourier_descriptor(contour1)
fd2 = fourier_descriptor(contour2)

# two Fourier descriptors의 차이 계산.
difference = np.abs(fd1 - fd2)
print(difference)

# 평균 차이
mean_difference = np.mean(difference)
print(mean_difference)
# 유사여부 판단.
if mean_difference < 10.0 :

    print("Shapes are similar")
else:
    print("Shapes are different")
```

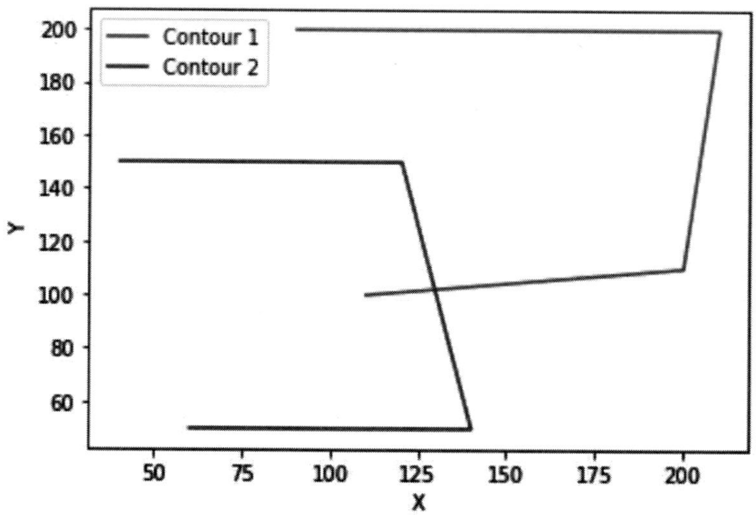

두 개의 윤곽선 디스플레이

두 윤곽선의 유사도 비교를 푸리에디스크립터를 이용해 주파수도메인에서 비교해보는 코드입니다. 이미지속 물체의 윤곽선 좌표는 보통, skimage 나 OpenCV같은 영상처리 패키지의 윤곽선찾기 함수로 산출합니다.

에필로그

푸리에 변환, 못다한 이야기들

이상으로 20여 챕터에 걸쳐서 푸리에 변환이 딥러닝과 다양한 Computer Vision 분야에서 어떻게 활용되고 있는지 살펴보았습니다. 가능한 어려운 수식 없이 제가 아는 범위 내에서 그림 위주 및 이야기 위주로 기술적 지식을 전달하려고 노력했습니다.
관련 수식이나 자세한 수학적인 전개가 필요한 분들은 구글에 검색하면 참으로 많은 자료들이 나옵니다.
참고 하시기 바라며, 좀더 다양한 이야기들은 제가 운영중인 페이스북 그룹인 "deep & fourier 변환 이야기"을 참고 하시기 바랍니다.
https://www.facebook.com/groups/297004660778037

푸리에 변환 신호처리는 시간이나 공간도메인이 아닌 주파수도메인에서의 파동으로 신호나 영상을 다루는 기술이어서 물리학이나 전자공학도를 제외하면 학부과정에서 배우지 못하는 대학생들, 직장인들이 많습니다. 따라서 배워두면 특허 출원이나 논문의 차별기술로도 손색이 없는 강력한 무기가 될 수 있습니다.

저는 오랫동안 현업에서 신호처리, 영상처리와 딥러닝을 주 업으로 해온 사람이라서 통신이나, 광학, 경제학, 자동제어, 전파공학, 물리학, 지질학, 기상학, 천문학 등의 다른 분야에서의 푸리에 변환의 활용예들은 잘 알지 못합니다. 각 분야에 종사하시는 분들의 많은 푸리에 변환 이야기들이 몹시 궁금합니다.

끝으로 영상이 아닌 다른 분야에서 푸리에 변환이 어떻게 쓰이고 있는지를 열거하면서 마칠까 합니다.

https://towardsdatascience.com/how-to-perform-fast-multiplications-in-science-using-the-fft-b751fafc2bac

1. 비트코인 채굴기처럼, 큰 자릿수의 정수를 빠르게 곱하는 거대 소수 Prime Number 찾기 문제에도 푸리에 변환을 사용하고

https://deepai.org/publication/nonlinear-time-series-classification-using-bispectrum-based-deep-convolutional-neural-networks

2. 1차원 신호의 비선형적 특성을 고차 스펙트럼인 BiSpectrum으로 이미지화 하여 딥러닝의 학습데이터로 사용하는 신호 전처리기법으로도 사용하며

https://github.com/thearn/webcam-pulse-detector

3. 접촉센서가 아닌 웹캠 만으로 환자의 바이털 싸인 Vital Sign 중 하나인 맥박을 실시간에 측정할수 있는 원격진료 영상기반의 Heart Rate 검출기에도 사용되고 있으며

http://www.goosecam.de/fourier.html

4. 인간 피부의 닭살 Goose bumps 을 영상으로 검출하는 데에도 활용되며

https://www.cs.utexas.edu/~eunsol/courses/cs395t_fa20/file/100120.pdf

5. VQA Visual Question & Answer 같은 딥러닝 분야에서 텍스트와 이미지를 매칭 Count sketch 하는데도 사용되며

https://youtu.be/7DV1TU_jtBg

6. 그래프 콘볼루셔널 신경망 GCN 의 근간이 되는 Graph 신호처리 분야에서도 푸리에 변환식 접근방식이 한 축을 이루고 있으며

http://play.fallows.ca/wp/radio/software-define-radio/sdr-receiver-creates-numbers/

7. 통신분야에서 소프트웨어로 듣는 라디오인 SDR[software defined radi]의 복조[demodulation] 메커니즘에도 푸리에 변환이 핵심이며

https://openaccess.thecvf.com/content_cvpr_2015/papers/Meyer_Phase-Based_Frame_Interpolation_2015_CVPR_paper.pdf

8. 비디오 프레임 interpolation에도 푸리에 위상차[phase difference] 기반 보간 기법이 커다란 한 주류이며

https://www.ncbi.nlm.nih.gov/pmc/articles/PMC6402590/

9. 비지도 학습방식으로 피쳐들을 2~3차원 공간에서 클러스터링 해주는 t-SNE plot 을 가속화 하는데에도 사용되며

https://www.researchgate.net/publication/267947914_Snakes_revisited_-_speeding_up_active_contour_models_using_the_Fast_Fourier_Transform

10. 그레이 스케일 이미지에서 반자동으로 물체를 검출하는 snake 알고리즘[Active Contour model]을 가속화 하는데도 쓰입니다.

https://link.springer.com/chapter/10.1007/978-3-030-75549-2_6

11. erode, dilate 같은 모폴로지컬 영상처리의 고속화에도 FFT가 쓰일 수 있습니다.

https://lambdalabs.com/blog/stylegan-3/

12. styleGAN3에서 머리카락 같은 이미지 텍스쳐가 얼굴영상과 따로 노는 "texture sticking" 문제를 해결할때도 푸리에 피쳐가 사용되며

http://static-movie-usa.glencoesoftware.com/webm/10.1073/984/442a6c3e2becbd5c0255d22237913f491d401819/pnas.1703/984/442a6c3e2becbd5c0255d22237913f491d401819/pnas.1703QdebMkWeXEjkQGBDNghONSUTVaZPcbIoxFyU

13. 비디오 내 미세하게 움직이는 부분 만을 증폭하는 데에도 푸리에 변환(웨이블릿 변환) 기술이 쓰이며

https://www.youtube.com/watch?v=yEHyv5Gxrz0

14. 칼만필터의 확장에도 푸리에 변환이 이용되고

https://youtu.be/QjjRYJ-4LNQ

15. 확률밀도함수[pdf]를 구할 수 없는 랜덤 변수의 특성함수를 이용한 pdf 추정에도 푸리에 변환이 활용됩니다.

16. 대당 3천억원을 호가하는 네덜란드 회사ASML의 EUV 노광장비도 푸리에광학을 이용해 나노미터 정밀도의 반도체를 제조 한다고 합니다.

…

> "우주를 이해하고자 한다면, 에너지, 주파수, 그리고 진동에 대해서 생각하라."
>
> – 니콜라 테슬라(Nikola, Tesla)